실크로드 종교 네트워크

실크로드 종교 네트워크

실크로드 종교 네트워크

Religious Networks along the Silk Road

이인경 지음

동연

| 머 리 말 |

필자는 20여 년 동안 기독교 교양 과목을 강의하면서 학생들에게 기독교뿐만 아니라 여타 종교들에 관한 공부의 필요성을 강조해 왔습니다. 다문화·다종교 사회에서 차이를 인정하고 공존하며 상호 작용하기 위해서는 종교 문해력(religious literacy)과 다종교 감수성(multi-religious sensitivity)이 필요하며, 종교 문해력과 다종교 감수성은 종교 공부를 통해서 키울 수 있기 때문입니다. 그러나 학생들은 그러한 사실을 관념적이고 당위적으로 인정할 뿐이었습니다. 종교의 유무 또는 종교 간 차이에 상관없이 종교가 인간과 사회와 문화와 역사를 이해하는 키워드라는 것을 학생들이 구체적이고 실질적으로 인식하게 하려고 기독교뿐만 아니라 다른 종교들도 공부하고 강의했지만, 필자의 역량 부족을 절감할 수밖에 없었습니다. 살아 움직이고 도전을 주고받으며 변화하는 종교를 강의하기보다는, 정형화된 틀과 개념에 여전히 갇혀 있었던 것이지요.

그러던 차에 필자는 2017년 실크로드 현지 인문 탐사에 참여하게 되었습니다. 2017년 이란을 시작으로 그 이듬해인 2018년에 튀르키예를 다녀왔으며, 2019년에는 중국 신장웨이우얼자치구에서 둔황을 거쳐 시안에 이르는 구간을 탐사했습니다. 실크로드 현지 인문 탐사는 필자의 인식과 학문적 방향을 실크로드 현지 인문 탐사 '이전'과 '이후'로 확연히 나눌 만큼 결정적인 '사건'이었습니다. 이 책의 시작은 그때부터였습니다. 탐사를 준비하는 과정부터, 현지 탐사를 하는 동안 그리고 탐사 후 논문 작성과 데이터베이스 구축 작업에 이르기까지, 필자는 실크로드 종교 연구에 푹 빠졌습니다. 이 책은 그간의 연구를 심화 발전시키고 연구 대상과 주제를 확대한 것입니다. 필자의 기존 논문인 "키루스 다시 읽기"(2017), "콘스탄티노플의 데오스(Theos)와 이스탄불의 알라(Allah)"(2018), "중국 당대(唐代) 경교(景敎)의 수용 및 전개 양상과 신라 전래"(2019)의 일부 내용과 이 책의 초고를 쓰는 중에 출간된 두 권의 공저 『위대한 유산 아나톨리아』(2021), 『위대한 유산 아제르바이잔』(2024)의 일부 내용을 이 책의 주제에 맞게 수정 보완하여 실었습니다.

이 책에서는 실크로드를 통한 종교 교류와 그 전개 양상을 고찰하고, 실크로드 종교들의 동일성·유사성·상이성을 비교 분석하여, 실크로드 종교 네트워크를 제시하고자 합니다. 실크로드 종교 네트워크란 '실크로드를 따라 종교 교류를 통해 상호 영향을 주고받으면서 형성된 종교 간 관계망'입니다. 그러므로 이 책의 초점은 특정 종교의 고정불변한 독자성과 배타적 우월성이 아니라, 구체적인 삶의 자리에서 교류하고 적응하며 변화하는 관계망 속에 있는 '종교들'의 모습입니다.

이 책은 4부로 구성되어 있습니다. 1부 실크로드와 종교에서는 이 책의 기본 전제와 개념들을 다룹니다. 실크로드의 개념과 범위를 정의하고, 단수로서의 종교가 아니라 구체적 종교들이 연구의 초점이라는 것을 전제하며, 다종교 사회가 요청하는 종교 문해력과 다종교 감수성에 대해 논의하고, 실크로드 종교를 만나는 세 주체를 제시합니다. 객관적 실재로서의 실크로드는 기원전 8~7세기에 본격적으로 시작되어 18세기에 오아시스 실크로드와 초원 실크로드가 쇠퇴할 때까지 약 2,500년 동안 교역과 문명 교류의 역할을 담당해 온 반면, 실크로드라는 이름은 불과 150년 전쯤에 명명되었습니다. 실크로드는 거창한 하나의 길이 아니라 여러 소박한 길들로 이루어져 있으며 그 길들을 이어주는 도시와 마을과 사람들로 이루어진 망상구조(네트워크)입니다. 이 책은 오아시스 실크로드에 중점을 둡니다. 필자의 실크로드 현지 인문 탐사 경험이 이 책의 출발점이었고 탐사 지역이 주로 오아시스 실크로드 지역이었기 때문입니다. 이란, 튀르키예, 그리고 중국 신장웨이우얼자치구의 카슈가르에서 시작하여 톈산남로를 따라 둔황과 하서주랑을 거쳐 시안에 이르는 지역에서 만난 실크로드 종교들과 실크로드 사람들이 이 책에서 다루는 주된 범위와 대상입니다.

2부 실크로드 종교가 만난 실크로드 종교들에서는 '종교 간 관계

모델', '타자를 대하는 방식', '유형론적 방법'과 같은 종교 간 만남의
방법론을 소개하고 그 방법론으로 실크로드 종교들이 만나는 방식을
분석합니다. 종교 간 관계 모델은 종교와 관련된 상황, 제도, 정책
등을 분석할 때 유용한 연구 방법입니다. 타자를 대하는 방식은 '힘의
비대칭성'이 작동하는 현실에서 주체와 타자가 관계 맺는 양상을 분석하
기에 적합한 연구 방법입니다. 리처드 니버(H. Richard Niebuhr)의 유형론
적 접근방법은 기존 종교와 사상이 이미 기득권 세력과 문화적 토양으로
자리 잡고 있는 곳에 새로 유입된 종교가 선교와 교세 확장을 모색하는
상황을 분석할 때 적절한 연구 방법입니다.

3부 실크로드 사람들이 만난 실크로드 종교들에서는 실크로드를
따라 유입된 종교들을 실크로드 사람들이 각자 삶의 자리에서 어떻게
인식하고 받아들였는지 고찰합니다. 특히 종교 유입의 차원을 민간
차원과 국가 차원으로 나누고 국가 차원의 종교 유입 양상을 분석하여
범주화합니다. 4부 실크로드 종교 네트워크에서는 실크로드 종교들이
뿌리내리고 형성되며 변형되는 모습과 종교들이 전달되고 변용되는
전파 과정을 고찰하여, 실크로드 종교들의 동일성, 유사성, 상이성을
분류하고 비교 분석합니다. 실크로드 종교들은 뿌리내림의 시기, 고전
적 형성의 시기, 주된 변형의 시기에 다양한 모습으로 나타나는 종교

전통들이 각 지역의 지정학적, 사회 문화적 지형에 따라 어떻게 형성되고 변형되는지를 생생하게 보여줍니다. 또한 실크로드 종교들은 다른 지역에 전달되고 변용되는 전파 과정을 통해 새로운 정체성을 형성합니다. 이 책에서는 시기에 따라 다양하게 나타나는 실크로드 종교들의 모습과 전파 과정에서 형성된 새로운 정체성을 비교 분석하고 분류합니다. 결국 이러한 작업 자체가 '실크로드를 따라 종교 교류를 통해 상호 영향을 주고받으면서 형성된 종교 간 관계망'으로서의 '실크로드 종교 네트워크' 개념의 정립 논거 및 명명 가능성이라고 하겠습니다.

책을 내어놓으며 한편으론 홀가분하고 다른 한편으론 두려운 마음입니다. 필자는 한국연구재단의 저술출판지원사업에 선정되어 그간의 연구를 확장하고 심화 보완하며 책을 쓰는 도중에 코로나19에 걸려서 거의 1년 반 이상을 고생했습니다. 코로나19 후유증으로 회복하기까지 시간이 필요했습니다. 2020년에 선정되었지만 이제서야 책을 완성한 이유입니다. 아프고 회복하는 기간을 포함하여 이 책을 오래 붙들고 있었기에 홀가분한 한편, 필자의 연구와 필력이 미진하여 두렵습니다. 그리고 아쉽습니다. 이 책에서 미처 다루지 못한 내용이 있기 때문입니다. 추후 다른 연구를 기약하며 아쉬운 마음을 달래 봅니다.

선물처럼 주어진 실크로드 현지 인문 탐사가 이렇게 책으로 이어지기까지 많은 분의 격려와 기도가 있었습니다. 실크로드의 길로 이끌어 주시고 실크로드를 주제 삼아 연구하도록 격려해 주셨으며 마지막 원고 마무리 단계에서 긴장을 놓지 않도록 함께 해주신 홍순희 교수님께 마음 깊이 감사드립니다. 홍 교수님이 아니었다면 이 책을 시작하지도 못했을 겁니다. 섬세한 배려와 일용할 양식으로 챙겨주신 조명실 교수님 덕분에 기운 내서 원고를 쓸 수 있었습니다. 일상을 꾸준히 유지할 수 있게 해주셔서 감사드립니다. 김춘이 교수님은 힘들어하는 필자를 위해 무슨 일이든 돕겠다는 말씀과 함께 필자가 신경 쓸 일을 교수님 선에서 해결해 주셨습니다. 든든한 지원자 김춘이 교수님께 감사드립니다. 한국연구재단 저술출판지원사업에 먼저 선정된 이종원 교수님께서는 필자의 질문에 항상 응답해 주시고 도와주셨습니다. 이 자리를 빌려 감사의 마음을 전합니다. 실크로드 현지 인문 탐사를 함께 갔던 교수님들께 감사드립니다. 함께했던 순간과 추억이 이 책의 자양분이었습니다. 빈들교회 양희창 목사님과 교우들께 감사 인사와 송구한 마음을 전합니다. 실크로드 현지 인문 탐사 기간과 원고를 한창 쓰고 마무리하는 시기에 협동목사로서 해야 할 일을 제대로 하지 못했음에도 오히려 기다려 주시고 염려하며 기도해 주셨습니다. 이 책의 출간을 기꺼이 맡아 주시고 좋은 주제라고 격려해 주신 도서출판 동연 김영호 대표님께 감사드립니다. 또한 빡빡한 일정임에도 세심하고 정성스럽게 원고를 편집, 교열, 교정해 주신 박현주 편집부장님과 여러 선생님께 감사드립니다.

가족에게는 늘 미안하고 고마운 마음입니다. 암 수술을 받으신 시어머니께서는 몸과 마음을 평안하게 유지하며 조리하셔야 하는 가운데서도 필자가 늘 정신 없이 다니느라 혹여 끼니를 놓치지 않을까 걱정하셨습니다. 필자가 실크로드 현지 인문 탐사를 가게 되었을 때도 마치 당신이 가시는 것처럼 기뻐하셨으며 다녀와서 사진과 함께 탐사 후기를 이야기해 드리면 그렇게 좋아하실 수가 없었습니다. 뒤늦게 학문의 길에 들어선 남편은 필자가 원고를 쓰다가 막혀서 힘들어할 때마다 공감하며 응원해 주었습니다. 두 아들은 어느새 훌쩍 자라서 오히려 필자를 챙기며 잔소리까지 할 정도입니다. 몇 시간씩 꼼짝하지 않고 컴퓨터 앞에 앉아 있는 필자를 일으켜 세우며 건강을 염려해 주었습니다. 친정아버지께서는 필자 걱정에 하루에도 몇 번씩 전화하시며 안부를 물으셨습니다. 이 책을 쓰는 동안 작년에 엄마께서 돌아가셨습니다. 부족하고 미흡한 책이지만 엄마가 계셨더라면 무척 기뻐하셨을 것 같습니다.

2025년 6월

이인경

| 차 례 |

2부 ｜ 실크로드 종교가 만난 실크로드 종교들

프롤로그

아름다움이 나를 구원하다

어떤 예술 작품과 마주했을 때, 내가 사상적으로나 윤리적으로 양해할 수 없고 동의할 수 없는 것임에도 불구하고 그 앞에 섰을 때 어쩔 수 없이 마음이 끌리는 경우가 이따금 있다는 것은 잘 알고 있다. 오히려 그렇게 내 존재의 기반 자체를 뒤흔들 수 있을 만큼 악마적인 힘을 가진 예술 작품을 만나는 것을 커다란 기쁨으로 생각한다.[1]

미적 감동을 경험할 때 우리 내면에 '그것이 열린다.' 아무리 순식간에 닫혀버린다 해도 상관없다. 그것은 생명의 움직임 자체이기 때문이다. 내면을 휘젓는 감성의 생명력을 느끼기 위해 우리에게는 아름다움이 필요하다. … 그 접촉이 그저 찰나의 움직임뿐이라 해도, 우리는 아름다

---

1 서경식/김석희 옮김, 『청춘의 사신: 20세기의 악몽과 온몸으로 싸운 화가들』 (파
　주: 창작과 비평사, 2002), 203.

움의 놀라운 힘에 화들짝 깨어나 더욱 생생하게 살아 있게 된다.[2]

개신교 신학자이자 목사가 이슬람 모스크를 보고 아름다워서 울었다면 흉이 될까요? 왜 그랬는지 모르겠습니다. 눈물을 걷잡을 수 없었습니다. 한껏 긴장하고 경계하던 필자가 모스크의 아름다움 앞에서 무장해제당한 것입니다. 그 순간 저 밑에서부터 감정이 고조되어 기쁨과 벅참의 눈물이 솟구쳤던 게지요.

이란 현지 한국인 가이드는 필자가 목사라는 사실과 모스크 앞에서 펑펑 우는 모습이 도무지 연결되지 않는 눈치였습니다. 이동하는 버스 안에서 집요하게 이유를 캐묻길래, "그저 너무 아름다워서"라고 대답했습니다. 사실 그랬습니다. 하지만 그 대답이 그에게는 납득되지 않은 모양이었습니다. 한동안 필자를 이상한 사람으로 보는 표정이었습니다. 구사하는 어휘나 말투를 보건대 그는 독실한 개신교 신자인 것 같았습니다. 그런 그가 그 상황을 자연스럽게 받아들이기 힘들었을 것입니다. '목사는 이러해야 한다, 이럴 것이다'라는 기존 통념에 비추어 볼 때 필자는 이상한 사람이 맞습니다!

그일 이후로 이란 야즈드(Yazd)의 '마스지드자메'(Masjid Jameh)는 필자의 첫사랑 모스크가 되었습니다. 사산제국(Sassanian Persia, 224~651)의 조로아스터교 신전 유적 위에 세워진 마스지드자메는 야즈드의

---

2 샤를 페펭/양혜진 옮김, 『아름다움이 우리를 구원할 때: 칸트, 헤겔, 프로이트 미학에서 행복을 찾다』 (서울: 이숲, 2016), 73-74.

대표 모스크로서 부와이 왕조(Buwayhid) 통치기인 10세기부터 일한국 (Ilkhanate)의 13~14세기를 거쳐 14~16세기의 티무르제국(Timurid Empire)까지의 건축양식이 반영되어 있습니다. 마스지드자메의 '마스지드'는 아랍어로 '이마를 땅에 대고 절하는 곳'을 의미하며 영어로는 모스크(Mosque)에 해당합니다. '자메'는 '금요일'을 뜻하는 페르시아어입니다. 그러므로 마스지드자메, 자메마스지드, 자메모스크는 동일한 것을 가리키는 표현입니다.

종교학적으로 '구원'은 존재 양태의 전이를 가리킵니다. 종교에 따라서는 구원이라는 말 대신 '해탈'이나 '깨달음' 등이 사용되기도 합니다. 유신론 종교에서는 신에 의해서 비유신론 종교에서는 깨달음을 통해서 인간의 존재 양태가 변화됩니다. 어찌 보면 제도로서의 종교는 인간이 만들어 놓은 인위적인 틀에 불과한 것입니다. 제도로서의 종교가 나의 것으로 체화되는 것은 경험과 성찰을 통해서입니다. 또한 경험과 성찰을 통해 내 것이 된 것도 다시 성찰의 대상이 된다고 하겠습니다. 필자는 필자가 섬기고 따르는 신의 가르침을 통해 그런 자세를 배웠습니다. 신앙이 화석화되거나 죽은 종교가 되지 않도록 끊임없이 깨어있으면서 성찰해야 한다는 것이지요.

아름다움이 우리를 구원할 수 있을까요? 아름다움이 우리의 존재 양태를 변화시킬 수 있을까요? 필자는 이란 현지 인문 탐사를 통해 아름다움이 필자의 존재 양태를 변화시켰음을 경험했습니다. 아름다움 앞에서 종교의 경계(境界)가 허물어졌습니다. 아름다움 앞에서 낯선 것에 대한 경계(警戒)가 순간 사라지는 경험을 했습니다. 아름다움 앞에서 필자의 속 좁음이 부끄러워졌습니다. 아름다움이 필자를 구원으로 이끈 것이지요. 그 아름다움은 사랑을 낳았습니다. 필자는 그렇게 이란과 사랑에 빠졌습니다. 사랑은 낯선 세계에 대한 두려움을 내려놓게 하고 미지의 영역에 대한 호기심을 자아냈습니다.

1부

실크로드와 종교

1장_ 실크로드

1. 실크로드의 실재와 명명 그리고 실제

실크로드는 교역로이자 동서양 문화의 통로이며 문명 교류의 통로이다. 실크로드는 그 교류의 흔적을 유물이나 문헌 기록에서 발견할 수 있는 기원전 8~7세기에 본격적으로 시작되어 18세기에 오아시스 실크로드와 초원 실크로드가 쇠퇴할 때까지 약 2,500년 동안 유지되었다. 정수일의 분류에 따르면,[1] 이 실크로드는 좁은 의미의 실크로드이며[2] 시기적으로 전기에 해당하는 소위 전통적 실크로드인 셈이다. 좁은 의미의 실크로드는 전기와 후기로 나뉘는데, 전기는 기원전 8세기 무렵부터 18세기까지이고 후기는 18세기에서 현재까지이다. 전통적 실크로드는 전개 과정의 양상에 따라 3기로 구분된다. 1기인 개척기는 기원전 8세기경 스키타이의 초원로 이용을 시작으로 하여 기원전 2세기

---

[1] 정수일/중앙아시아학회 엮음, "실크로드의 개념과 그 확대,"『실크로드의 삶과 종교』(파주: 사계절), 11-13.

[2] 넓은 의미의 실크로드는 1만 년 전 충적세가 시작되어 인류의 이동이 증가함에 따라 유라시아 대륙에 생긴 몇 갈래의 길을 발단으로 하여 문명시대 전반기까지 지속된 문명의 이동 통로를 가리킨다.

중국 전한 시대 장건의 서역로 개척을 거쳐 기원후 1세기 무렵 해로를 통한 로마인들의 동방 원거리 무역이 시작된 때까지이다. 2기 번영기는 기원 초 중국 비단이 서역에 다량 전해진 시기부터 당·송 제국과 이슬람 제국 사이의 동서교류, 몽골제국의 서역 정벌, 16세기 신구 대륙 간 해로 개척으로 교역이 진행되기까지를 아우른다. 쇠퇴기인 3기는 근대 민족국가들이 태동하여 지역 간 자유로운 이동에 제약이 생기고 근대적 교통수단의 도입으로 초원로와 오아시스로의 이용이 사양길에 들어선 시기이다.

이렇듯 객관적 실재로서의 실크로드는 인류 문명사에서 오래전부터 존재하고 교역과 문명 교류의 역할을 담당해 온 반면, 실크로드라는 명명은 불과 150년 전인 1877년 리히트호펜(Ferdinand von Richthofen)에 의해서이다. 실크로드라는 이름은 중국 비단이 서방으로 수출되어 로마 제국의 진귀한 물품이 되었음을 나타내기 위한 것이었다. 정수일의 비판대로 다분히 유럽 문명 중심적인 표현이라 하겠다. 실크로드를 통해 비단이 교역된 시기가 한시적이었고 교역 물품도 비단에 한정되지 않아서 적절한 표현이 아니라는 비판에도 불구하고, 실크로드라는 표현이 관행적으로 사용되는 이유는 비단 또는 비단 교역이 갖는 상징적 의미 때문이다.[3]

실크로드 상에서 발굴된 고문서 분석을 통해 발레리 한센(Valerie Hansen)은 실크로드의 '로드'가 반듯하고 교통량이 많은 '확정된 하나의

---

3 정수일, "실크로드의 개념과 그 확대," 13-14.

길'이라기보다는 거칠고 거대한 산맥과 사막을 가로지르는 '확정되지 않은 여러 갈래 길'이며 '이동의 범위'였다고 주장한다. 실크로드는 광대하고 다양한 지리적 환경에 걸쳐 있을 뿐만 아니라 계절과 기후 변화에 따라 코스가 달라지기 때문이다. 더구나 한 사람이 실크로드 전체를 가는 것도 아니었다. 자기 고향에서 다음 오아시스까지 갈 뿐이었다. 실크로드 상의 상품교역은 지역 단위로 여러 사람을 거쳐 간헐적으로 이루어졌다는 것이다.[4]

발레리 한센은 실크로드가 길 뿐만 아니라 길과 길을 이어주는 도시와 마을을 망라한다는 점에서 이동의 범위라 말한 것이다. 리차드 폴츠(Richard Foltz)도 실크로드를 하나의 길이 아니라 여러 개의 길들로 이루어진 도로망(a network of roads)이라고 표현한다.[5] 이에 필자는 발레리 한센의 이동 범위, 리차드 폴츠의 도로망이라는 표현 대신, '네트워크'로 바꾸어 말할 수 있다고 본다. 리차드 폴츠도 네트워크라는 표현을 사용했지만, 그것은 동서로 이어지는 도로를 기본으로 하여 남부 이란, 북부 유라시아 대초원, 그리고 남쪽으로 힌두쿠시 산맥을 넘어 인도 아대륙으로 이어지는 지선까지 포함하는 도로들의 네트워크일 뿐이다.[6] 필자가 말하는 네트워크는 수많은 길뿐만 아니라 이를 이어주는 도시와 마을과 사람들로 이루어진 망상구조를 의미한다. 실크로드의

---

4 발레리 한센/류형식 옮김, 『실크로드: 7개의 도시』(서울: 소와당, 2015), 19-27.
5 Richard Foltz, *Religions of the Silk Road: Premodern Patterns of Globalization* (New York: Palgrave Macmillan, 2010), 1.
6 Ibid.

양 끝점을 어디로 하든지 실크로드는 그 두 점을 잇는 하나의 선이 아니라 수많은 선이며, 그 선들 사이에는 도시와 마을과 사람들이 있기 때문이다. 그러므로 실크로드는 'the silk road'라기보다는 'silk roads'로 표기해야 실제에 더 가깝다고 하겠다.

한편, 실크로드의 '실크'도 실크로드를 따라 운송된 교역상품을 대표하는 표현일 뿐이다. 실제로는 실크만이 아니라, 약품, 향료, 금속, 안장, 가죽제품, 유리, 종이 등도 거래되었다. 그러나 교역 물품의 수량은 매우 적었다. 이처럼 실크로드 무역은 지역 제한적이고 소규모로 이루어 졌다. 대규모로 동물을 동원하는 장거리 카라반은 드물었으며, 있다 하더라도 국가 차원의 사절단을 파견할 때였다.[7]

실크로드는 거창한 길이 아니라 여러 소박한 길들이었다. 실크로드 는 소박한 길들이었지만, 인류 역사에서 실크로드가 수행한 역할과 끼친 영향은 전혀 소박하지 않다. 실크로드는 문명 교류의 가교역할을 함으로써 동서양 문명이 서로 도전을 주고받으며 변화하고 발전하도록 촉진하였으며, 세계 주요 종교 문명의 탄생과 전파를 돕는 산파 역할을 담당하였다. 또한 실크로드 상에서 발생한 세계사적 사건과 수많은 민족과 국가의 흥망성쇠 그리고 실크로드 사람들의 삶 이야기는 현재까 지도 그 영향이 이어지는 인류 역사의 중요한 발자취가 아닐 수 없다.[8]

---

7 발레리 한센/류형식 옮김, 『실크로드: 7개의 도시』, 19-27.
8 정수일, "실크로드의 개념과 그 확대," 14.

2. 실크로드 개념의 확대

정수일은 실크로드의 개념이 최초의 명명 이래 네 단계를 거치며 그 개념이 확대되어왔다고 본다.[9] 첫 번째 단계는 리히트호펜이 실크로드를 최초로 명명하여 실크로드의 개념이 형성된 단계이다. 리히트호펜은 중국에서 시작하여 중앙아시아를 거쳐 트랜스 옥시아나와 서북 인도까지 이어지는 길을 실크로드라고 명명했다. 두 번째 단계는 1910년 알베르트 헤르만(A. Herrmann)이 실크로드를 지중해 동쪽 해안인 시리아까지 연장하여[10] 리히트호펜의 실크로드 개념을 재천명한 단계이다. 이 두 단계의 실크로드를 가리켜 일명 '오아시스로'(오아시스 실크로드)라고 하는데, 그 길이 주로 사막의 오아시스를 연결하여 이루어진 길이기 때문이다. 정수일은 두 번째 단계를 첫 번째 단계의 단선적인 연장에 불과하다고 평가한다. 세 번째 단계는 '3대 간선로(幹線路)'의 단계이다. 2차 세계대전 후 학계는 이전 단계의 연구 성과를 기초로 하여 오아시스 실크로드의 동쪽 끝과 서쪽 끝을 각각 한국·일본과 로마까지 연장했으며, '초원로'와 '해로'를 실크로드의 범위에 포함함으로써 실크로드의 개념을 확대했다. 초원 실크로드는 유라시아 대륙의 북방 초원 지대를

---

9 정수일, 『실크로드학』 (서울: 창비, 2001, 2013), 38-39; 정수일, "실크로드의 개념과 그 확대," 15-20.

10 헤르만이 리히트호펜의 오류를 지적하며 실크로드를 시리아까지 연장한 것에 대해, 권영필은 이미 리히트호펜의 실크로드 주장 안에 시리아가 포함되어 있었다고 반박한다. 권영필, 『실크로드의 에토스: 선하고 신나는 기풍』 (서울: 학연문화사, 2017), 50-55.

지나는 길이며, 해상 실크로드는 지중해에서 중국 남해에 이르는 길이다. 이 세 번째 단계까지가 통념적인 실크로드에 해당한다. 정수일은 세 번째 단계에 이르기까지 실크로드의 개념이 확대되었지만, 여전히 구대륙 중심적이라고 비판한다. 하여 정수일은 신대륙까지 아우르는 환지구적 통로로서의 실크로드 단계인 네 번째 단계를 주장한다. 네 번째 단계는 15세기부터 이루어진 신대륙으로의 해로 개척과 신구 대륙 간의 교역을 근거로 하는 '환지구로'(環地球路) 단계이다.

이 책은 오아시스 실크로드에 중점을 둔다. 필자의 실크로드 현지 인문 탐사 경험이 이 책의 출발점이었고 탐사 지역이 주로 오아시스 실크로드 지역이었기 때문이다. 이란, 튀르키예, 그리고 중국 신장웨이우얼자치구의 카슈가르에서 시작하여 톈산남로를 따라 둔황과 하서주랑을 거쳐 시안에 이르는 지역에서 만난 실크로드 종교들과 실크로드 사람들이 이 책에서 다루는 주된 범위와 대상이다.

2장_ 종교와 종교들

종교는 획일적이지 않고 다양하다. 동일 종교라 하더라도 그러하다. 종교는 진공 상태의 무시간적인 것이 아니라 구체적인 삶 속에서 오랜 세월에 걸쳐 전개되고 변화하기 때문이다.[11] '논리 속에 화석화된 이념적 구성물'[12]로서의 '단수 종교'는 이론적으로만 가능하며, 실제로 존재하는 것은 다양한 문화적 환경과 사회적 상황 속에서 생동, 교류, 적응, 변화하고 있는 '구체적 종교들'이다. 모든 시대, 모든 지역, 모든 공동체, 모든 개인을 포괄할 수 있는 본질적인 단수 종교는 존재하지도 존재할 수도 없다.

어떤 종교에 대해 알고자 할 때 대체로 창시자와 경전에서 시작한다. 그 종교의 기원을 보기 위해서다. 그러나 기원만으로는 그 종교를 다 설명할 수 없다. 종교는 기원에 머물러 있는 화석이 아니라, 살아있는 생물처럼 주변 환경에 조응하여 다양한 양태로 전개되었으며 앞으로도

---

11 Diane L. Moore, "Diminishing religious literacy: methodological assumptions and analytical frameworks for promoting the public understanding of religion," Adam Dinham & Matthew Francis eds., *Religious Literacy in Policy and Practice* (Bristol: Policy Press, 2015), 27-38.

12 이길용, 『이야기 종교학』 (서울: 종문화사, 2018), 110.

그러할 것이기 때문이다. 그러므로 예를 들면 단수 종교로서의 불교, 기독교, 이슬람교가 아니라 다양한 시공간 속에서 진행 중인 '불교들', '기독교들', '이슬람교들'이 있을 뿐이다. 종교가 아니라 '종교들'이 이 책의 연구 대상이다.

'종교들'을 연구한다는 것은 종교를 '뿌리내림의 시기', '고전적인 형성의 시기', '분수령이 된 변형의 시기'로 나누어 접근하는 것[13]을 뜻한다. 또한 종교가 전달되고 변용되는 과정[14]의 시공간적 특수성을 주목하겠다는 의미이다. 이러한 구체적 종교들을 연구할 때 요구되는 것은 '판단 중지'(epoché)와 '감정이입'(empathy)이다. 판단 중지란 "무언가를 사실적으로 서술하기 위해 타자(다른 문화, 다른 집단, 또는 다른 사람)에 대한 자기 생각을 잠시 접어두는 것"이다. "다른 사람의 세계관을 판단할 때 자신의 신념을 접어두는 방법"이다. 감정이입이란 문자적으로 '내면에서 느끼는 것'(feeling in)이며 '다른 사람이나 다른 집단의 내면에 있는 감정을 파악해 내는 것'을 의미한다. 결국 감정이입이란 종교를 믿는 사람들의 삶 속에 '상상력을 가지고 참여하는 것'(imaginative participation)을 뜻한다. 이러한 감정이입은 '함께 느끼는'(feeling with) '다른 사람에게 동의'하는 동감(sympathy)과 다른 개념이다. 감정이입은, 실질적인 비교 작업을 통해 산출해 낸 제대로 된 정보와 지식에 근거하고, 다른 사람의 세계관 구조와 신념 구조를 이해하는, 공감

---

13 니니안 스마트/윤원철 옮김, 『세계의 종교』 (서울: 예경, 2004), 36-39.
14 정수일, 『실크로드학』, 378-379.

(empathy)이다. 즉, 감정이입이란 '정보에 근거하여 지식을 갖춘 공감'(informed empathy)과 '구조화된 공감'(structured empathy)이다.[15] '정보에 근거하여 지식을 갖춘 공감'과 '구조화된 공감'은 종교 문해력 및 다종교 감수성과 일맥상통한다.

---

15 니니안 스마트/김윤성 옮김, 『종교와 세계관』(서울: 이학사, 2000), 16-37, 245-250; 니니안 스마트/윤원철 옮김, 『세계의 종교』, 806-808; 김윤성, "니니안 스마트의 비교종교학," 「한신인문학연구」6 (2005), 227-228. 『종교와 세계관』을 번역한 김윤성은 empathy를 '감정이입'으로 번역하고, 『세계의 종교』를 번역한 윤원철은 empathy를 '공감'으로 번역했다. 둘 다 가능한 번역이고 같은 의미를 가진다. 그런데 김윤성은 sympathy를 '공감'으로 번역해서 혼란을 초래했다. 필자는 empathy를 '감정이입'과 '공감' 둘 다 뜻하는 것으로 사용했고, sympathy는 '동감'으로 번역해서 사용했다.

3장_ 종교 문해력과 다종교 감수성

1. 다종교 사회

한국은 헌법 제20조 2항의 "국교는 인정되지 아니하며, 종교와 정치는 분리된다"라는 조항과 헌법 제20조 1항의 "모든 국민은 종교의 자유를 가진다"라는 조항에 근거하여, 특정 종교를 국교로 인정하지 않는 세속주의 국가이며 종교의 자유를 보장하고 있다. 또한 한국 사회는 특정 종교가 다수를 차지하고 있는 것이 아니라, 다양한 종교 전통과 신념 체계가 병존 또는 공존하는 다종교 사회이다. 몇 가지 통계 자료는 한국 사회가 다종교 사회임을 나타낸다. <2015 인구주택총조사 표본 집계 결과>의 종교별 인구 비율에 따르면, 불교 15.5%, 기독교(개신교) 19.7%, 기독교(천주교) 7.9%, 원불교 0.2%, 유교 0.2%, 천도교 0.1%, 대종교 0.0%, 기타 종교 0.3%였으며, <한국인의 종교 1984-2021>의 종교 분포에서는 불교 16%, 개신교 17%, 천주교 6%, 그 외 다른 종교는 1% 미만으로 나타났다. 매년 조사 발표되는 <한국의 사회지표>에 따르면, 종교 간 갈등을 사회갈등으로 인식하는 비율이 2020년 55.4%, 2021년 55.5%, 2022년 54.8%, 2023년 42.3%, 2024년

51.8%로 다른 갈등을 사회갈등으로 인식하는 비율에 비해 상대적으로 낮은 편이다.

한국 사회의 외국인 이주민 비율이 증가함에 따라 이주민의 종교도 한국에 유입되었다. 통계청 인구주택총조사 결과에 의하면 한국 총인구 대비 외국인 주민(이주 배경 인구) 비율이 2020년 4.2%, 2021년 4.1%, 2022년 4.4%, 2023년 4.8%로, 이는 경제협력개발기구(OECD)가 다문화사회로 분류하는 기준인 5%에 가까운 수치이다. 다문화사회와 다종교 사회의 밀접한 연관 관계에 비추어 볼 때, 다문화사회로의 변화 속도와 양상이 향후 다종교 사회의 양태에 영향을 미칠 것으로 예상된다.

이렇듯 통계상으로 현재 한국 사회에는 다양한 종교들이 있으며, 종교 간의 갈등은 다른 갈등과 비교해 볼 때 사회갈등으로 인식하는 비율이 상대적으로 낮아서,[16] 종교들이 갈등하거나 대립하기보다는 공존 또는 병존하고 있는 것으로 진단된다. 그러나 한국의 이러한 다종교 사회 양상, 즉 종교들의 공존 또는 병존이 이후에도 유지될 것인가에 대해서는 단언할 수 없다. 또한 종교들의 공존 또는 병존은 다종교 사회에서 종교 간 관계 방식의 가장 기본적인 단계이기 때문에, 이후 전개될 새로운 양상의 다종교 사회를 예측하고 그에 부합하는

---

16 종교 간 갈등을 사회갈등으로 인식하는 비율이 상대적으로 낮다는 것은 종교 간 갈등 자체가 심하지 않다는 것을 의미하지 않는다. 한국 사회에 종교 간 갈등이 표출된 크고 작은 사건-사고들이 있기 때문이다. 그런데도 종교 간 갈등을 사회 갈등으로 인식하는 비율이 상대적으로 낮은 이유는 무엇일까? 아마도 비종교인의 증가와 연관된 것 같다. 종교인보다 무종교인이 많은 한국 사회에서 종교 간 갈등에 그리 큰 관심을 가질 필요가 없을 것이기 때문이다.

종교 간 관계 방식이 요청된다.

　　다종교 사회의 새로운 양상을 예측하기 위해서는 먼저 다종교 사회의 함의를 고찰해 볼 필요가 있다. 다문화사회의 함의에 종교를 대입하여 다종교 사회의 함의를 일곱 가지로 제시한 고병철[17]에 따르면, 다종교 사회가 가리키는 의미와 예측 가능한 전개 양상 그리고 요청을 다음과 같이 정리할 수 있다. 첫째, 다종교 사회란 어떤 특정한 사회에 다양하고 이질적인 종교와 종교인과 종교단체가 동시에 존재함을 뜻한다. 둘째, 다종교 사회에서는 여러 종교의 가치관이 동시에 수용된다. 셋째, 다종교 사회에서 특정 신념에 기초하여 형성된 배타적 태도가 종교갈등을 발생시킬 수 있다. 넷째, 다종교 사회는 종교 간 갈등과 충돌 가능성을 해소하고 종교 간 공존을 요청한다. 다섯째, 다종교 사회에서 기타 종교로 분류되는 소위 소수 종교의 종교단체와 종교인에 대한 차별이 금지되어야 한다. 여섯째, 다종교 사회에서 종교 자체를 비이성적·비합리적·비과학적 현상으로 인식하는 것과 일부 종교를 유사 종교, 사이비 종교, 이단 등으로 규정하여 낙인찍는 것은 부당한 행위이다. 일곱째, 다종교 사회에서는 종교 간 갈등, 종교에 대한 편견, 소수 종교 차별 등을 지양하고 종교 간 상호 공존을 위해 종교교육이 요청된다. 이처럼 다종교 사회에서는 종교의 유무나 종교의 차이와 상관없이 종교 공부가 요청된다.

---

17 고병철, "국가 교육과정 내의 다문화교육과 '종교'교과교육: 다문화사회와 다종교 사회의 연관성과 함의를 중심으로," 「종교연구」 61 (2010), 110-111.

　한국 통계청의 인구주택총조사와 한국갤럽의 종교 조사는 1980년대 이래 한국의 종교 지형 변화를 보여준다. 통계청에서는 1985년부터 종교 항목을 인구주택총조사에 포함시켜 10년 주기로 현재까지 총 네 번 종교 인구를 조사하였다. 한국갤럽은 1984년에 제1차 종교 조사를 한 이래로 제2차(1989년), 제3차(1997년), 제4차(2004년), 제5차(2014년)를 거쳐 제6차(2021년)까지 총 여섯 차례 종교 조사를 실시하였다.

　통계청의 <2015 인구주택총조사 표본 집계 결과>에 따르면, '종교 없는 인구' 비율이 56.1%였다. '종교 없는 인구' 비율을 연령별로 보면 20대에서 64.9%로 가장 높았으며, 그다음으로는 10대가 62.9%로 높았다. 한국갤럽이 2021년에 실시한 제6차 종교 조사 결과에 의하면, '종교 없음' 비율이 60%로 나타났다. 연령별 '종교 없음' 비율은 만19~29세에서 78%로 가장 높았다. 한국갤럽의 종교 조사에서는 10대가 조사 대상이 아니어서 10대의 '종교 없음' 비율을 확인할 수 없다.

　한국의 종교 지형과 달리, 퓨리서치센터 보고서에 따르면 전 세계의 종교 인구 비율은 2020년 현재 75.8%이다. 2010년의 76.7%에 비해 1% 감소했을 뿐이다.[18] 이는 세속화된 사회에서 종교 인구가 감소하고 종교가 소멸하리라는 이전 세기의 전망과는 다른 통계이다. 이러한 통계는 한 개인이 만나는 10명 중 7~8명이 종교를 가지고 있으며, 최근 10년간 변화에 근거할 때 그 추세는 당분간 유지될 것이라는

---

18 https://www.pewresearch.org/religion/2025/06/09/how-the-global-religious-landscape-changed-from-2010-to-2020/ (2025년 6월 11일 접속).

의미로 해석될 수 있다.

코로나19 팬데믹으로 잠시 주춤했지만, 경제 세계화로 시작된 세계화의 흐름은 우리 삶의 거의 모든 영역에 다양한 양상으로 나타나고 영향을 미치고 있다. 세계화 시대에 한 개인은 국민국가의 국민인 동시에 세계 시민으로 살아간다. 한 개인이 자국의 경계를 물리적으로 벗어나거나 온라인으로 외국인을 만나는 방식 또는 자국 경계 내에 유입된 외국인과 만나는 방식이든 말이다. 이것이 종교 공부가 필요한 이유이다. 세계 시민으로 살아가기 위해서는 종교 공부가 필요하다는 것이다. 앞에서도 언급했듯이 한 개인이 만나는 10명 중 7~8명이 종교인이라면, 소극적으로는 종교 간 갈등과 대립을 지양하기 위해서 적극적으로는 동시대를 함께 살아가는 이웃 종교인을 존중하고 이해하며 상호 작용하기 위해서 종교의 유무와 관계없이 종교 공부가 필수적이다.

종교는 인간과 사회와 문화와 역사를 이해하는 키워드이다. 종교 공부는 다문화·다종교 사회에서 필수적이다. 다문화·다종교 사회에서 우리는 문화와 종교의 다양성과 차이를 인정하고 공존할 것을 요청받는다. 이때 필요한 것이 '종교 문해력'(religious literacy)과 '다종교 감수성'(multi-religious sensitivity)이다.

2. 종교 문해력

'종교 문해력'은 "종교가 사회, 정치, 문화와 근본적으로 연관되어 있다는 것을 여러 각도에서 분별하고 분석할 수 있는 능력"을 의미한다. 종교 문해력은 "전 세계 종교의 역사와 주요 문서와 신조와 종교의식과 현재 모습은 구체적인 사회적, 역사적, 문화적 콘텍스트에서 형성되었고 계속 형성되어갈 것이라는 기본적인 이해"와 "모든 시공간의 정치적, 사회적, 문화적 표현에 존재하는 종교적 차원을 분별하고 탐구할 수 있는 능력"을 포함한다.[19] 이러한 의미의 종교 문해력은 아사니(Ali S. Asani)가 분류한 '상황 접근법'적인 종교 연구 방법에 기초한다. 상황 접근법은 종교를 비신학적 요소인 정치·경제·사회·문화·역사와 관련지어 인식하는 방법으로,[20] 김학철이 말한 "공시·통시적 수준에서 종교를 이해하는 방식"과 같은 맥락에 있다고 평가된다.[21]

종교 문해력은 다음과 같이 네 가지 원칙에 기초하고 있다. 첫째, 종교에 관한 학문적 연구와 특정 종교에 대한 헌신의 표현은 구분된다.

---

19 Diane L. Moore, "Diminishing religious literacy: methodological assumptions and analytical frameworks for promoting the public understanding of religion," 27-38.

20 알리 아사니, 스티븐 핑커 외/이창신 옮김, "종교 문맹 극복하기,"「하버드 교양 강의」(파주: 김영사, 2012), 259-264. 아사니가 구분한 종교 연구 방법은 상황 접근법 외에 신앙 접근법과 문서 접근법이 있다. 신앙 접근법은 종교가 종교 신자 또는 종교의식을 주관하는 사람의 관점을 대표한다고 보며, 특정 종교의 신앙교육을 담당하는 기관(교회 학교, 마드라사 등)에서 종교를 연구하는 방법이다. 배타적이고 편협한 특성을 가진 이 방법은 특정 교파의 주장을 진리로 인정하는 경향이 농후하다. 문서 접근법은 종교 경전 연구를 통해 종교를 이해하려고 하는 방법이다. 이 방법에는 비학문적인 탈문맥 독서법과 학문적 형식은 갖추었으되 편향적 해석을 하는 경우가 포함된다.

21 김학철, "종교 문해력과 교양교육,"「한국교양교육학회 학술대회 자료집」(2019), 59.

둘째, 종교들은 내부적으로 획일적이지 않고 다양하다. 셋째, 종교들은 무시간적이거나 정적이지 않고 오랜 시간에 걸쳐 전개되고 변화한다. 넷째, 종교들은 사적인 콘텍스트에서만 작동하는 것이 아니라 문화의 모든 차원에 내재하며 영향력을 가진다.[22]

이와 같은 의미와 원칙을 교육하는 것이 종교 문해력 교육이라면 다음과 같이 정의할 수 있다. 첫째, 종교 문해력 교육은 종교를 인간·사회·문화·역사 이해의 키워드로 간주하며 종교의 유무나 차이와 관계없이 종교 공부의 필요성을 전제한다. 둘째, 이는 특정 종교의 신앙교육이 아니라, 종교의 학문적 연구에 기초한 지식교육이다. 셋째, 종교 문해력 교육의 초점은 관념 속에 존재하는 화석화된 '종교'(the religion)가 아니라, 다양한 문화적 환경과 사회적 상황 속에서 생동, 교류, 적응, 변화하는 구체적인 '종교들'(religions)이다.

3. 다종교 감수성

다종교 감수성이란 '다양한 종교가 공존하거나 병존하는 다종교 사회에서 종교 다양성과 차이를 인정하고 존중하는 태도'를 가리킨다. 이러한 태도로서의 다종교 감수성은 종교에 관한 지식을 기반으로 형성된다. 종교 다양성과 차이를 인정하기 위해서는 종교 다양성과

---

22 Diane L. Moore, "Diminishing religious literacy: methodological assump-
tions and analytical frameworks for promoting the public understanding
of religion," 27-38.

차이가 무엇인지 아는 것이 먼저이며, 종교 다양성과 차이를 알기 위해서는 종교에 관한 지식이 필요하기 때문이다.[23] 이 점에서 다종교 감수성은 "종교적 다원성 능력"과도 일맥상통한다. 종교적 다원성 능력이란 '다양한 종교 및 세계관에 관한 지식'과 '다양한 종교 및 세계관을 가진 사람들을 인정·존중·공감·연대하는 태도'를 의미한다.[24] 이렇게 볼 때, 앞서 논의한 종교 문해력 교육은 다종교 감수성 또는 종교적 다원성 능력을 함양하기 위한 교육이라고 할 수 있다.

---

[23] 이인경, "다종교 사회에서 기독교(개신교) 대학 기독교교양 교과목의 상호종교교육 가능성," 70.

[24] 프리드리히 슈바이처/손성현 옮김, 『기독교교양: 사람은 어떻게 빚어지는가』 (서울: IVP, 2023), 200-205.

4장_ 실크로드 종교를 만나는 세 주체

1. 실크로드 종교를 만나는 세 주체

실크로드에서 종교를 만나는 세 주체는 '실크로드 종교들', '실크로드 사람들', 그리고 '우리 자신'이다. 첫째, 실크로드 종교들은 실크로드에서 다른 종교들을 만나고 도전받고 변화한다. 그리고 그러한 과정을 통해 변화된 모습으로 다시 실크로드 종교들과 교류하고 도전하며 변화시킨다. 시대적·정치적 상황과 맞물려서 이러한 모습과 과정이 실크로드를 따라 나타난다. 둘째, 실크로드 사람들은 실크로드의 다양한 종교들을 만나서 수용·변용·개종·타협·공존·갈등·거부·탄압한다. 실크로드 사람들의 구체적인 삶의 자리에 따라 만남의 방식과 표현이 달라지기 때문이다. 셋째, 필자와 이 책을 읽는 독자도 실크로드에서 종교들을 만나는 주체이다. 필자와 독자는 '본문 앞의 세계'의 주체가 되어, 실크로드 종교들을 만난다. 본문 앞의 세계란, 본문을 읽는 독자(해석자)의 세계이다. 여기서 본문은 실크로드 종교이다. 실크로드 종교라는 본문을 만나고 읽는 필자는 필자의 시대적·사회적·개인적 문제를 가지고 실크로드 종교들을 향해 질문한다. 그리고 이 책을 읽는 독자도 필자의 해석과 질문을 통해 실크로드 종교를 만나는 주체가 된다.

2. 세 가지 본문의 세계

실크로드에서 종교를 만나는 세 주체는 "세 가지 본문의 세계"[25] 개념에 기초한다. 세 가지 본문 세계란 첫째, "본문 배후의 세계"(behind the text), 둘째, "본문 안의 세계"(in the text), 셋째, "본문 앞의 세계"(in front of the text)를 말한다. 본문 배후의 세계는 본문을 산출해 낸 삶의 세계를 의미한다. 이것은 본문을 읽는 것만으로는 알 수 없다. 본문을 기초로 해서 다른 자료와 함께 비교 분석하여 재구성해야 알 수 있다. 본문 안의 세계는 본문의 서사 자체에 의해 생겨난 현재 상태의 본문 서사를 가리킨다. 현재 상태의 본문 서사 세계를 구성하는 요소는 등장인물, 시공간적 배경, 본문 상의 문화적·종교적 가치 등이다. 본문 앞의 세계란 본문을 읽고 해석하는 독자(해석자)의 세계를 뜻한다. 독자(해석자)는 자신이 속한 시대와 자신의 실존적 문제를 가지고 본문을 향해 질문하기 때문에, 본문 앞의 세계는 모든 독서와 해석의 출발점이 된다.

이 책에서는 세 가지 본문 세계의 '본문'에 실크로드 종교 관련 텍스트, 종교적 규정, 논쟁, 제도, 조직, 유물, 유적, 풍습 등을 대입시킴으로써, 실크로드 종교가 만난 실크로드 종교들, 실크로드 사람이 만난

---

25 박경미, 『시대의 끝에서』 (대구: 한티재, 2017), 6-8.

실크로드 종교들을 다각도로 드러낼 것이다. 이러한 연구 방법은 앞에서 언급한 것처럼, 종교를 비신학적 요소인 정치·경제·사회·문화·역사와 관련하여 인식하는 '상황 접근법'에 해당하며, 종교를 공시적이고 통시적으로 이해하는 방식이다.

3. 종교의 일곱 가지 차원

세 가지 본문 세계의 '본문'에 대입시킬 실크로드 종교들과 관련된 텍스트, 종교적 규정, 논쟁, 제도, 조직, 유물, 유적, 풍습 등은 종교를 구성하는 차원들이다. 니니안 스마트(Ninian Smart)는 종교를 구성하는 차원을 일곱 가지로 분류하여 제시한 바 있다.[26] 종교의 일곱 가지 차원은 제의적-수행적(ritual-practical) 차원, 경험적-감정적(experiential -emotional) 차원, 신화적-서사적(mythic-narrative) 차원, 교리적-철학적 (doctrinal-philosophical) 차원, 윤리적-율법적(ethical-legal) 차원, 사회적-제도적(social-institutional) 차원, 물질적-예술적(material-artistic) 차원이다. 앞의 다섯 가지 차원은 외형적 실체가 없는 추상적 차원에 해당한다면, 뒤의 두 가지 차원은 종교의 가시적인 외형적 차원이다. 본 연구에서는 실크로드 종교들의 추상적 차원과 외형적 차원을 아우르는 이런

---

[26] 니니안 스마트/윤원철 옮김, 『세계의 종교』, 20-30. 니니안 스마트는 이보다 앞서 저술한 『종교와 세계관』에서는 물질적-예술적 차원을 제외한 6가지 차원을 제시했으며, 종교 관련 마지막 책인 *Dimensions of the Sacred*에서는 정치적 차원과 경제적 차원을 추가하여 9가지 차원을 제시하려고 했다.

차원들을 '본문'으로 대입할 것이다.

종교의 제의적-수행적 차원이란 각 종교의 고유한 제의 또는 의례와 수행 행위를 가리킨다. 예를 들면 예배, 미사, 예불, 선정(禪定), 요가, 세마 의식 등이 있다. 경험적-감정적 차원이란 종교의 정서적 차원을 말한다. 계시 경험, 회심, 깨달음, 경외심, 무병(巫病), 신유 경험 등이 포함된다. 신화적·서사적 차원은 신화나 이야기를 통해 종교가 표현되고 계승되는 것을 의미한다. 유대교의 유월절 이야기, 예수와 석가모니 부처의 탄생 이야기, 무함마드가 계시받는 장면 이야기 등이 이 차원의 예시이다. 교리적·철학적 차원이란 종교의 가르침과 사상을 체계화한 것으로, 기독교의 삼위일체 교리, 불교의 사성제 등이 있다.

윤리적·율법적 차원은 종교의 세계관과 가치관을 나타내는 특정한 계율과 규칙과 윤리적 태도를 가리킨다. 불교의 오계, 유대교의 십계명, 이슬람의 샤리아, 기독교의 사랑 등이 이 차원에 속한다. 사회적·제도적 차원은 종교적 실천과 교훈을 실행하고 종교를 유지·존속하기 위한 조직과 제도를 의미한다. 기독교의 교회, 불교의 승가, 이슬람의 움마 등이 그것이다. 물질적-예술적 차원은 건축물, 예술 작품, 성지 등 물질적 형태로 나타나는 것을 가리킨다.

그런데 이러한 일곱 가지 차원이 모든 종교에서 확연하게 나타나는 것은 아니다. 예를 들어, '탓하기'와 '한풀이'를 기본 구조로 하는 무교(巫敎)는 교리적 차원이 필요하지 않기 때문에 교리적 차원이 없다. 또한 신흥 종교의 경우는 사회적-제도적 차원이 아직 명확하게 두드러지지 않는다.[27]

27 앞의 책, 29-30; 이찬수, 『종교로 세계 읽기』 (서울: 이화여자대학교출판부,
   2005)

2부

실크로드 종교가 만난
실크로드 종교들

1장_ 종교 간 만남의 방법론

실크로드 종교들은 실크로드에서 다른 종교들을 만나고 도전받고 변화한다. 그리고 그러한 과정을 통해 변화된 모습으로 다시 실크로드 종교들과 교류하고 도전하며 변화시킨다. 시대적·정치적 상황과 맞물려서 이러한 모습과 과정이 실크로드를 따라 나타난다. 이러한 종교 간 만남을 조명하고 분석하는 종교 간 만남의 방법론 가운데 이 책에서는 '종교 간 관계 모델', '타자를 대하는 방식', 리처드 니버(H. Richard Niebuhr)의 '유형론적 접근방법'을 적용하여 종교 간 만남을 논의하고자 한다.

1. 종교 간 관계 모델

종교 간 관계 모델은 종교와 관련된 상황, 제도, 정책 등을 분석할 때 유용한 연구 방법이다. 예를 들어 오스만제국과 튀르키예 공화국의 종교 및 종교 관련 주제들을 논의하고 분석할 때 사용할 수 있다. 오스만제국과 튀르키예 공화국은 예술, 학문, 사회적 입지, 경제력, 정치·군사적 권력 등 다차원적인 측면에서 종교 간 세력 균형이 형성되어 있기 때문에 종교 간 대화 모델로 접근하여 각 종교들이 타 종교와 관계 맺는 방식을 분석할 때 종교 간 관계 모델 방식이 분야별로 다양하게 나타난다.

종교 간 관계 모델로는 배타주의(exclusivism), 포괄주의(inclusivism), 평행주의(parallelism), 다원주의(pluralism)가 있다. 배타주의는 자기 종교의 가르침만이 진리이고 이웃 종교(타 종교)의 가르침은 거짓이라고 주장한다. 포괄주의는 이웃 종교에도 부분적인 진리가 있다고 인정하되, 완전한 진리는 자기 종교에 있다고 본다. 평행주의는 이웃 종교에 대해 서로 알려고도 말고 간섭하지도 말자는 주장이다. 다원주의는 종교 간 교류를 통해 이웃 종교에 대해 배우고 자기 종교를 객관화함으로써, 자기 종교를 좀 더 깊이 이해하고자 하는 태도이다.[1]

종교 간 관계 모델은 서로 다른 종교 간 관계 모델이지만, 동일 종교 내의 다양한 주장 간의 관계 모델로 적용해도 설득력이 있다. 비잔티움제국(Byzantium, 324~1453)의 경우 종교 관련 주제들은 동일 종교 내에서의 서로 다른 주장들의 관계인데, 이를 논의할 때도 종교 간 관계 모델로 접근하여 유의미한 연구 결과를 산출할 수 있다.

종교 간 관계 모델 각각의 주장은 단일하지 않고 다양한 양상으로 나타난다. 배타주의의 경우, 극단적 배타주의부터 포괄주의적 배타주의와 평행주의적 배타주의에 이르기까지 다양하다. 포괄주의도 배타주의

---

1 박영식은 다원주의의 한계에 대해 문제 제기하면서 '다자중심주의'를 주장한다. 박영식, "종교다원주의에서 다자중심주의로," 「신학과 선교」 45 (2014), 126-130.

적 포괄주의, 평행주의적 포괄주의, 다원주의적 포괄주의 등 다양하다. 평행주의도 배타주의적 평행주의와 포괄주의적 평행주의가 있고, 다원주의도 포괄주의에 가까운 다원주의가 존재한다. 이렇게 각각의 주장은 확연히 구분되기보다는, 서로 포개지는 부분이 존재한다. 이것을 다음과 같이 그림으로 나타낼 수 있다.

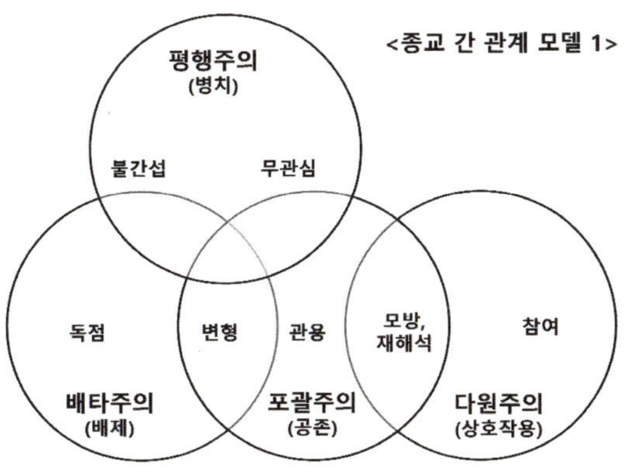

네 가지 모델 중 평행주의는 다문화·다종교 사회에서 다양한 종교들이 병치 되어 있는 상태를 전제하는데, 이때 자기 종교도 타 종교도 자체 완결성을 가지고 있다고 보기 때문에 종교간 대화가 필요하지 않다는 태도이다. 타 종교에 관심을 가지지도 말고 간섭하지도 말자는 것이다. 언뜻 보면 평행주의는 대립과 갈등과 분쟁의 소지를 없앨 것 같은 설득력 있는 주장으로 보인다. 그러나 종교의 형성과 전개 과정 그리고 현재 모습을 살펴볼 때 종교들은 어떠한 방식으로든 영향을

주고받으면서 형성되고 전개되었으며 현재도 그렇기 때문에2 평행주의
는 이론상 하나의 모델로 분류될 뿐이다. 현실에 존재하는 종교 간
관계 모델로 보기에는 무리가 있다고 하겠다. 그러므로 여기서는 평행주
의를 제외하고, 배타주의와 포괄주의와 다원주의를 중심으로 논의한다.
다음과 같이 그림으로 다시 정리해 볼 수 있다.

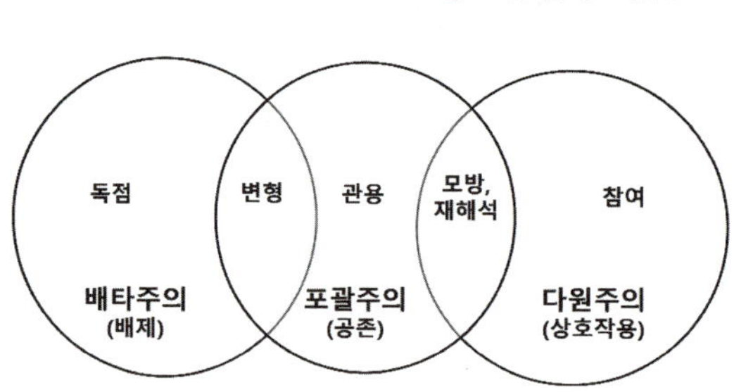

2. 타자를 대하는 방식

실크로드의 서로 다른 종교들이 서로를 대하거나 동일 종교 내의
다른 그룹들이 서로를 대할 때, 한쪽이 주체가 되면 다른 한쪽은 타자가
된다. 주체와 타자의 위치는 누가, 무엇을, 어떻게 분류 기준으로 설정하느
냐에 따라 유동적이다. '힘의 비대칭성'이 작동한다는 의미이다. 즉 정치

---

2 정재현, 『종교신학 강의: 다종교 상황에서 그리스도교인이 가야 할 길』 (성남:
  비아, 2017).

적 역학관계에 따라 주체와 타자의 지위가 결정된다는 것이다. 정치적 역학관계는 시대와 지역에 따라 변화하기 때문에 현재의 주체가 항상 주체이지 않고, 현재의 타자가 항상 타자이기만 하지는 않다. 또한 현재 타자의 입장에서 볼 때는 현재 주체라 할지라도 타자가 된다. 그러므로 타자는 본래부터 타자라기보다는 주체에 의해 타자화된다.[3]

일반적으로 현실에서 타자는 지적·문화적으로 열등하거나 도덕적으로 위협적인 존재로 규정된다. 타자는 주체와 단순히 다른 존재가 아니라 열등하고 잘못된 세계관을 가진 존재라는 것이다. 주체는 타자의 다름을 다름 그 자체로 보는 것이 아니라 열등하고 잘못된 속성, 즉 틀림으로서의 타자성으로 인식한다. 그러므로 주체는 타자를 열등하고 그릇된 존재로 보고 배척과 배제 또는 억압과 교정의 대상으로 간주한다.[4]

주체가 타자를 대하는 방식은 크게 여섯 개의 범주로 분류할 수 있다.[5] 여섯 개의 범주는 배제, 차별, 동화, 관용, 인정, 환대이다. 이 여섯 가지 방식은 한 지역이나 국가 안에서 동시적으로 나타나기도 하고 배제부터 환대까지 순차적으로 적용되기도 한다. 배제보다는 차별이, 차별보다는 동화가, 동화보다는 관용이, 관용보다는 인정이, 인정보다는 환대가 타자화로부터 점점 멀리 벗어나는 방식이다.

배제(exclusion)란 특정한 기준을 정해 놓고 그 기준에 부합하지

---

3 최진우, "환대의 윤리와 평화," 「Oughtopia」 32/1 (2017), 9-10.
4 Ibid., 9.
5 Ibid., 11-22; 김진혁, 『환대의 신학』 (서울: IVP, 2025), 25-31.

않는 타자의 유입을 거부하거나 타자를 제거하는 것이다. 인종, 종교, 혈연, 민족 등을 기준으로 안팎을 나누고 우리와 타자를 구분하는 것이다. 주체가 설정해 놓은 기준 안쪽으로 타자가 유입하는 것을 막고, 현재 기준 안쪽에 있기는 하지만 기준에 맞지 않아서 축출하는 것이다. 난민 유입을 막기 위한 장벽 설치는 소극적 배제라면, 인종청소는 적극적 배제에 해당한다.

차별(discrimination)은 한 개인이나 집단이 가지고 있는 조건인 성, 인종, 나이, 학력, 출신 지역, 정치적 성향 등을 문제 삼아 법적, 제도적 권한을 제한하거나, 차별을 방치 또는 조장하는 태도를 가리킨다. 성차별, 인종차별, 나이 차별, 학력 차별, 지역 차별 등이 여기에 해당한다. 차별은 형태가 다양하고 나타나는 스펙트럼이 넓다. 한 개인이나 집단의 정체성을 구성하는 조건이 다양할 뿐만 아니라 중첩적이며, 그 조건을 문제 삼아 차별하고 기득권을 유지하려는 주체의 명시적 또는 암묵적인 태도도 그 양태가 다양하기 때문이다.

동화(assimilation)는 소수자 집단에게 주류 집단의 관습, 제도, 언어, 문화 등을 수용하게 하는 방식이다. 이를 통해 배제와 차별로부터 벗어날 수 있게 된다. 주류 집단의 경험과 문화만이 규범과 상식이 되고 소수자 집단의 경험과 문화는 결핍된 것이고 부정한 것으로 간주된다. 문화제국주의적인 발상이 아닐 수 없다. 주류 사회의 문화적 정체성, 가치관, 관습의 수용 여부가 사회의 일원으로 인정받는 데에 중요한 기준이 되는 경우 이러한 사회적 분위기나 정책은 동화의 패러다임에 해당된다. 주체의 입장에서 볼 때 동화는 포용적이라고 생각할 수 있지만, 타자의 입장에서는 억압적으로 느낄 수 있다. 동화는 세월의 흐름에 따라 자연스럽게 이루어지는 동화와 강제적이고 의도적인 동화로 구분된다. 일제 강점기의 내선일체와 황국식민화, 한국의 다문화 정책 등이 동화의 사례이다.

관용(tolerance 또는 toleration)은 동화와 비교했을 때 타자에 대해 관대한 편이다. 주체의 공간 안에서 타자의 고유한 정체성이 제한받지 않고 유지하면서 존재할 수 있도록 허용한다는 점에서 그러하다. 그러나 관용은 주체와 타자의 힘이 비대칭적인 상황에서 이루어지기 때문에 주체의 시혜적 행위에 의존한다. 타자의 인격과 인간성이 위협받을 수 있다. 그러므로 관용은 주체 중심적 윤리라고 평가된다.

인정(recognition)은 주체와 다른 정체성을 가진 타자가 주체의 공간 속에서 타자 자신의 고유한 정체성을 온전히 유지한 채 존재할 권리를 보장하는 것이다. 관용은 타자의 정체성을 견뎌내고 인내하며 내색하지 않는 태도라면, 인정은 타자의 정체성을 정당한 것으로 판단하고 타자의 존재에 대해 긍정적으로 평가하고 반응하는 것이기도 하다. 그러나 인정은 주체 바깥에 존재하는 타자에 대한 인정일 뿐이다. 타자를 타자의 정체성을 주체 안으로 수용한다는 의미는 아니다. 주체와 타자가 서로 존중하면서 공존하는 것이지, 주체와 타자 간의 상호 작용을 통해 변화되는 것은 아니라는 뜻이다.

환대(hospitality)는 타자를 주체로 인정하고 존중하며 상호 작용하는 태도이다. 환대는 타자를 주체의 일부로 수용하여 주체의 확장을 시도한다. 타자가 가진 정체성을 수용하여 주체의 확장을 시도할 때 기존의 자아, 타자의 자아와 주체의 자아 둘 다 변용을 경험하게 된다. 인정이 공존에 해당한다면 환대는 공생의 관계를 만들어낸다. 환대는 조건적인 환대와 무조건적인 환대로 구분된다. 현실 국민국가에서 이방인은 지구에 살고 있는 세계 시민이지만, 타국에 대해서는 일시적 방문과 교제의 권리를 가질 뿐이며 방문 기간 동안 적대적 취급을 받지 않을 권리를 가진 존재이다. 세계시민권은 국민국가의 시민권에 비해 제한적이고 한정적이다. 지구에 살고 있는 세계시민으로서는 무조건적인 환대의 대상과 주체가 될 수 있지만, 국민국가의 시민으로서는 조건적인 환대의 대상과 주체가 될 수밖에 없다.

타자를 대하는 방식 여섯 가지는 동시적으로도 순차적으로도 여러 양태로 나타나며 각각의 방식 안에서도 다양한 양상으로 표출된다. 타자를 대하는 여섯 가지 방식 중 어떤 방식을 선택할 것인가라는 문제는 주체와 타자의 '힘의 비대칭성'[6]에 따라 좌우된다. 타자는 호기심과 매력의 대상이 될 수도 있고, 두려움과 배척의 대상이 될 수도 있으며, 무시와 천대의 대상이 되기도 한다.[7] 이때도 힘의 비대칭성이 작동한다. 타자가 호기심과 매력의 대상인 경우는 주체와 타자의 힘이 대칭을 이뤄서 균형 상태일 때이다. 주체와 타자의 힘이 비대칭적이고 타자의 세력이 주체보다 우위에 있는 경우 타자는 두려움과 배척의 대상이 될 수도 있다. 주체와 타자의 힘이 비대칭적이지만 주체의

---

6 최진우, "환대의 윤리와 평화," 22.
7 Ibid., 9.

세력이 타자보다 우위에 있는 경우 무시와 천대의 대상일 수도 있다.

3. 유형론적 접근방법

다차원적인 측면(예술, 학문, 정치·군사적 권력 등)에서 보았을 때 종교 간 세력 균형이 형성된 경우라면 종교 간 관계 모델로 접근하는 것이 적합하겠지만, 이미 기존 종교와 사상이 기득권 세력과 문화적 토양으로 자리 잡은 곳에 새로 유입된 종교가 선교와 교세 확장을 모색하는 상황이라면, 리처드 니버(H. Richard Niebuhr)의 유형론적 접근방법[8]이 적절한 연구 방법이라고 할 수 있겠다. 예를 들어, 중국 동한(東漢) 시대에 불교가 전래했을 때 기존 사상인 유가와 도가의 철학적 용어를 차용하여 불교 교리를 소개한 경우나, 중국에 경교가 전파되었을 때 기존 종교인 유불도 세 종교의 용어와 형식과 사상을 수용하여 경교 메시지를 전달한 경우는 니버의 유형론적 방법으로 분석하는 것이 더 설득력 있는 연구 결과를 낳을 수 있다는 것이다. 니버는 기독교가 문화와 어떤 관계를 맺는가에 따라 그리스도와 문화의 관계를 다섯 가지 유형으로 구분하였지만, 기독교 자리에 다른 종교를 대입하고 문화 자리에 기존 종교와 사상을 대입해도 무리가 없다고 판단된다.

---

8 리처드 니버/홍병룡 옮김, 『그리스도와 문화』 (서울: 한국기독학생회출판부, 2007).

그리스도와 문화의 관계에서, 그리스도는 그리스도인을 의미한다. 그리스도인이란 예수 그리스도를 믿는 사람, 예수 그리스도를 따르는 사람을 가리킨다. 그리스도인은 예수 그리스도의 삶과 말과 행위와 운명을 자신과 자신이 속한 세상을 이해하는 열쇠로, 하나님과 인간과 선악을 아는 지식의 주 원천으로, 양심의 지속적인 동반자로, 악으로부터 구해줄 자로 간주하며, 예수 그리스도를 최고의 자리에 놓는 공동체의 구성원이다.[9]

그리스도와 문화의 관계에서 문화는 "인간 활동의 총체적 과정과 그 활동으로 인한 총체적 결과"로서 자연에 부가된 인위적이고 이차적인 환경을 의미한다. 언어, 관념, 신념, 가치관, 습관, 관습, 사회 조직, 전승된 유물, 기술적 과정 등이 문화에 해당한다. 문화는 다음과 같은 몇 가지 특징을 가진다. 첫째, 문화는 인간의 사회생활과 불가분의 관계이므로 사회적 성격을 가진다. 둘째, 문화는 인간의 성취물로서 인간의 목적과 노력이 담겨있다. 셋째, 문화는 목적 지향적으로 고안된 가치의 세계이다. 넷째, 문화는 인간의 이익을 위한 것이므로 문화의 유용성의 척도는 인간이다. 다섯째, 문화는 시간적이고 물질적인 양태로 나타난다. 여섯째, 문화는 가치의 실현뿐만 아니라 가치의 보존까지도 포함한다. 이때 가치의 보존이란 고증과 보수를 통한 보존이며, 화석화된 보존이 아니라 재해석을 통한 구현으로서의 보존을 의미한다. 일곱째, 문화는 다원적인 가치를 추구한다.[10]

---

9 앞의 책, 85.

그리스도와 문화의 관계를 보여주는 첫 번째 유형은 '문화와 대립하는 그리스도'(Christ against culture) 유형으로, 그리스도와 문화의 대립(opposition)을 강조한다. 이 유형은 사회의 어떠한 관습과 업적도 그리스도와 대립하는 것으로 간주하기 때문에, 사람들에게 그리스도와 문화 중 양자택일하도록 한다. 두 번째 유형은 '문화의 그리스도 또는 문화에 속한 그리스도'(Christ of culture) 유형이다. 그리스도와 문화 사이에 합의점(agreement)이 있다고 보는 이 유형은 그리스도를 인간의 문화 역사상 위대한 영웅으로 여기며, 그리스도의 삶과 가르침을 인간의 가장 위대한 업적으로 간주한다. 세 번째 유형은 '문화 위의 그리스도 또는 문화 위에 있는 그리스도'(Christ above culture) 유형이다. 이는 종합적(synthetic) 유형으로, 그리스도는 문화적 열망을 완성하고 참된 사회 제도를 회복하는 존재이다.

네 번째 유형은 '문화와 역설적 관계에 있는 그리스도'(Christ and culture in paradox) 유형으로, 그리스도와 문화가 서로 양극화되고 긴장 관계에 있는 것으로 본다. 이 유형은 그리스도와 문화의 이원성과 권위를 인정하는 동시에 둘 사이의 대립도 받아들이기 때문에, 이 유형의 그리스도인은 대립하는 두 세계 사이에서 항상 긴장하며 살 수밖에 없다. 다섯 번째 유형은 '문화의 변혁자 그리스도 또는 문화를 변혁하는 그리스도'(Christ the transformer of culture) 유형이다. 이 유형은 인간 본성이 타락했으며 그러한 인간 본성이 문화에 반영되어 대대로

---

10 앞의 책, 112-120.

전승된다고 본다. 이 유형은 그리스도와 문화가 대립 관계에 있다고 전제하는 점에서는 첫 번째 유형과 비슷한 것처럼 보이지만, 타락한 문화와 사회 안에 있는 인간을 그리스도가 회심시킴으로써 문화를 변혁할 수 있다고 보기 때문에 첫 번째 유형과 차별화된다.

2장_ 배제: 배척, 파문, 개종 강요

1. 적극적 배척으로서의 파문

초기 기독교 내 대립하던 다양한 주장과 그룹은 공의회(ecumenical councils)의 결정에 따라 이단으로 파문되어 배척되는 상황이 종종 있었다. 로마가톨릭, 정교회, 개신교는 초기 일곱 차례의 공의회를 기독교 공동체의 공동 유산으로 인정한다.[11] 첫 일곱 공의회는 1차 니케아공의회(325년), 제1차 콘스탄티노폴리스공의회(381년), 에페소스 공의회(431년), 칼케돈공의회(451년), 제2차 콘스탄티노폴리스공의회 (553년), 제3차 콘스탄티노폴리스공의회(680~681년), 제2차 니케아공의 회(787년)이다. 이 공의회들은 모든 지역의 자치교회 대표들이 참석하여 합의를 통해 하나의 결론을 이끌어내고 그 결론이 전체 교회에 구속력을 가진다는 점에서 '보편 공의회' 또는 '에큐메니칼공의회'(ecumenical council)라고 불린다. 이 공의회는 특정 지역에 국한되는 지역 공의회와 는 구분된다. '에큐메니칼'은 그리스어 '오이쿠메네'(οἰκουμένη)에서

---

11 노만 P. 탄너/김영식 · 최용감 옮김, 『간추린 보편 공의회사』 (서울: 가톨릭출판 사, 2010), 183.

유래한 말로 '사람들이 살고 있는 온 세상'을 의미한다. 당시 사람들은 로마제국을 사람들이 살고 있는 온 세상이라고 보았고, 로마제국 각지에서 온 사람들이 공의회에 모였기 때문에 에큐메니칼공의회인 것이다. 또한 공의회의 결정들을 전체 교회가 수용하고 권위를 인정했기 때문에 보편 공의회로 불렸다.

초기 일곱 차례의 공의회는 모두 콘스탄티노폴리스(현 이스탄불)과 그 인근 도시에서 로마제국(그리고 뒤이어 비잔틴제국)의 황제에 의해 소집되었다.[12] 로마제국 교회로서의 기독교의 입지 덕분에 먼 거리의 교회 지도자들도 공의회에 참석할 수 있었고 방해받지 않고 모일 수 있었다. 실례로, 제1차 니케아공의회를 소집한 황제 콘스탄티누스 1세(Constantinus the Great, 재위 306~337)는 공의회 참석자들에게 여행 경비와 공의회에서의 편의를 제공했다.[13]

공의회 참석자 대부분이 동방교회 출신이었는데, 이는 소집 장소의 위치와 이슬람 세력의 확장이 영향을 미쳤기 때문이다. 250~300명이 참석한 것으로 알려진 제1차 니케아공의회는 동방교회 참석자들이 대부분이었다. 북아프리카 교회 참석자 몇십 명, 서방교회 참석자는 수 명에 불과했다. 제1차 콘스탄티노폴리스공의회에는 동방교회에서만 참석했고, 에페소스공의회에는 서방교회에서 단 두 명의 교황 사절만 참석했을 뿐 동방교회와 북아프리카 교회 참석자들이 대부분이었다.

---

12 장준철, "보편공의회 이단 파문 법규의 분석," 「서양중세사연구」 16 (2005), 23.
13 노만 P. 탄너, 『간추린 보편 공의회사』, 38.

칼케돈공의회는 서방교회의 교황 사절 두 명과 아프리카 교회 출신 주교 두 명을 제외하고는 참가자 500~600명이 모두 동방교회 출신이었다. 제2차·제3차 콘스탄티노폴리스공의회와 제2차 니케아공의회도 마찬가지 분포였다. 제3차 콘스탄티노폴리스공의회와 제2차 니케아공의회부터는 이슬람이 북아프리카를 점령하는 바람에 북아프리카 교회는 참석할 수 없었다. 서방교회는 참석자 숫자뿐만 아니라 토론 과정에서도 존재감이 없었다. 참석자 규모는 물론이고 토론을 주도한 그룹은 알렉산드리아교회 중심의 아프리카 교회와 동방교회의 아시아 교회였다.

제1차 니케아공의회는 첫 번째 공의회로서 이후 공의회에 대해 절대적인 우위를 차지하며, 제1차 니케아공의회를 포함한 처음 네 차례 공의회는 여러 공의회 중에서 수위성을 가진다. 제1차 니케아공의회에서는 하나님의 아들 예수는 하나님으로부터 창조된 존재이며 신성이 부족하다고 주장한 아리우스주의를 이단으로 단죄하고, 아리우스주의와의 논쟁 과정을 통해 만든 니케아공의회신경을 제정했다. 콘스탄티누스 1세가 소집한 제1차 니케아공의회는 니케아(현재 이즈닉)의 황제 별궁에서 열렸다. 기독교를 합법화하고 기독교 우호 정책을 시행한 콘스탄티누스 1세는, 교회 내 갈등과 분란이 정치·경제·군사적 요충지로서의 콘스탄티노폴리스 건설과 제도 개혁의 원활한 추진에 도움이 되지 않는다고 판단한 것 같다. 콘스탄티누스 1세는 제국 내 주교들에게 초청장을 보내고 공의회 참석자들에게 여행경비와 편의를 제공하는 한편, 언제라도 군대를 동원할 수 있는 위치와 장소에서 공의회를 개최함으로써, 개회 연설과 회의 진행 과정을 주도하여 자신의 의도대로 공의회의 결정이 나도록 영향력을 행사했다.[14]

테오도시우스 1세(Theodosius I, 재위 379~395)가 소집한 제1차 콘스탄티노폴리스공의회는 콘스탄티노폴리스의 성이레네성당에서 열렸다. 제1차 콘스탄티노폴리스공의회에서는 1차 니케아공의회신경을 발전시킨 니케아-콘스탄티노폴리스신경을 제정했는데, 이 신경은 로마가톨릭교회와 정교회와 일부 개신교에서 오늘날까지도 원형 그대로 사용하고 있다. 에페소스공의회는 테오도시우스 2세(Theodosius II, 재위 408~450)가 소집했으며 에페소스의 성모마리아교회에서 열렸다. 기독론과 마리아의 호칭에 대한 소위 '네스토리오스 논쟁' 안건이 에페소스공의회의 주된 논제였다. 에페소스공의회는 마리아를 '그리스도의 어머니'(크리스토토코스)라고 부르는 네스토리오스의 주장을 이단으로 단죄하고 그를 파문했다. 그런데 에페소스공의회에서는 만장일치라는 원칙이 제대로 작동하지 못했다. 네스토리오스의 주장에 동의하는 그룹의 반대가 만만치 않았기 때문이다. 그의 주장에 동의하는 그룹은 칼케돈공의회에서 이단으로 단죄되었다.[15]

칼케돈공의회는 마르키아누스 황제(Marcianus, 재위 450~457)가 당시 비티니아의 수도였던 칼케돈(현재 카디쾨이)에서 소집했다. 칼케돈공의회에서 제정된 신조는 이후 열린 공의회들의 보편성과 정통성을

---

14 김차규, "콘스탄티누스의 니케아 공의회 개최의미,"「대구사학」70 (2003), 157-194.
15 노만 P. 탄너, 『간추린 보편 공의회사』, 44-66.

판단하는 기준이 되었다. 앞서 열렸던 1차 니케아공의회, 제1차 콘스탄티노폴리스공의회, 에페소스공의회의 신조를 반복하고 수용함으로써 칼케돈공의회 신조의 보편성과 정통성을 확인했기 때문이다. 에페소스공의회가 개최된 장소는 칼케돈의 순교자 에우페미아(Euphemia)기념 성당이다. 현재는 그 자리에 하이다르파샤역(Haydarpaşa Train Station)이 대신 서 있다. 독일 황제 카이저 빌헬름 2세가 오스만제국 술탄 압둘하미드 2세(Abdülhamid II, 재위 1876~1909)에게 선물한 건축물로서, 하이다르파샤역은 마치 바다 위에 떠 있는 궁전처럼 보인다. 1909년에 완공된 이 역은 2010년 화재로 일부 소실되어 리모델링했으며, 2018년 10월부터 노선 운행을 재개했다.

제2차 콘스탄티노폴리스공의회, 제3차 콘스탄티노폴리스공의회, 제2차 니케아공의회는 칼케돈공의회의 연장선상에서 기존 공의회의 결정들을 재확인하는 정도였다. 다만 눈여겨볼 것은 제2차 니케아공의회가 성상 숭배의 기독론적 정당성을 인정한 점이다. 이는 성상 파괴 논쟁의 공방과 재해석 과정을 일단락지은 결정으로 평가된다. 유스티니아누스 1세(Justinianus I, 재위 527~565)가 소집한 제2차 콘스탄티노폴리스공의회와 콘스탄티누스 4세(Constantinus IV, 재위 668~685)가 소집한 제3차 콘스탄티노폴리스공의회는 모두 콘스탄티노폴리스의 하기아소피아성당에서 열렸다. 제2차 니케아공의회는 이레네(Irene, 재위 797~802)가 소집했으며 니케아의 하기아소피아성당에서 개최되었다.

초기의 일곱 공의회를 통해 기독교 교회 지도자들은 내부적으로는 당시 신학적·신앙적 주제들에 대해 논쟁하고 합의했으며, 외부적으로는 기독교를 알리는 과제를 수행하였다. 공의회에 참석한 지도자들이 신학적·신앙적 논쟁을 수평적으로 합의하고, 앞서 개최된 공의회의 가르침과 일치되도록 수직적으로 합의한 점을 볼 때, 공의회가 '이중의 합의'라는 원칙에 기초하고 있음을 알 수 있다. 그 과정에서 초기 기독교 내부의 다양한 주장과 그룹 중에는 이단으로 파문되어 배척되기도 하였다. 이처럼 공의회는 신학적·신앙적 논쟁에 대해 합의를 거쳐 교리를 확정하고 이단을 척결함으로써 교회의 일치된 모습과 태도를 견지하도록 했다고 평가된다.[16]

다른 한편으로 이와 상반된 평가도 있다. 공의회의 의결 방식은 만장일치 또는 절대다수의 동의였는데, 이는 투표를 통한 정확한 계산이 아니라 박수갈채로 결정되었다. 공의회를 구성하는 핵심 구성원은 주교들이었지만, 신부와 하위 직급 사제, 평신도, 여성들도 참석한 공의회에서 박수로 의결했다는 것이다.[17] 그렇다면 세력이 큰 그룹이나 인물이 배후에서 공의회의 결정 과정에 영향력을 행사했을 가능성을 배제할 수 없을 것이다. 공의회에서 가장 큰 영향력을 행사한 그룹 또는 인물은 로마 황제였다. 공식적으로는 각 지역 교회의 대표인 주교들이 참석하여 논의하고 합의했지만, 실상은 로마 황제의 정치적 목적과 의도에 따라 공의회가 소집되고 공의회의 안건에 대한 결론이 내려졌다. 그야말로 '국가 종교'의 하수인 역할을 수행한 것이다. 이러한

---

16 최석우, "공의회 개념의 문제," 「교회사연구」 25 (2005), 5-6; 노만 P. 탄너, 『간추 린 보편 공의회사』, 66.

17 노만 P. 탄너, 『간추린 보편 공의회사』, 42-44.

평가는 공의회 소집 장소가 콘스탄티노폴리스와 그 인근 도시였다는 사실을 통해 강화된다. 황제가 언제라도 즉시 군대를 파견할 수 있음을 시사하기 때문이다. 이는 황제의 뜻에 부합하는 결정을 공의회가 내리도록 하는 무언의 압력으로 작용했다.[18]

초기 기독교 공의회

순서	공의회 명칭	소집 장소 (현재 지명)	소집 황제 및 주요 결정 사항
1	제1차 니케아공의회 (325년)	니케아 (이즈닉)	• 콘스탄티누스 1세가 소집함 • 아리우스주의를 이단으로 단죄함 • '니케아신경'을 제정함
2	제1차 콘스탄티노폴리스 공의회 (381년)	콘스탄티노 폴리스 (이스탄불)	• 테오도시우스 1세가 소집함 • 아리우스를 파문함 • 니케아신경을 보완하여 '니케아–콘스탄티노폴리스신경'을 제정함
3	에페소스공의회 (431년)	에페소스 (에페스)	• 테오도시우스 2세가 소집함 • 네스토리오스의 해석을 이단으로 단죄함 • 네스토리오스를 파문함
4	칼케돈공의회 (451년)	칼케돈 (카디쾨이)	• 마르키아누스가 소집함 • 칼케돈 신앙 정식을 정리함 • 네스토리오스파를 이단으로 단죄함
5	제2차 콘스탄티노폴리스 공의회 (553년)	콘스탄티노 폴리스 (이스탄불)	• 유스티니아누스 1세가 소집함 • 기존 공의회 결정들을 재확인함 • 아시리아동방교회를 이단으로 단죄함
6	제3차	콘스탄티노	• 콘스탄티누스 4세가 소집함 • 단의론을 배격함

---

18 김차규, "콘스탄티누스의 니케아공의회 개최 의미," 157-194; 김차규, "테오도시우스 2세의 에페소스 공의회 개최 의미,"「대구사학」 76 (2004), 337-362; 이은혜, "테오도시우스 2세: 권력과 신앙-그리스도인 황제는 교회 분쟁의 중재자인가? 결정자인가?-,"「한국교회사학회지」 40 (2015), 215-247.

	콘스탄티노폴리스 공의회 (680~681년)	폴리스 (이스탄불)	
7	제2차 니케아공의회 (787년)	니케아 (이즈닉)	• 이레네가 소집함 • 성상 숭배를 기독론적으로 정당하다고 인정함

상반된 평가 중 어느 한쪽만을 전적으로 설득력 있다고 할 수 없겠지만, 후자의 평가에 따르면 기독교가 금과옥조로 여기는 몇몇 교리와 그에 기초한 이단 척결이 실은 그 당시 국가와 종교 간 역학관계의 산물일 수도 있다. 한때 이단으로 파문되었다가 상황이 바뀌어 복권되는 사례들이 이러한 문제 제기를 가능케 한다. 로마제국(이어지는 비잔티움제국까지)은 기독교를 제국 통치의 이데올로기로 채택했다. 이에 따라 황제들은 자신의 개인적 신앙심이나 선호도 그리고 친분 등과는 별개로, 기독교 내부의 다양한 주장의 대립, 공방, 분열이 국가 통치와 운영 및 자신의 권력 유지에 도움이 되지 않는다고 판단하여 공의회를 소집하고 자신의 의도대로 공의회의 결론이 나도록 유도하고 위협하였다. 교회의 주교들도 국가와 교회 관계의 주도권이 국가(황제)에 있다는 현실을 간파하고, 오히려 그 역학관계를 이용하여 자신들의 기득권을 유지하고 반대파를 제거하였다. 표면적으로는 황제들과 주교들이 공의회의 원칙인 합의라는 절차와 형식을 따랐지만, 그 이면으로는 각자의 목적을 위해 공의회를 소집하고 참석하여 결정 내렸던 것으로 보인다. 공의회의 결정에 따라 패배한 그룹은 이단으로 단죄되고 파문되어 배척당했으며, 승리한 그룹은 독점적인 위치를 점하게 되었다.

2. 교정적 수용으로서의 개종 강요

데브시르메(devşirme) 제도는 오스만제국 무라드 1세(Murad I, 재위 1362~1389)가 14세기 말부터 시행한 소년 공출 제도이다. 오스만제국은 발칸반도의 기독교 가정의 8~20세 소년을 3~5년에 한 번씩 차출하여 상위 10%는 궁정 학교에서 훈련하여 '아스케리'라는 지배계층으로 만들고, 나머지 90%는 아나톨리아 시골 가정에 위탁하여 튀르크어와 이슬람교를 배우며, 개종하게 한 뒤 예니체리 군대에 편입시켰다. 차출 인원과 차출의 빈도수는 중앙정부의 필요에 따라 결정되었다. 신체적으로 용감하고 용모와 지능이 뛰어나서 궁정 학교에 배속된 10%의 소년들은 가장 최상의 교육을 통해 군사와 행정 분야의 최고 업무를 수행할 수 있는 준비를 갖추었다. 메흐메드 2세(Mehmed II, 재위 1444~1446, 1451~1481)는 그 이전에는 무슬림 귀족 가문에 국한되었던 군사와 행정 분야의 업무를 데브시르메 제도를 통해 차출되어 궁정 학교에서 교육받은 아스케리에게 맡김으로써 전통적인 무슬림 지도층의 권력을 약화시켰다. 데브시르메 제도 시행 초기에는 발칸반도의 기독교 가정 소년이 차출 대상이었지만, 15세기 후반에는 아나톨리아의 기독교 가정 소년으로 확대되었다. 시간이 지나면서 행정 관료와 군대 요직을 데브시르메 출신들이 장악하자 이를 출세가도로 인식하는 사회적 분위기가 조성되어 무슬림 가정에서도 뇌물을 주고 소년을 데브시르메로 보내는 현상이 나타났다. 이에 따라 무슬림 지도층의 세력을 약화시키고 술탄에게만 복종하는 행정 군사 지도자 양성이라는 데브시르메 제도의 본래 목적이

희석되면서 제도 시행이 차츰 줄어들다가 결국 폐지되었다.[19]

데브시르메 제도는 오스만제국에서 피지배계층인 기독교인이 지배 계츠응로 신분 상승할 수 있는 제도라고 평가되는가 하면,[20] 다른 한편으로는 아이를 부모와 기독교에서 강제 분리하여 이슬람교로 개종하게 하고 그 아이의 가정과 친족이 배교자라는 비난을 받게 만드는 가장 흉악한 억압이자 악명 높은 강제징집 제도라고 평가되기도 한다.[21] 부모들은 강제징집을 피하고자 아이들을 숲속에 숨기거나 신체 일부를 일부러 손상시켰다. 이러한 '소년징집'에 대한 탄식을 담은 작품이 서양 문학과 기독교 문학에서 많이 발견된다.[22] 데브시르메 제도는 오스만제국의 정복 지역의 기독교 가정 출신 소년이라는 소수자이자 피지배 계층에게 신분 상승의 기회를 부여했다는 점에서 언뜻 관용으로 보일 수 있겠다. 그러나 오스만제국의 주류 집단의 언어인 튀르크어를

---

19 버나드 루이스 엮음/김호동 옮김, 『이슬람 1400년』(서울: 까치글방, 2014), 425-427; 이은정, "17세기 이스탄불에서 기독교인 이주의 영향: 인구 구성과 종교집단 간 관계에 대한 함의,"「역사학보」226 (2015), 496; 이희수,『튀르키예 사 100』(파주: 청아출판사, 2017), 193-195; 이희수,『인류 본사: 오리엔트-중 동의 눈으로 본 1만 2000년 인류사』, 571. 데브시르메 제도의 폐지 또는 폐기 시기에 대해서는 학자마다 다르다. 이희수는 17세기 폐지를, 이은정은 18세기 폐기를 주장한다.
20 버나드 루이스 엮음/김호동 옮김, 『이슬람 1400년』, 431; 에이미 추아/이순희 옮김,『제국의 미래』(서울: 비아북, 2008), 255; 도널드 쿼터트/이은정 옮김, 『오스만제국사: 적응과 변화의 긴 여정 1700-1922』(파주: 사계절, 2008), 65.
21 에리히 브리너/황훈식 옮김,『동방 정교회(1274-1700)』(천안: 호서대학교 출 판부, 2015), 89; 에이미 추아/이순희 옮김,『제국의 미래』, 255.
22 에리히 브리너/황훈식 옮김,『동방 정교회(1274-1700)』, 89.

배우고 주류 종교인 이슬람교로 개종해야만, 즉 소수자 집단의 결핍을 교정하기 위해 주류 집단의 문화를 수용할 때 비로소 그 기회가 주어진다. 데브시르메 제도는 소수자 집단의 교정적 수용으로서의 동화에 해당하며 그 동화는 이슬람교로의 개종 강요라는 양상으로 나타난다.

3. 소극적 배척으로서의 개종 강요

데브시르메 제도가 교정적 수용으로서의 개종 강요였다면, 카드자델리 운동은 소극적 배척으로서의 개종 강요를 보여준다. 카드자델리(Kadizadeli) 운동은 일종의 이슬람 경건주의 운동이다. 이는 이슬람의 원칙을 무시하고 방만한 신앙 행태를 보이는 일부 수피즘과 그러한 수피즘의 행태를 방조한 상층부 이슬람 율법 학자에 대한 비판과 문제 제기에서 출발하여 이슬람의 종교적 원칙을 엄격하고 비타협적으로 적용할 것을 주장하였다. 무슬림 상인들과 수공업자들이 이 운동의 사회적 기반이었으며, 일부 엘리트도 이 운동에 동조하였다. 그러나 이렇게 이슬람교 내부 개혁과 정화 운동으로 시작된 카드자델리 운동이 17세기 후반에는 비무슬림에 대한 차별과 제한 그리고 개종 권장과 강요로 나타났다.[23]

---

23 17세기는 기독교인 집단에 대한 오스만 정부의 압박이 강했던 시기라고 평가된다. 그 근거가 되는 몇 가지 사례를 들면 다음과 같다. 사냥을 즐기던 메흐메드 4세가 사냥에 나섰을 때 사냥 보조에 동원된 기독교인 농민에게 개종을 강요했으며, 화재로 소실된 교회 재건을 금했으며, 마할레(마을)에 새로 이주해 온 기독교인 주민을 기존 무슬림 주민이 추방하려고 했다는 것이다. 또한 17세기 후반

17세기는 이스탄불에 비무슬림 기독교인의 이주가 증가하던 시기였는데, 16세기 말 17세기 초에 발생한 아나톨리아의 젤랄리 반란의 위험으로부터 벗어나기 위해 비무슬림 기독교인이 이스탄불로 대거 이주했기 때문이다. 그 과정에서 기존 무슬림 주민과의 마찰과 갈등이 발생했다. 오스만제국의 무슬림 관료와 거주민은 이스탄불을 "이슬람적 삶이 보장되어야 하는 무슬림 도시"라고 생각했다. 이러한 도시 이스탄불에 비무슬림 기독교인이 증가하자 이해관계가 얽히면서 경각심을 느낀 일부 무슬림 엘리트 관료와 주민은 이슬람 원칙의 엄격한 적용이라는 카드자델리 운동의 주장에 동조하면서 비무슬림 기독교인을 차별하고 배제했다. 본래 카드자델리 운동의 주체와 적용 대상은 이슬람교 내부 신자였지만, 17세기 이스탄불의 불안한 사회 상황에서 비무슬림 기독교인을 차별하고 개종 권장을 넘어 강요하는 형태로도 전개되었다.[24]

카드자델리 운동의 지도자 와니 에펜디(Vani Efendi)가 1660년 대화재를 이스탄불 도성 내 기독교인에게 허용된 방종 때문에 내린 신의 심판이라고 주장하면서 도성 내에 거주하며 일하고 있는 모든 그리스인과 아르메니아인을 추방하려고 했다는 이야기도 전해진다. 이은정, "17세기 이스탄불에서 기독교인 이주의 영향: 인구 구성과 종교집단 간 관계에 대한 함의," 478.
24 Ibid., 467-510; 이은정, "17세기 초 이스탄불 마할레(거주 공동체)의 외부인에 대한 대응,"「중앙아시아연구」15 (2010), 217-247.

3장_ 공존: 공방, 변형, 관용, 재해석

1. 신학적 공방과 재해석 과정

과도한 신학적 공방은 파괴를 초래하기도 하지만, 새로운 문화를 형성하기도 한다. 여기서는 독자적인 비잔틴 문화를 형성하는 데에 일조한 성상 파괴 논쟁을 논의하고자 한다. 성상 파괴 논쟁은 성상 파괴 운동(Iconoclasm)과 그로 인한 논쟁 및 공방 과정을 아우른다. 성상 파괴 운동은 비잔티움제국 황제 레오 3세가 730년에 성상 숭배 금지령을 내림으로써 촉발되었다. 금지령 이후 성상 숭배 찬성파와 반대파 사이에 격렬한 논쟁과 공방이 오갔으며, 제2차 니케아공의회(787년)에서 성상 숭배의 기독론적 정당성이 인정되었다. 그러나 니케아공의회의 결정 이후에도 9세기 중엽까지 성상 파괴 운동과 그로 인한 논쟁이 계속되다가, 마침내 콘스탄티노폴리스 지방 공의회(843년)가 제2차 니케아공의회의 결정을 재확인하는 것으로 100여 년에 걸친 성상 파괴 논쟁을 종결지었다.

성경의 인물이나 사건 등을 그린 그림인 성상은 모자이크, 프레스코화, 판화 등의 양식으로 표현된다. 성상을 의미하는 이콘(icon)은 그리스어 '에이콘'(εικων)에서 유래했으며 '형상', '이미지', '닮은꼴', '초상화' 등을 가리킬 때 사용된다. 이콘은 시각 예술 전체를 가리키는 광의의 이콘과 휴대 및 이동이 가능한 전례물을 의미하는 협의의 이콘으로 분류된다.[25] 본래 고대 이집트와 로마제국의 초상화에서 비롯된 이콘이 기독교에 처음 등장한 것은 1세기경이다. 2세기 무렵 묘지 벽화 등에서 물고기와 양치기로 표현한 그리스도, 비둘기로 나타낸 그리스도의 평안, 공작으로 그린 부활을 볼 수 있다. 로마와 알렉산드리아의 카타콤에서는 그리스도의 생애 모티브 표현이 발견되었는데, 2~3세기경에 그렸을 것으로 추정된다. 4~5세기의 정교회 교부들은 교육적, 기념비적, 신비적, 교화적인 의미를 가진 이콘의 존재와 그 중요성을 역설했다.[26]

중세 미술에서 이콘은 예수와 성모 그리고 성경 속 등장인물들의 모습을 그린 일종의 회화이자 그림성경이었다. 이콘은 말로 전달하던 성경을 그림을 통해 눈으로 전달함으로써, 글을 읽을 수 없었던 중세 민중에게 교리와 성인들의 가르침을 이해하고 신의 존재를 구체적으로 느낄 수 있게 해주었다.[27]

---

25 서창원, "동방 정교회와 한국신학과 만남: 에큐메니즘 입장에서,"「신학과 세계」74 (2012), 109; 주디스 헤린/이순호 옮김, 『비잔티움: 어느 중세 제국의 경이로운 이야기』 (파주: 글항아리, 2013), 224-225. 헤린은 그리스어 이콘이 어느 형상에나 다 사용되다가 4세기경부터는 납화 기법으로 그린 그리스도, 성모 마리아, 성인, 각 지역의 순교자, 주교, 수도자들의 형상만 가리키는 용어가 되었다고 본다.

26 권영훈, "동방정교회와 이콘,"「아세아연구」161 (2015), 291; 김명실, "정교회의 예배이콘에 대한 한국개신교의 편견을 극복하기 위한 연구: 이콘 논쟁의 간단한 역사와 그 신학적 담론들을 중심으로,"「신학과 실천」56 (2017), 43.

27 권영훈, "동방정교회와 이콘," 291.

　로마제국에서 황제 숭배는 자연스러운 현상이었으며 황제의 초상은 시공간을 초월한 숭배의 대상이었다. 이에 따라 이콘 숭배도 당시 사람들에게 자연스럽게 수용되었다. 기독교가 합법 종교가 되고 로마제국의 국가종교가 된 후에도 여전히 황제 숭배가 성행했으며 초기 교부들도 크게 이의를 제기하지 않았다. 황제 형상 숭배는 예수 이콘 숭배로 바뀌었는데, 이는 숭배의 대상이 황제에서 예수로 바뀌었을 뿐 형상 숭배는 여전함을 보여준다. 또한 근동 지역의 영향을 받은 그리스인들은 인간의 모습을 가진 여러 신을 만들어 숭배했으며, 그것이 기독교 성상의 모델이 되고 성상 숭배로 자연스럽게 이어졌다. 제우스와 세라피스의 상은 예수 그리스도의 첫 성상 모델이 되고, 고대 이집트의 여신 이시스의 상이 성모 마리아의 모델이 된 것처럼 말이다.[28]

　이콘의 표현은 시대에 따라 그 수와 종류가 다양했는데, 특히 '비잔틴 양식'이라는 이콘 표현이 있을 정도로 비잔티움제국에서 성상은 압도적인 위치를 차지하고 있었다. 비잔티움제국에서 성상은 수호신으로서의 힘을 가지고 있고, 중재자의 역할을 한다고 인식되었기 때문이다. 성상은 성직자에게 의존하지 않는 영적 소통 방법을 촉진시킴으로써, 교회뿐만 아니라 가정에서도 은밀히 기도하는 사람에게 특별한 위로를 주는 효과가 있었다. 이렇게 볼 때 기독교 성상은 기독교 이전 시대의 이교 수호신과 다를 바 없다고 평가되기도 한다.[29] 비잔틴 양식의 독특함은

---

28 Ibid., 294-295; 주디스 헤린, 『비잔티움: 어느 중세 제국의 경이로운 이야기』, 223-224.

29 주디스 헤린/이순호 옮김, 『비잔티움: 어느 중세 제국의 경이로운 이야기』,

다음과 같은 점에서 발견된다. 첫째, 비잔틴 양식은 여러 이교 신과 각계각층의 로마인 초상화를 그릴 때 사용된 납화 기법과 기독교 성상을 결합했다. 둘째, 비잔틴 양식은 황제들이 주화와 왕관 등에 기독교 성상을 새겨 넣어 자신들이 신의 대리자임을 나타냄으로써 제국의 이데올로기를 지탱하는 역할을 수행했다.[30]

'성상을 파괴한다'는 뜻의 '성상 파괴'(Iconoclasm)는 영어권 국가와 비영어권 유럽에서 함께 사용되고 있는 비잔틴 용어 중 하나다. 성상 파괴 논쟁은 많은 사람의 죽음과 순교를 수반한 역사상 가장 첨예한 이데올로기 논쟁 가운데 하나라고 평가된다. 성상 파괴 논쟁은 오리엔트 유형 종교 중 가장 뒤늦게 시작한 이슬람교의 군사·정치적 위협과 종교 문화적 문제 제기 때문에 발생했다.[31] 1차 성상 파괴 운동(730-787)은 황제 레오 3세가 교회 지도자들에게 내린 성상 제거 명령으로 시작되었다. 콘스탄티노폴리스의 총대주교 게르마누스 1세가 그 명령을 거부하였고, 로마 교황 그레고리우스 2세와 그의 계승자 교황 그레고리우스 3세도 성상의 위험성을 알리는 비잔틴의 공식서한에 반발했다. 그러나 레오 3세는 황궁에 전시된 대형 성상부터 자잘한 성상에 이르기까지 모두 제거했다. 731년에 로마 교황 그레고리우스 3세가 지방 공의회를 개최하여 성상 파괴 운동을 단죄함으로써 콘스탄티노폴리스 교회와 로마 교회가 분리되는 단초를 제공했다. 콘스탄티누스 5세도

229-230.

30 앞의 책, 238.

31 앞의 책, 242-249.

아버지 레오 3세가 시작한 성상 파괴 운동을 계속 이어갔다. 그는 자신의 책 『연구』(Peuseis)을 통해 그리스도의 진정한 형상은 성체이고 그리스도의 가장 강력한 상징은 십자가이기 때문에 성상은 필요하지 않다고 주장했으며, 754년 히에레이아 지방 공의회를 개최하여 성상 숭배를 우상숭배로 규정했다. 1차 성상 파괴 운동은 성상 옹호론자인 황후 이레네가 소집한 787년 제2차 니케아공의회에서 '성상 숭배는 기독론적으로 정당하며 성상 파괴는 기독교 전통에 위배된다'고 결정됨으로써 성상 숭배 찬성파의 승리로 종식되었다.[32]

2차 성상 파괴 운동(815~843)은 총대주교이자 문법학자인 요한이 성상 파괴를 정당화하는 글을 쓰면서 시작되었다. 총대주교 요한은 황제 레오 5세에 의해 임명되었는데, 이는 이슬람 세력과의 대치 상황에서 정치적·군사적 목적을 이루기 위한 것이었다. 미카엘 2세 때 성상 숭배에 대한 박해가 잠시 약해졌다가, 아들 테오필루스 황제 때는 성상 파괴 운동이 최고조에 달했다. 2차 성상 파괴 운동은 성상 옹호론자인 테오도라 황후가 성상 숭배를 부활시킴으로써 종식되었다. 100여 년에 걸친 성상 파괴 운동은 '성상 숭배는 기독론적으로 정당하며 성상 파괴는 기독교 전통에 위배된다'는 제2차 니케아공의회의 입장을 콘스탄티노폴리스지방공의회가 재확인함으로써 종결되었다.[33] 아래

---

32 앞의 책, 249-255; 김명실, "정교회의 예배이콘에 대한 한국개신교의 편견을 극복하기 위한 연구: 이콘 논쟁의 간단한 역사와 그 신학적 담론들을 중심으로," 49-52.

33 Ibid., 52-53; 주디스 헤린/이순호 옮김, 『비잔티움: 어느 중세 제국의 경이로운

인용문은 각각 성상 파괴론자와 옹호론자의 주장을 보여준다.

거짓되이 일컫는 '성상'은 그리스도, 사도, 교부들의 전통에도 없고, 그것
의 범상함을 거룩하게 해주는 성변화의 기도 또한 없었다. 거룩하기는
고사하고 성상은 화가가 그린 대로의 범상하고 무익한 그림일 뿐이다
(754년 콘스탄노플 종교회의 〈결의〉 중에서).[34]

성상을 만들고 숭배하는 것은 없는 것을 새로 지어낸 관습이 아니라 교회
의 오랜 전통이다. … 물리적 형상을 이용하지 않는 것은 생각할 수조차
없다. … 신체를 보아야만 묵상에 도달할 수 있는 것이다. 그리스도가
영혼과 육체의 양상을 모두 취하고 있는 것도, 인간이 그 두 가지 요소로
만들어졌기 때문이다(8세기, 다마스쿠스의 성 요한네스).[35]

성상 파괴 논쟁에서 성상 파괴론자들은 다음과 같은 논거를 들어
성상 숭배를 반대했다. 첫째, 구약성경의 형상 금지와 우상숭배 금지
명령과 둘째, 새로 발흥하여 기독교의 성상 숭배에 대해 문제 제기하는
이슬람교의 도전이다. 이에 대해 성상 옹호론자들은 다음과 같이 반박한
다. 첫째, 예수 그리스도의 성육신은 인간의 모습을 한 그리스도의
묘사를 긍정한다. 둘째, '우상'과 '형상'은 다르며 성상 옹호론자들은

이야기』, 256-259.
34 앞의 책, 241.
35 앞의 책.

우상숭배를 지지하지 않는다. 셋째, 성상으로 그려진 인물은 공경
(veneration)의 대상일 뿐이며, 오직 하나님께만 예배한다(worship).[36]

100여 년에 걸친 성상 파괴 논쟁은 '성상 숭배는 정당하다'는 결론과
함께 종식되었다. 이 논쟁의 본질에 대한 여러 해석이 있겠지만, 다음과
같은 해석이 설득력 있다고 생각된다. 첫째, 성상 파괴 운동은 본래
오리엔트 종교인 기독교가 로마제국에서 그리스 문화를 만나 헬레니즘
화되는 과정에서 일어난 오리엔트적인 요소의 반동인데, 성상 숭배
찬성파의 승리는 그 반동이 극복되어 결국 기독교와 그리스 문화가
융합됨으로써 독자적인 비잔틴 문화가 완성되었다는 해석이다. 이러한
해석의 논거는 다음과 같다. 고대 지중해 오리엔트 세계에는 두 가지
유형의 신이 있다. 하나는 오리엔트 타입의 신이고, 다른 하나는 그리스
타입의 신이다. 첫 번째 유형인 오리엔트 유형 신은 고대 이집트나
바빌로니아의 신처럼 전지전능하고 범접하기 힘든 초월적인 신이다.
이런 유형의 신은 인간이 신의 의지를 알거나 이해하기 어려우며 그
모습을 묘사할 수도 없고 묘사 자체가 신성모독에 해당한다. 이스라엘의
신도 이 유형에 포함된다. 구약의 십계명에 우상숭배를 엄격히 금하고
있으며 신의 이름을 함부로 부르지 말라는 명령이 나오기 때문이다.
두 번째 유형인 그리스 유형 신은 그리스 신화의 신들이 전형적으로

---

36 김명실, "정교회의 예배이콘에 대한 한국개신교의 편견을 극복하기 위한 연구:
　　이콘 논쟁의 간단한 역사와 그 신학적 담론들을 중심으로," 55-57; 주디스 헤린,
　　『비잔티움: 어느 중세 제국의 경이로운 이야기』, 265; 이노우에 고이치/이경덕
　　옮김, 『살아남은 로마, 비잔티움제국: 변화와 혁신의 천 년 역사』 (서울: 다른세
　　상, 2010), 140.

보여주는 것처럼 인간의 모습과 인간의 감정을 가진 신이다. 인간과 다른 점이 있다면 죽지 않는다는 것이다. 오리엔트 유형의 절대적인 유일신은 오리엔트의 전제국가 체제의 전제 군주와 연관되며, 그리스 유형의 신은 그리스의 휴머니즘 및 민주정치와 연관된다. 로마제국은 기본적으로 그리스 유형 신의 전통을 가지고 있었으나, 오리엔트 유형 신의 전통을 가진 지역을 지배하게 되었고, 이와 비슷한 시기에 단일 지배자인 황제가 등장하여 오리엔트 유형 신을 수용할 수 있는 상황이 되었다. 로마제국이 기독교를 받아들인 이유 중 하나가 바로 이것이 아닐까? 기독교의 신은, 전지전능한 신이라는 오리엔트적 특성을 유대교로부터 계승한 동시에, 성육신을 통해 인간의 모습을 한 그리스적 특성도 갖춘, 즉 오리엔트 유형 신과 그리스 유형 신의 절충이기 때문이다.[37]

둘째, 성상 파괴 운동은 아랍 이슬람의 군사·정치적 위협과 종교·문화적 문제 제기에 대한 대응이라는 해석이다. 성상 파괴 논쟁 과정을 통해 성상 파괴론자 황제들은 아랍 이슬람의 군사적 공격을 방어하고 성상 옹호론자 황후들은 기독교 성자들의 성상을 보존함으로써, 결과적으로 비잔티움제국을 유지하고 비잔틴 예술의 전통을 촉진했다고 평가된다.[38]

성상 파괴 논쟁은 공방과 재해석을 통해 형성된 비잔틴 문화의

---

37 이노우에 고이치/이경덕 옮김, 『살아남은 로마, 비잔티움제국: 변화와 혁신의 천 년 역사』, 138-141.

38 주디스 헤린/이순호 옮김, 『비잔티움: 어느 중세 제국의 경이로운 이야기』, 269-272.

독자성을 보여준다. 성상 파괴 논쟁은 아랍 이슬람의 군사·정치적 위협과 종교·문화적 문제 제기(오리엔트형 신)에 대응하여, 고대 그리스 로마의 이교적 배경의 성상 숭배(그리스형 신)를 비잔틴 기독교의 고유한 의식으로 재해석(두 유형의 절충)함으로써, 비잔틴 문화의 독자성을 형성하는 데에 핵심적인 역할을 담당했다.

2. 가림과 덧붙임으로서의 변형

통치 권력의 변화에 따라 종교 사원의 성격이 바뀌는 경우가 종종 있다. 하기아소피아성당(Hagia Sophia)은 그 대표적인 사례라 하겠다. 하기아소피아성당은 총 세 차례에 걸쳐 건축되었다. 360년 콘스탄티누스 2세 때에 목조 바실리카식 건물로 처음 세워졌으나, 404년 테오도시우스 2세 때 화재로 소실되었다. 415년 두 번째로 건립된 하기아소피아성당도 바실리카식이었는데, 532년 유스티아누스 1세 때 니카의 반란으로 파괴되었다. 마침내 537년 유스티니아누스 1세는 5년 11개월의 공사 끝에 현재와 같은 중앙집중식 건축의 하기아소피아성당을 재건하였다.[39] 하기아소피아성당은 4차 십자군이 콘스탄티노폴리스를 점령

---

39 기독교권 전체로 볼 때 유스티니아누스 1세는 콘스탄티누스 황제에 비견될 만큼 많은 교회를 건축한 황제로 알려져 있다. 유스티니아누스 1세는 하기아소피아성당 건축을 통해 자신의 신실한 신앙을 표출함과 동시에 제국의 정치적 불안정을 일소하고 자신의 권력이 건재함을 드러내었다는 평가를 받는다. 임석재, 『한 권으로 읽는 임석재의 서양건축사』 (서울: 북하우스, 2011), 122; 강훈-임상규, "동방정교회 아야소피아사원이 오스만 제국시대 이슬람교 사원에 미친 건축적

했던 13세기 중반의 50여 년 동안 로마가톨릭교회 성당이었던 시기를 제외하고는 비잔티움제국의 정교회를 대표하는 성당이었다. 1,000년 이상 정교회 성당이었던 하기아소피아성당은 1453년 콘스탄티노폴리스를 함락시킨 오스만제국의 술탄 메흐메드 2세에 의해 아야소피아자미(Ayasofya Camii)로 개조되어[40] 500년 가까이 이슬람 사원이었다가, 1935년 세속주의 국가인 튀르키예 공화국의 결정에 따라 박물관으로 지정되어 특정 종교만의 유산이 아닌 전 인류의 문화유산으로 개방되었다. 그러나 아야소피아박물관은 2020년 7월 튀르키예의 대통령 레제프 타이이프 에르도안에 의해 이슬람 모스크로 전환되었다.

하기아 소피아(Ἁγία Σοφία)는 그리스어로 '거룩한 지혜'를 뜻한다. 유스티니아누스 1세의 명을 받아 하기아소피아성당 건축의 책임을 맡은 트랄레스의 안테미오스(Anthemius of Tralles)와 밀레토스의 이시도로스(Isidorus of Miletus)는 기하학을 통해 기독교 유일신의 거룩한 지혜를 공간적으로 표현하고자 하였다.[41] 하나님의 거룩한 지혜가 시작과 끝을 알 수 없는 무한한 공간으로 구현된 웅대하고 아름다운 하기아소피아성당은 그에 대조되는 인간의 나약함과 유한함을 깨닫게 한다. 하기아소피아성당은 비잔틴건축 중에서 가장 완벽한 조화와 안정적인 균형감을 가지고

영향에 관한 연구," 「대한건축학회연합논문집」 52 (2012), 44.

40 이슬람은 정복지 사람들이 투항하면 기존 종교 사원을 그대로 두었지만, 끝까지 항전하면 기존 종교 사원을 개조하거나 파괴했다. 버나드 루이스 엮음/김호동 옮김, 『이슬람 1400년』, 110.

41 송유레, "하기아 소피아의 거룩함의 기하학," 고일홍 외, 『동서양의 접점: 이스탄불과 아나톨리아』, (서울: 서울대학교출판문화원, 2017), 153.

있으며 신의 집이라는 교회의 목적에 부합하는 건축물로 간주된다.[42] 유스티니아누스 1세 시기의 역사가 프로코피우스는 하기아소피아성당의 아름다움을 다음과 같이 찬탄해 마지않는다.

이 건축물의 빼어난 아름다움은 원주 위로 치솟아 오른 거대하고 둥그런 돔에서 나온다. 그 형상이 마치 견고한 석조 건물에 토대를 둔 것이 아니라 하늘에서 내려온 금 사슬에 매달려 우주를 덮고 있는 것 같다.[43]

만약 누군가 성당이 불타기 전에 기독교인들에게 지금 우리가 보고 있는 건물의 모형을 보여주면서, 그런 모습의 건물이 생길 수 있도록 성당을 허물길 바라는지 물었다면, 내 생각에 그들은 성당이 지금의 모습으로 바뀔 수 있게끔 파괴되게 해 달라고 기도했을 것이다.[44]

오스만제국의 메흐메드 2세는 하기아소피아성당을 아야소피아자미로 변형시켰으나, 그 변형은 튀르키예의 여타 지역과 이스탄불의 다른 정교회 성당들을 파괴되거나 제거한 것과는 다른 양상으로 나타났다. 끝까지 항거한 지역의 종교 사원은 파괴하는 것이 관행이었으나, 메흐메드 2세는 하기아소피아의 아름다움과 웅장함에 매료되고 압도되

---

42 강훈, 임상규, "동방정교회 아야소피아사원이 오스만 제국시대 이슬람교 사원에 미친 건축적 영향에 관한 연구," 44.
43 주디스 헤린/이순호 옮김, 『비잔티움: 어느 중세 제국의 경이로운 이야기』, 131.
44 송유레, "하기아 소피아의 거룩함의 기하학," 150.

어 가림과 덧붙임으로서의 변형을 가한다. 파괴와 제거가 전혀 없었던 것은 아니어서 십자가와 종을 없애고 일부 성상들을 제거하기는 했으나, 성당 내부의 모자이크를 휘장으로 가리거나 회반죽으로 덧칠하였으며, 후대 술탄들은 기존의 앱스(apse)를 그대로 둔 채 미흐랍(mihrab)과 민바르(minbar)를 설치했으며, 성당 외부에 미나렛(minaret)을 세웠다.45 기존 정교회의 작품과 구조물을 가리거나 그대로 둔 채 이슬람교의 구조물을 새로 설치하여 덧붙인 변형은 공존의 한 양상이다. 하기아소피아성당이 아야소피아자미로 변형된 후에는 그 공간이 무슬림만의 공간이 되었기에 비무슬림인 정교회 기독교인을 배제한 독점이라고 판단할 수도 있겠으나, 정교회의 유산과 흔적을 파괴하거나 제거하지 않고 가리거나 남겨두고 변형했다는 점에서 공존의 초기적인 형태라고 볼 수 있다.

3. 모방과 재해석

오, 구도자여, 만약 그대가 천국을 찾고자 한다면 가장 높은 하늘은 바로

---

45 앱스는 성당의 동쪽에 위치한 제단 뒤쪽의 둥근 지붕이 있는 반원형으로 된 부분을 뜻한다. 미흐랍은 기도 방향인 메카를 알려주는 오목하게 패인 벽면이고, 민바르는 설교자들이 올라가서 설교하는 계단식 설교 연단을 가리킨다. 압뒬메지드 1세(Abdülmecid I, 재위 1839~1861)는 알라와 무함마드와 네 명의 칼리프(아부 바크르, 우마르, 우스만, 알리) 그리고 알리의 아들들인 하산과 후사인의 이름을 쓴 아랍어 현판을 설치했다. 순니파의 지도자뿐만 아니라 시아파의 지도자인 하산과 후사인의 이름을 적은 현판도 함께 설치한 것은 동일 종교 내의 다양한 종파들의 공존을 보여주는 사례이다.

아야소피아라네.[46]

위 인용문은 오스만제국이 콘스탄티노폴리스를 정복했을 때 당시 관리이자 작가였던 투르순 벡이 하기아소피아대성당을 보고 그 느낌을 표현한 이행시이다. 이어서 그는 아래와 같이 설명을 덧붙인다.

하늘의 아홉 영역에 견줄 만큼 아름다운 돔. 여기서 완벽한 장인은 건축의 모든 기술을 발휘하였다. 반쪽의 돔들이 서로를 머리에 이었고, 때로는 예리하고 때로는 둔중한 각도를 유지하며, 마치 환희에 찬 소녀의 굽은 눈썹처럼 비할 데 없이 아름다운 천장과 종유석 같은 장식들. 그는 이로써 5만 명이 들어갈 수 있는 거대한 성전을 세운 것이다.[47]

모방과 재해석은 둘 이상의 문화가 만났을 때 권력이 대칭적이든 비대칭적이든 보편적으로 나타나는 현상이다. 오스만제국의 모스크 건축양식은 하기아소피아성당의 영향 이전과 이후로 구분될 만큼 하기아소피아성당의 영향을 많이 받았다. 오스만은 콘스탄티노폴리스 정복 이전에도 모스크 건축에 돔을 사용했지만, 그 이후에는 돔에 대한 강조가 더 심해졌으며 거대한 크기의 돔이 모스크 건축에 사용되었다. 오스만이 모스크 건축에 돔을 사용하게 된 기술적 측면의 직접적인

---

46 버나드 루이스 엮음/김호동 옮김, 『이슬람 1400년』, 110.
47 앞의 책.

계기는 비잔틴건축의 영향 때문이며, 튀르크인들의 전통 가옥이 돔 모양의 천막(yurt)이었기에 심리적으로 쉽게 돔 형식을 받아들일 수 있었다는 것이다.[48] 하기아소피아대성당은 비잔틴건축의 대표적인 작품이다. 비잔틴건축은 유스티니아누스 황제 때 완성되고 가장 융성했다. 로마제국과 기독교라는 두 문명을 동시에 대표하고 싶어 했던 유스티니아누스 황제는 기독교 지역 전체에서 콘스탄티누스 황제에 버금갈 정도로 교회를 많이 건축했으며, 그 과정에서 유스티니아누스교회라는 새로운 교회 건축양식이 탄생했다.[49]

비잔틴건축의 핵심은 그릭 크로스의 평면 구성과 펜덴티브 돔의 구조 기술이다. 그릭 크로스(Greek Cross)란 네 팔의 길이가 같은 정사각형 모양의 십자가 형태를 말한다. 그릭 크로스는 초기 기독교 건축의 바실리카교회에서 볼 수 있는 라틴 크로스와 함께 교회 건축의 양대 축을 구성한다. 라틴 크로스(Latin Cross)는 아래쪽 팔이 더 긴 직사각형 모양의 십자가 형태이다. 행렬 등 제식에 맞는 선형공간인 라틴 크로스는 로마가톨릭교회 건축을 대표하는 반면, 중앙집중식 공간인 그릭 크로스는 정교회 건축을 대표한다. 그릭 크로스라는 평면이 벽과 지붕을 갖춘 3차원 건물로 되기 위해서는 펜덴티브 돔이 필수적인데, 펜덴티브 돔(Pendentive dome)이란 그릭 크로스의 정사각형 크로싱 위에 원형 천장인 돔을 얹는 기술이다. 완전한 반구인 돔을 만드는 기술은 이미

---

48 버나드 루이스 엮음/김호동 옮김, 『이슬람 1400년』, 110.
49 임석재, 『한 권으로 읽는 임석재의 서양건축사』, 122-124.

판테온에서 완성되기는 했지만, 판테온의 평면은 원형이었다. 돔을 정사각형 평면 위에 얹는 기술은 판테온의 돔 기술과 비교할 수 없을 정도로 난이도가 높다고 하겠다. 펜덴티브 돔의 구조 기술은 고도의 기하학적 계산을 필요로 한다. 물리학자인 트랄레스의 안테미우스와 수학자인 밀레투스의 이시도루스가 하기아소피아대성당 건축의 책임을 맡았던 이유이다.[50]

16세기 이후 오스만제국의 모스크 건축은 하기아소피아의 변주에 불과하다고 평가된다. 변주의 구체적인 내용은 다음과 같다. 모스크의 돔의 크기를 하기아소피아의 중앙 돔의 크기[51]에 근접하도록 만드는 것, 작은 돔과 반쪽 돔을 이용하여 부속건물을 중앙의 성전과 결합시키면서도 비잔틴 양식이 강조하는 종적인 구조가 아니라 무슬림이 전통적으로 선호하는 횡적인 구조로 전환하는 것, 이 모든 것을 모두 달성하는 동시에 중앙 돔의 하늘을 찌를 듯한 위용과 균형 잡힌 구성을 놓치지 않는 것 등이다.[52]

이러한 변주의 사례로 오스만의 대표적인 건축가 미마르 시난(Mimar Sinan)이 건축 책임을 맡은 쉴레이마니예모스크(Süleymaniye Mosque)를 들 수 있다. 시난은 부르사의 예실모스크와 에드리네의

---

50 앞의 책, 122-128; 임석재, 『기독교와 인간』 (파주: 북하우스, 2003), 369-370.
51 중앙 돔의 높이는 지면에서부터 55.6 미터이고, 중앙 돔의 직경은 북남 방향으로는 31.87미터, 동서 방향으로는 30.87미터에 달한다. https://muze.gen.tr/muze-detay/ayasofya (2021년 8월 10일 접속).
52 버나드 루이스 엮음/김호동 옮김, 『이슬람 1400년』, 111.

우치세르페이모스크 등 오스만의 기존 모스크 건축의 규범을 기본으로 하고 하기아소피아의 건축양식을 응용하여 새로운 유형의 이슬람 사원 건축을 발전시켰다. 시난의 제자 메흐멧 아아가 책임을 맡아 건축한 술탄 아흐메드모스크(Sultan Ahmed Mosque, 블루 모스크)도 하기아소피아의 건축양식을 변주하여 재해석한 건축이라고 평가된다. 이외에도 오스만제국이 콘스탄티노폴리스를 정복한 후 최초로 세운 왕실 사원인 파티흐모스크(Fatih Mosque)와 고전주의 오스만 건축양식으로 세워진 최초의 사원인 술탄 바예지드모스크(Sultan Bayezid II Mosque)도 하기아소피아를 모방하여 재해석한 사원이다.[53]

하기아소피아의 건축양식이 오스만제국의 모스크 건축양식에 미친 영향을 다음과 같이 정리할 수 있겠다. 첫째, 오스만 모스크 건축은 하기아소피아의 그릭 크로스 평면 배치를 모방하고 재해석하여 정사각형 모양의 중앙집중식 평면구조를 보여준다. 둘째, 오스만 모스크 건축은 하기아소피아의 거대한 돔 지붕 형식과 그것의 완전함의 상징을 도입하여 응용했다. 오스만제국은 하기아소피아대성당을 아야소피아 자미로 개조하고 변형한 데에 그치지 않고, 하기아소피아의 건축양식을 모방하고 재해석한 모스크를 건축함으로써 공존의 한 모델을 보여준다.

---

53 강훈, 임상규, "동방정교회 아야소피아사원이 오스만 제국시대 이슬람교 사원에 미친 건축적 영향에 관한 연구," 46-49.

4. 시혜적 수용으로서의 관용

시혜적 수용으로서의 관용이 무엇인지 대표적으로 보여주는 사례로 오스만제국의 다문화 정책 또는 소수 민족 정책인 밀레트 제도를 들 수 있다. 밀레트 제도는 술탄 메흐메드 2세(Mehmed II, 재위 1444~1446, 1451~1481)가 콘스탄티노폴리스를 함락시킨 후 공식적으로 규정하여 시행했다. 본래 밀레트는 오스만제국의 종교 공동체를 가리키는 말이다.[54] 오스만제국의 비무슬림을 밀레트라고 부르기 시작한 것은 19세기 초 마흐무드 2세 치세 때부터였다. 그 이전에는 밀레트가 제국 내의 무슬림이나 제국 바깥의 기독교인을 지칭하는 용어였다.[55]

밀레트 제도는 딤미 제도의 발전된 형태라고 평가된다. 딤미 제도는 아케메네스페르시아제국(Achaemenid Persia, 기원전 550~기원전 330)의 '페르시아 텐트'(Persian tent)에서 유래했다. 이는 빅 텐트에 여러 민족을 포용하는 일종의 다문화 전략에 해당한다. 각 민족 고유의 전통과 관습을 인정하고 각 민족 공동체의 구성원들에게 자기 지도자의 명령을 따르도록 하는 제도였다.[56] 딤미 제도는 이슬람제국 지배자들이 정복지에서 시행했던 비무슬림 피정복민 보호 정책이었다. 이슬람 지배자들은

---

54 이은정, 『오스만 제국 시대의 무슬림-기독교인 관계』 (서울: 민음사, 2019), 39.

55 도널드 쿼터트/이은정 옮김, 『오스만 제국사: 적응과 변화의 긴 여정 1700-1922』, (파주: 사계절, 2008), 268.

56 이희수, 『인류 본사: 오리엔트-중동의 눈으로 본 1만 2,000년 인류사』, 182.

정복지에서 종교인을 신자와 불신자로 분류했는데, 무슬림은 신자로 비무슬림은 불신자로 규정했다. 다시 불신자는 두 가지 기준에 따라 분류된다. 하나는 신학적(종교적) 기준이고, 다른 하나는 정치적 기준이다. 신학적 기준으로 구분하면 첫째, 계시에 기초한 일신교 추종자와 둘째, 그렇지 않은 사람으로 분류된다. 계시에 기초한 일신교 추종자를 '성서의 백성들'(아흘 알 키탑: Ahl al-Kitab)이라고 부르는데, 이슬람 초기에는 주로 유대교인들을 지칭했으며, 꾸란에 따르면 유대교인과 기독교인, 사비교인을 가리킨다. 이슬람 초기에 이들은 관용의 대상이었다.

정치적 기준으로는 첫째, 피정복민 또는 이슬람 세력에 복종한 사람들과 둘째, 이슬람에 의해 정복되지 않았거나 이슬람의 지배를 받지 않는 백성들로 구분된다. 첫 번째 그룹인 피정복민 또는 이슬람 세력에 복종한 사람들은 '딤미'(dhimmi)라고 불렸는데, 딤미는 '계약의 백성'을 뜻하는 '아흘 알-딤마'(ahl al-dhimma)를 줄인 용어이다. 즉, 딤미는 '딤마(dhimma)라는 계약의 보호를 받는 사람들'을 뜻한다. 두 번째 그룹은 이슬람에 의해 정복되지 않았거나 이슬람의 지배를 받지 않는 백성들인데 그들은 이슬람 영역 밖의 지역인 '전쟁의 지역'(다르 알-하릅, dar al-Harb)에 사는 사람들이다. 다르 알-하릅에 사는 비무슬림들은 이슬람법이 부여하는 '아만'(aman)이라는 일종의 안전 거류증을 소지할 경우 이슬람 지역을 방문하거나 일정 기간 동안 거주할 수 있었다. 아만 소지자를 무스타으민(musta'min)이라고 하는데, 이들은 이슬람 지역의 외부에서 사절단이나 상인의 신분으로 이슬람 지역을 방문한 비무슬림이지만 일정 기간 동안 이슬람의 통치를 받았다. 그들은 딤미가 아니었기 때문에 인두세를 내지 않았으며 다른 불이익도 받지 않았다. 만약 무스타으민이 이슬람 지역에서 영구적으로 살기 원하면 딤미 신분으로 바뀌었다.[57] 다음과 같이 표로 정리할 수 있다.

이슬람에 의한 종교인 분류

신자	불신자			
	비무슬림			
	신학적(종교적) 비무슬림		정치적 비무슬림	
무슬림	성서의 백성들: 유대교인, 기독교인, 사비교인, 조로아스터교인	성서의 백성이 아닌 사람들	계약의 백성 (딤미): 피정복민 또는 이슬람 세력에 복종한 사람들	① 이슬람 영역 바깥 지역에 사는 사람들 ② 무스타으민

딤미는 이슬람 국가의 보호를 받는 비무슬림 주민을 지칭하는데, 기독교인과 유대교인과 조로아스터교인이 포함되었다. 딤미의 지위는 무슬림 통치자와 비무슬림 공동체 사이의 계약에 의해 결정되었다. 그 계약에 따르면 딤미는 이슬람의 우월성과 이슬람 국가의 지배를 인정하고 사회적 제한과 인두세 납부를 받아들이는 대신, 생명과 재산의 안전, 외적의 공격으로부터의 보호, 신앙의 자유, 그리고 공동체 내부에서의 자치권 행사, 장사와 무역의 자유 등을 보장받았다.[58] 딤미는 노예보다는

---

57 황병하, "이슬람의 관용과 차별에 관한 연구: 딤미를 중심으로," 「한국이슬람학회 논총」 17/1 (2007), 45-46.

58 딤미의 권리에 대한 상세한 내용은 다음 책을 참고하라. 살레 H. 알아이드/최영길 옮김, 『이슬람국가에서의 비무슬림의 권리』 (서울: 도서출판 알림, 2006).

더 많은 권리를 가지지만, 무슬림보다 더 많은 세금을 내고 무장이 원칙적으로 금지되는 등 열등하고 종속적인 지위였다.[59]

딤미 제도의 계승 발전된 형태가 오스만제국의 밀레트 제도이다. '밀레트'(millet)는 아랍어 '밀라'(millah)에서 유래되었으며 민족 또는 공동체를 의미한다.[60] 밀레트는 지배 집단과 종속 집단이라는 두 부류로 분류된다. 무슬림은 지배 집단인 '밀레티 하키메'(millet-i hakime)에, 비무슬림 소수 민족들은 종속 집단인 '밀레티 마후쿠메'(millet-i mah-kume)에 속한다. 지배 집단은 투르크인을 포함하여 아랍인, 페르시아인, 보스니아인, 알바니아인 무슬림으로 구성되었으며, 종속 집단은 그리스인, 아르메니아인, 유대인, 루마니아인, 슬라브인의 소수 민족으로 이루어져 있었다.[61] 초기에는 무슬림으로 구성된 지배 집단도 밀레트로 불렸지만, 점차 밀레트는 비무슬림 종속 집단만을 가리키는 용어가 되었다.[62]

---

59 버나드 루이스 엮음/김호동 옮김, 『이슬람 1400년』, 54; 이희수, "이슬람: 칼과 코란의 왜곡된 방정식,"「종교학보」3 (2007), 69-70; 황병하, "이슬람의 관용과 차별에 관한 연구: 딤미를 중심으로," 51-56.

60 김필영, "15세기 에스파냐와 오스만의 '다문화' 정책: 강요된 '동화'와 제한된 '자치',"「다문화와 인간」4/2 (2015), 80; 황의갑, "비잔티움 제국에서 수용된 이슬람의 조세제도-지즈야(인두세)를 중심으로,"「중동연구」31/2 (2012), 11-12.

61 이희수, "이슬람 : 칼과 코란의 왜곡된 방정식," 72.

62 설명진, "19세기 오스만제국의 밀레트 제도(Millet System) 연구" (명지대학교 석사학위논문, 2008), 1. 쿼터트에 의하면 오스만 제국의 비무슬림을 밀레트라고 부르기 시작한 것은 19세기 초 마흐무드 2세 치세 때부터라고 한다. 그 이전에는 밀레트가 제국 내의 무슬림이나 제국 바깥의 기독교인을 지칭하는 용어였다. 도널드 쿼터트,/이은정 옮김『오스만 제국사: 적응과 변화의 긴 여정 1700-1922

비무슬림 종속 집단으로서의 밀레트 중 가장 큰 밀레트는 그리스 정교 공동체이다. 이 밀레트에는 다수의 그리스인, 발칸반도의 여러 소수 민족, 세르비아인, 불가리아인 등이 소속되어 있었으며, 이스탄불 시내의 대교구청을 중심으로 종교 행정이 이루어졌다. 두 번째 밀레트는 아르메니아 정교 공동체이다. 이 공동체는 크게 둘로 나뉘어 소속되었다. 이스탄불의 아르메니아인들은 에츠미야드즈미 대교구청에 소속되었으며, 이스탄불 이외의 오스만제국 전역에 사는 아르메니아인들은 지역별 정교 교구청에 소속되었다. 이스탄불에서는 임명된 아르메니아 정교 대주교가 있었으며 상당한 예우를 받았다. 세 번째 밀레트는 유대인 공동체이다. 유대인들은 이스탄불을 중심으로 이즈미르, 셀라니크 등 항구도시 주변에 집단적으로 거주했다. 유대인들은 1492년 기독교 국가 스페인의 유대인과 무슬림 대량 학살과 오스트리아, 폴란드, 보헤미아 등지의 유대인 학살을 피해서 오스만제국으로 대거 이주하여 살게 되었다. 오스만제국은 학살의 위협으로 갈 곳이 없는 유대인들을 받아들였던 것이다. 이외에 소수 기독교 종파인 야쿠비, 네스토리아인, 마루리인 등도 각각 자신들의 교회에 소속되어 고유의 종교 관습을 지킬 수 있었다.[63]

각 밀레트의 구성원들은 밀레트의 수장인 최고 종교 지도자의 관할 아래 자신들의 신앙과 종교의례, 고유한 관습과 언어, 문화적 전통

』, 268.

63 이희수, "이슬람 : 칼과 코란의 왜곡된 방정식," 72-73; 김필영, "15세기 에스파냐와 오스만의 '다문화' 정책: 강요된 '동화'와 제한된 '자치'," 80-81.

등을 유지할 수 있었다. 또한 투르크인 무슬림들과의 마찰과 갈등이 아니면, 소속 밀레트의 내규에 따라 자체적으로 분쟁을 조정하고 해결할 수 있었다. 각 밀레트의 구성원들은 1년 단위로 최고 종교 지도자에게 인두세(지즈야, jizya)를 내고 최고 종교 지도자가 그것을 술탄에게 납부했기 때문에 개개인이 무슬림들로부터 직접적으로 모욕을 당하는 일은 거의 없었다. 밀레트에 소속된 비무슬림들은 군대 복무 의무와 권리가 없었으며, 국가행정조직의 어떠한 직책도 맡을 수 없었다. 각 밀레트의 최고 종교 지도자들은 관할 밀레트의 종교행정과 문화 활동을 관장하고, 관할 공동체와 오스만제국을 중재했으며, 술탄에게만 책임을 졌다.[64]

오스만제국의 밀레트 제도에 관한 연구들에 따르면, 정도의 차이는 있지만 대체로 밀레트 제도를 '관용적'이었다고 평가하고 있다. 여기서 '관용적'이라는 말은, 인권과 관련된 현대적 의미의 관용이라기보다는 이슬람의 우월성과 이슬람 국가의 지배를 전제한 상태에서 차별과 규제가 따르는 시혜적 수용으로서의 관용을 가리킨다. 또한 개종을 강요하는 동시대 다른 제국의 다문화 정책[65]과 비교해 볼 때 상대적으로 관용적이라는 의미이다.

---

64 이희수, "이슬람 : 칼과 코란의 왜곡된 방정식," 73; 김필영, "15세기 에스파냐와 오스만의 '다문화' 정책: 강요된 '동화'와 제한된 '자치'," 81-82.

65 동시대 다른 제국의 다문화 정책에 대한 논의는 다음 논문을 참고하라. 김필영, "15세기 에스파냐와 오스만의 '다문화' 정책: 강요된 '동화'와 제한된 '자치'," 55-88.

5. 교리적 입장 변화에 따른 변형

여기서는 정세에 따른 교리적 입장 변화가 동일한 교회 건축물의 구조를 어떻게 변형시켰는지 실증적으로 보여주는 하나의 사례로 키쉬알바니아교회를 다루고자 한다. 키쉬알바니아교회(Albanian Church in Kish)는 아제르바이잔 북서부의 셰키에서 북쪽으로 약 5km 거리의 키쉬 마을에 자리하고 있다. 민간전승과 중세 역사 문헌에 따르면 에데사의 타데우스의 제자인 엘리세(Saint Elysee)가 1세기에 세운 것으로 알려져 있다. 그런데 교회 설립 연대에 대한 이러한 주장은 건축물로서의 교회 건립 연대가 아니라 공동체로서의 교회 형성 시기를 의미한다. 고고학적 발굴 결과에 의하면, 현재 키쉬알바니아교회 건축물의 건축 연대는 12세기이기 때문이다. 그러므로 설립 연대를 1~4세기로 표기한 안내판은 기독교가 민간 차원으로 전래된 1세기와 국가(왕)에 의해 공인되어 수용된 4세기를 가리킨다고 하겠다.

현재 키쉬알바니아교회는 예배 의식을 거행하고 있지 않다. '키쉬 프로젝트'(Kish project)를 통해 발굴된 유물을 전시하는 박물관으로 운영되고 있으며, 교회 건물 안팎에 여러 시기의 유적이 전시되어 있다. 교회 본당 내부에는 들어서자마자 2~12세기 지하 무덤 유적이 투명 덮개로 덮여 있으며, 제단 쪽에는 기원전 3,000~4,000년 전의 유적과 양의 두개골이 투명 덮개로 덮여 있다. 본당 내부 가장자리에는 발굴된 도자기 등 유물들과 발굴 과정이 전시되어 있다. 교회 본당 바깥에는 입구에 들어서기 직전에 기원전 2~1세기 고대 교회의 벽과 기초 및 중세 초기의 지하실 유적이 투명 덮개로 덮여 있으며, 교회 본당 바깥 왼쪽과 뒤쪽에도 중세 초기의 지하실과 유골이 마찬가지 방법으로 전시되어 있다. 교회 본당 바깥 왼쪽 끝에는 다양한 교회 건축양식 모형과 시기별 키쉬알바니아교회의 모형이 전시되어 있다.

키쉬 프로젝트는 국제 NGO 단체인 NHE(the Norwegian Humanitarian Enterprise)와 아제르바이잔 건축건설대학교가 2000년부터 2003년까지 공동으로 진행한 키쉬알바니아교회의 고고학적 발굴 및 연구 작업이다. 키쉬 프로젝트는 키쉬알바니아교회를 건축학적으로 복원하고 박물관으로 개조하여 코카서스 알바니아 지역의 초기 기독교 교회 역사를 소개하기 위하여 네 단계로 이루어졌다. 첫 번째 단계는 키쉬알바니아교회의 건축학적, 고고학적 측면을 연구하기 위한 교회 내부와 교회 부지 발굴이었다. 두 번째 단계는 첫 번째 단계의 결과에 기초하여 교회 건물의 역사적 원형을 복원하기 위해 수 세기에 걸쳐 추가된 요소들과 특히 19세기에 추가된 요소를 제거하는 작업이었다. 세 번째 단계는 두 번째 단계의 연속선상에서 19세기 요소를 제거하고 보수 및 보강하는 작업이었다. 네 번째 단계는 교회를 박물관으로 전환하는 작업이었다.[66]

키쉬 프로젝트를 통해 교회 부지가 5,000년 전의 제의 장소였으며,

---

66 G. Mammadova and S. Haciyeva, "KISH CHURCH: ONE OF THE OLDEST CHURCHES IN THE CAUCASUS CULTURE," *The Visions of Azerbaijan* 3/1 (2008), 28-32, http://www.visions.az/en/news/84/6fe1b673/ (2023년 10월 15일 접속).

현재 형태의 교회 건축물이 설립된 연대는 12세기이며 여러 시기에 걸쳐 추가 건축이 이루어져 왔음이 밝혀졌다. 이는 교회 제단 아래에서 발굴된 기원전 3세기의 쿠르-아라즈 도자기 조각과 숯의 방사성 탄소 연대를 측정한 결과이다. 쿠르-아라즈라는 용어는 기원전 4,000~3,000년의 코카서스 두 강 유역의 문화를 지칭하는데, 쿠르-아라즈 도자기와 같은 형태의 도자기가 동부 지중해 세계와 북부 코카서스 그리고 러시아 남부의 다게스탄에서도 발견되었다. 키쉬 프로젝트에 참여했던 스토프젤(J. Bjornar Storfjell)은 이러한 사실에 근거하여 기원전 4,000~3,000년에 코카서스가 문화의 요람이었다고 주장한다.[67]

교회 본당의 가장 낮은 토양층에서 채굴한 숯과 교회 건물 바깥에서 발굴한 유골은 키쉬알바니아교회 건물의 최초 건축 연대가 13세기임을 보여준다. 첫째, 숯 샘플의 아래 토양은 무균 토양으로 이는 교회가 건축된 시기를 나타내는데, 탄소 연대 측정 결과 990~1160년으로 나왔다. 둘째, 교회 건물 바깥에서 발굴된 유골은 머리와 발이 각각 서쪽과 동쪽을 향하는 매장 방향으로 보아 기독교인임을 짐작할 수 있는데, 탄소 연대 측정 결과 980~1060년이었다. 키쉬 프로젝트에 참여한 고고학자들은 이러한 결과를 종합해 볼 때 교회 건물의 건축 연대를 12세기로 보고 있다.[68]

---

67 J. Bjornar Storfjell, "The Church in Kish: Carbon Dating Reveals its True Age," *Azerbaijan International* 11(1) (2003), 33-39, https://azer.com/ai-web/ categories/magazine/ai111_folder/111_articles/111_kish_church.html (2023년 10월 15일 접속).

스토프젤에 의하면 이 시기는 조지아의 다비드 4세(재위 1089~1125)가 코카서스 전역으로 영토를 확장하고 영향력을 확대하는 시기와 부합하며, 이러한 시대 상황을 반영하는 건축 요소가 키쉬알바니아교회에서 발견된다고 주장한다. 제4차 에큐메니칼공의회인 451년 칼케돈공의회는 기독교 세계를 칼케돈파와 비/반칼케돈파로 분열시켰다. 코카서스 알바니아(아제르바이잔)과 조지아와 아르메니아는 제4차 에큐메니칼공의회인 칼케돈공의회(451) 이후 반(反)칼케돈 입장인 단성론을 함께 견지해 왔다. 그러나 제3차 드빈공의회(607) 이후 조지아가 칼케돈공의회의 신학적 입장인 양성론으로 방향을 선회하면서 코카서스 알바니아와 아르메니아와는 다른 노선을 택했다. 조지아의 이러한 신학적 입장이 키쉬알바니아교회 건축에 나타난다. 교회 건물이 처음 건축될 때 키쉬 지역은 조지아의 영향력 아래 있었기 때문에 조지아의 신학적 입장인 양성론이 교회 건축에 반영된 것이다.[69]

신학적 입장의 차이는 교회 본당 바닥과 성단의 높이 차이로 나타났다. 신학적 입장에 따라 사제가 집례하는 성단과 신자들이 서 있는 본당 바닥의 높이 차이가 다른데, 양성론 교회는 그 격차가 크지 않은 반면 단성론 교회는 그 차이가 크다. 키쉬알바니아교회는 건축 당시 조지아의 양성론 입장을 반영하여 성단의 높이가 본당 바닥에서 30~40cm 정도였다. 그러다가 키쉬 지역에 대한 조지아의 영향력이

---

68 Ibid.
69 Ibid.

약화되는 17세기에는 코카서스 알바니아의 본래 신학적 입장인 단성론에 따라 성단의 높이가 본당 바닥에서 1m까지 높아졌다. 키쉬 프로젝트를 통해 교회 본당 바닥과 성단의 높이 차이의 변화가 밝혀진 것이다.[70]

스토프젤은 십자형(cruciform) 형태인 키쉬알바니아교회의 건축 유형도 교회 건축 연대가 중세 후기임을 나타내며, 이러한 유형은 그 시대 코카서스에서 흔히 볼 수 있는 형태라고 주장한다.[71] 스토프젤의 이러한 주장에 대해, 키쉬 프로젝트에 함께 참여한 마마도바(Gulchohra Mammadova)는 다른 관점에서 키쉬알바니아교회의 가치와 의의를 주장한다. 우선, 키쉬알바니아교회가 현재까지 존재한다는 사실에 의미를 부여한다. 이슬람교가 주류 종교인 아제르바이잔에서 고대 기독교 유적이 비교적 잘 보존되었다는 것은 문화유산에 대한 아제르바이잔인들의 관용과 존중 덕분이라는 것이다. 둘째, 키쉬알바니아교회는 아제르바이잔의 독자적인 기독교 역사가 있음을 나타낸다. 기독교가 주류 종교인 이웃나라 아르메니아와 조지아에 가려서 정당한 평가를 받지 못한 아제르바이잔의 기독교를 재조명해야 한다는 것이다. 키쉬알바니아교회의 현재 건물의 건축 연대를 1세기로 소급할 수 없지만 교회 부지의 오랜 역사와 그 터에서 행한 교회의 역할은 1세기부터 시작되었다는 것이다. 셋째, 키쉬알바니아교회는 '돔이 있는 홀' 유형 교회의 하나로서 아랍 시대 이전인 코카서스 알바니아의 건축과 그 전환을

---

70 Ibid.

71 Ibid.

보여준다. 특히 19세기부터 키쉬 지역에 거주한 아르메니아인들에 의해 키쉬알바니아교회에 추가된 요소들을 제거하고 본래 교회의 모습을 복원함으로써 코카서스 알바니아 기독교 건축의 아름다움과 가치를 드러내기 때문이다.[72]

아제르바이잔은 현재 이슬람교가 주류 종교이지만, 이슬람교의 전래 이전에 기독교가 이미 일찍이 아제르바이잔의 국가 종교였던 적이 있었다. 그러나 아제르바이잔의 기독교는, 현재 주류 종교인 이슬람교에 밀리고 코카서스 지역에 함께 속해 있는 조지아와 아르메니아의 기독교 전통에 가려서, 정당한 평가를 받지 못하고 있다. 이런 상황에서 키쉬알바니아교회는 아제르바이잔 기독교가 오랜 전통을 가지고 있음을 보여주는 동시에, 실크로드 상의 강대국들 사이에서 전략적으로 처신한 아제르바이잔 역사의 단면을 나타낸다.

6. 다종교 상황과 여러 신학적 입장의 공존

동일한 종교 사원에 다종교 상황이 반영되거나 동일 종교 내부의 여러 신학적 입장이 나타나는 각각의 사례는 여럿 있지만, 두 경우가 함께 공존하는 사례는 흔치 않다. 네크레시수도원은 그 흔치 않은 사례 중 하나이다. 조지아 카헤티 주의 다게스탄 국경 근처 코카서스 산기슭에

---

72 Gulchohra Mammadova, "Church in the village of Kish is 《Mother of Albanian Churches》," (2012), https://udi.az/en/0133.html (2023년 10월 15일 접속).

위치한 네크레시수도원(Nekresi Monastery Complex)은 6세기에 세워졌
으며, 13명의 아시리아 교부 중 한 명인 아비보스(Abibos of Nekresi)가
수도원 설립 과정과 관련되어 있다고 알려져 있다. 네크레시수도원은,
수도원 언덕의 남쪽 아래쪽에 있는 태양사원(sun temple) 유적과 수도원
북쪽의 차부카우리 바실리카(Chabukauri basilica) 유적 그리고 수도원
동쪽의 돌로초피 바실리카(Dolochopi basilica) 유적과 함께, 고대 후기에
번성했던 옛 도시 네크레시의 역사적 유적의 일부이다.

　　네크레시수도원은 두 개의 교회, 추모예배당, 주교 관저, 방어탑,
식당, 기타 부속건물 등으로 이루어진 복합 단지이다. 수도원 단지
초입에 들어서면, 8~9세기에 세워진 '중앙집중형 교회'(centrally plan-
ned church)가 있다. 카헤티에서는 '세 교회 바실리카'(three-church basil-
ica) 유형이 보편화되어 있다는 점을 고려할 때, 중앙집중형인 이 교회는
이례적인 경우로 평가된다. 이 교회는 중앙 공간의 북쪽과 남쪽에
각각 측면 통로와 앱스가 있기 때문에 돔형 '세 교회 바실리카'의
실험적인 초기 버전으로 간주된다. 북쪽 통로는 동쪽으로 창문만 있는
반면에, 남쪽 통로와 서쪽의 나르텍스에는 각각 두 개의 아치가 있어
외부에 개방되어 있다. 중앙 공간의 돔은 네 개의 스퀸치가 받치고
있고, 중앙 공간의 동쪽 끝에 위치한 앱스의 돔은 초기 형태의 팬던티브
가 지지하고 있다. 이러한 중앙집중적 돔형 교회의 기원에 대해 학자들의
의견이 분분하다.[73]

---

73 추비나쉬빌리(Giorgi Chubinashvili)는 중앙집중적 돔형 교회의 뿌리가 조지아

중앙집중형 교회의 동쪽 언덕으로 올라가면 좁은 길을 사이에 두고 왼쪽에 추모예배당(memorial chapel)과 오른쪽에 주교 관저가 나타난다. 1984~2017년 자나시아 조지아 국립박물관에서 시행한 네크레시 유적에 대한 고고학적 탐사 연구가 있기 전까지는, 조지아 미술사의 창시자로 알려진 추비나쉬빌리(Chubinashvili)의 주장에 따라 이 추모예배당은 4세기에 건축된 조지아 교회 건축의 가장 오래된 사례로 알려져 있었다. 그러나 고고학적 발굴 결과, 수도원 단지에 6세기 이전의 어떤 거주 흔적도 발견되지 않았으며, '4세기 바실리카'로 알려졌던 이 건물은 고인(성인)을 추모하기 위해 지하실과 무덤 위에 지어진 6세기의 추모예배당인 것으로 최종 확인되었다.[74] 하지만 2022년 7월 현재, 수도원의 이 건물 안내판에는 이러한 고고학적 발굴 결과가 반영되지 않았다. 이 건물은 4세기 바실리카이며 조지아의 가장 오래된 기독교 유적이라는 안내 문구가 여전히 적혀 있다.

수도원 유적지가 발굴되기 전까지는 네크레시수도원이 조로아스터교의 불사원이 있던 자리에 세워졌다고 오랫동안 추정되어 왔다. 네크레시수도원 설립 과정과 관련 있는 아비보스가 이방 종교의 불을 끈 장소에 수도원이 세워졌다는 믿음은, 많은 불사원이 의도적으로 높은

의 전통 건축인 다르바지 가옥에 있다고 주장하는 반면, 리밍(Emma Loosley Leeming)은 소아시아와 시리아 그리고 페르시아의 영향을 받았다고 주장한다. Emma Loosley Leeming, *Architecture and Asceticism: Cultural Interaction between Syria and Georgia in Late Antiquity* (Leiden, Boston: Brill, 2018), 28-51.

74 Ibid., 44-45.

곳에 자리 잡고 있다는 점을 감안할 때 설득력 있어 보였다. 그러나 아비보스가 조로아스터교에 저항하다가 6세기에 순교했다는 아시리아 교부 전승과 수도원 건물이 4세기에 지어졌다는 추비나쉬빌리의 주장을 함께 고려할 때, 이 믿음은 더 이상 받아들여질 수 없었다. 네크레시수도원이 서 있는 언덕의 남쪽 경작지에서 2~3세기에 지어진 대규모 단지가 발굴되었는데, 이것은 조로아스터교의 불사원(fire temple) 또는 마니교의 태양사원(sun temple)으로 확인되었다. 언덕 위의 기독교 수도원과 언덕 아래의 이교 사원이라는 물리적 위치는, 초기 기독교 건축을 옛 이교 숭배 단지 터 또는 옛 이교 숭배 단지가 내려다보이는 언덕에 세움으로써 기독교 신앙의 우월성을 시각적으로 표현하려는 의도에 부합한다.[75]

추가 발굴을 통해 이 사원이 여름과 동지에 맞춰졌음이 밝혀졌는데, 이에 대해 고고학자들은 이 사원에서 거행된 의식에 태양 숭배의 일부 요소가 포함되었을 가능성이 있다고 말한다. 2~4세기의 도자기가 발굴되고, 문지방에서 나온 숯이 방사성탄소 연대 측정 결과 5세기인 것으로 볼 때 그 무렵 이 단지가 파괴되었음을 알 수 있으며, 아마도 기독교인들의 자신감이 높아지면서 이교 사원을 파괴한 사건이 있었던 것으로 추정된다.[76]

리밍은, 5세기에 기독교가 옛 이교 신앙을 제압하고 이교 신전을

---

75 Ibid., 46.
76 Ibid.

파괴했다면 그리고 수도원은 6세기가 되어서야 세워졌다면, '그 사이에 신자들은 어디서 예배를 드렸을까'라는 의문을 제기하며 이에 대한 해답을 네크레시수도원의 북서쪽과 동쪽에서 발견된 대규모 바실리카 유적에서 찾는다. 네크레시수도원의 북서쪽 1km 남짓 거리에 있는 차부카우리 바실리카와 동쪽 4km 남짓 거리에 있는 돌로초피 바실리카가 바로 그것이다. 4세기에 지어진 차부카우리 바실리카와 돌로초피 바실리카 둘 다 첫 번째 바실리카가 지진으로 파괴되었으며, 두 번째 바실리카는 5세기에 세워졌다. 이러한 건축 연대는 옛 이교 신전이 파괴되기 전에 이미 기독교 예배 장소가 여럿 있었다는 것을 시사한다. 더구나 추비나쉬빌리가 주장한 전형적인 초기 바실리카의 아담한 규모[77]와 달리, 차부카우리 바실리카와 돌로초피 바실리카는 각각 동서 세로축이 34미터와 36미터이며, 너비가 15미터와 18.5미터로 거대한 바실리카이다.[78]

리밍은 바실리카가 초기 기독교 건축의 특징으로 어디에나 존재했지만, 차부카우리 바실리카와 돌로초피 바실리카의 건축 형태인 '세 교회 바실리카'(triple church basilica)는 초기 조지아 기독교 건축의

---

77 추비나쉬빌리의 이러한 주장은, 당시 대다수의 사람들이 새로운 종교인 기독교에 대한 불신과 두려움이 너무 커서 성직자만 예배에 참석했기 때문에 넓은 교회를 지을 필요가 없었다는 생각에서 비롯되었다. Nodar Bakhtadze, Vazha Mamiashvili, Bachana Gabekhadze, Jimsher Chkhvimiani, *An Archaeological Study of the Ancient Churches in the Former City of Nekresi* (Tbilisi: Heliae Universitas Publica, 2018), 15.

78 Emma Loosley Leeming, *Architecture and Asceticism: Cultural Interaction between Syria and Georgia in Late Antiquity*, 47-51.

카헤티안 토착적 변용이라고 평가한다. 이는 추비나쉬빌리가 주장한 시리아 기원설에 대한 반론에 해당한다. 세 교회 바실리카가 조지아 특유의 현상임에도 불구하고 추비나쉬빌리는 시리아에서 기원한 것으로 보기 때문이다. 추비나쉬빌리는 중앙집중적 돔형 교회만이 조지아 전통 건축이라는 입장이다.[79]

추모예배당의 동쪽 경사길을 15미터 정도 걸어가면 수도원 본당 교회가 있다. 이 교회는 6~7세기에 지어졌으며 '세 교회 바실리카' 유형의 교회이다. 일반적으로 세 교회 바실리카 유형의 교회는 서쪽 끝의 나르텍스(narthex)를 통하는 것 외에는 중앙 공간과 남북 양쪽 측면 통로 사이에 소통이 없거나, 중앙 공간에서 측면 통로로 들어가는 하나의 문을 통해서만 접근할 수 있도록 되어 있다. 전체 건물이 동시에 건설된 것이 분명하지만, 남북 양쪽 측면 통로는 나중에 부속물로 추가된 것처럼 보인다. 또한 이 유형의 공통 요소는 비록 보편적이지는 않지만, 북쪽과 남쪽 외벽의 중앙 부분이 아치형 아케이드로 대체되어 북쪽과 남쪽 통로가 반(semi)개방형이라는 것이다. 이 교회는 세 교회 바실리카 유형의 공통 요소를 거의 다 가지고 있다. 이 교회는 중앙 공간과 남북 양쪽의 측면 통로로 이루어져 있으며, 중앙 공간과 북쪽 측면 통로 사이에는 문이 있지만, 중앙 공간과 남쪽 측면 통로 사이는 막혀 있어서 서쪽 끝의 나르텍스를 통해서만 남쪽 측면 통로로 접근할 수 있다. 북쪽과 남쪽 외벽에 각각 두 개의 아치형 문이 있어 북쪽과

---

79 Ibid., 40.

남쪽 통로가 외부로 개방되어 있다. 중앙 공간의 천정과 벽에는 16세기 프레스코화가 그려져 있다.

추모예배당의 남쪽으로 작은 길 하나를 사이에 둔 건물은 9세기에 지어진 주교 관저이다. 네크레시수도원은 네크레셀리(Nekreseli)라는 조지아 주교의 소재지였으나, 전통적으로 네크레시의 첫 번째 주교로 간주되는 아비보스 외에는 약 1556년까지 이름이 알려진 주교가 없었다. 1811년 조지아 교회에서 네크레시 교구가 폐지되고 수도원 자체가 해체되었다가, 소련 붕괴 후 교구와 수도원 모두 조지아에 복원되었다. 1995년 옛 주교구는 조지아정교회의 네크레시 교구로 재편성되었으며, 2000년에는 수도원에 수도사들이 다시 거주하기 시작했다.

7. 정치적 역학관계와 재해석

주변 강대국과의 정치적 역학관계 속에서 정치적 생명과 독자성을 유지하기란 쉽지 않은 일이다. 즈바리수도원은 이중적 재해석을 통해 그 쉽지 않은 일을 수행한 대표적인 사례로 제시될 만하다. 이베리아 왕국의 옛 수도 므츠헤타 역사 유적지의 일부인 즈바리수도원(Jvari Monastery)은 므츠크바리강과 아라그비강의 합류 지점이 내려다보이는 고지대에 자리하고 있다. 즈바리수도원은 성 니노(St. Nino)와 조지아 최초의 기독교 왕 미리안(Mirian, 재위 284~361)이 4세기 초 나무 십자가를 세웠던 바로 그 자리에 지어졌다. 원래 십자가가 세워졌던 팔각형 기단은 현재 수도원 본당 교회 내부에 보존되어 있다.

　　즈바리수도원은 본당 교회인 즈바리대교회(the Great Church of Jvari) 와 즈바리작은교회(the Small Church of Jvari), 방어벽 유적 그리고 은둔자를 위한 작은 방으로 구성되어 있다. 즈바리대교회는 '새겨진 테트라콘치'(inscribed tetraconch) 유형의 대표적인 건축물로 평가된다. 즈바리대교회는 교회의 중앙 공간을 덮는 대형 돔이 있고, 네 개의 틈새와 네 개의 앱스가 있다. 각 앱스 사이에 있는 원통형 틈새는 구석방으로 이어진다. 이 유형은 '크로스 인 스퀘어'(cross-in-square) 평면과 비슷하지만, 구석방에 접근하려면 중앙 공간에서 좁은 입구를 통해서만 가능하며 앱스와는 차단되어 있다.

　　즈바리수도원은 오랜 기간에 걸쳐 건축되었다. 이베리아 공국의 초대 통치 공작인 구아람(Guaram, 재위 588~590 또는 588~602)이 건축을 시작하여, 구아람의 아들이자 스테파노즈 1세(Stepanoz I, 재위 약 590~605/627)의 형제인 데메트르(Demetre)가 건축을 계속했고, 스테파노즈 1세의 후계자 아다르나세 1세(Adarnase I, 재위 605/627~637/642)가 완공했다. 아다르나세 1세의 아들 스테파노즈 2세(Stepanoz II, 재위 637/642~약 650)는 수도원 단지를 벽으로 둘러싸고 예배를 위한 교회를 기증했으며 그 자리에 궁전을 지었다. 구아람을 제외한 이 네 사람(데메트르, 스테파노즈 1세, 아다르나세 1세, 스테파노즈 2세) 모두 수도원 본당 교회 동쪽 정면에 묘사되어 있다. 구아람은 즈바리수도원의 첫 번째 기부자이기는 하지만, 본당 교회 북쪽의 작은 교회를 지었기 때문에 누락된 것으로 보인다.[80]

---

80 Antony Eastmond, "Art on the Edge: The Church of the Holy Cross, Jvari,

이스트몬드(Antony Eastmond)는 조지아의 여타 교회와 달리 즈바리 수도원에 기부자의 모습과 명단이 이렇게 자세히 기록된 것은 즈바리수도원 건축 과정 당시 정치적 상황과 밀접한 관련이 있다고 주장한다. 첫 번째는 580년경(588) 비잔티움제국과 사산제국(Sassanian Persia, 224~651)에 의해 이베리아의 군주제가 폐지되고 에리스므타바리(대공)가 이끄는 이베리아 공국이 시작된 정치적 상황이다. 두 번째는 비잔티움제국과 사산제국의 강화조약 체결로 인해 므츠헤타는 비잔티움제국의 영역으로 트빌리시는 사산제국의 영역으로 이베리아가 두 개로 분할된 정치적 상황이다. 즈바리수도원에 명시된 기부자의 모습과 명단은 이러한 정치적 상황에서 몇 가지 함의를 갖는다. 첫째, 군주제가 폐지된 후 새로운 정치권력을 부여받은 대공들이 자기 권력의 정당성을 주장하기 위한 것이다. 군주제가 800년 이상 지속되었기 때문에 새로운 지배 엘리트로서의 대공의 세력이 낯설고 취약했기 때문이다. 둘째, 비잔티움제국과 사산제국의 강화조약으로 분할된 국경 양쪽 조지아인들의 정치적 자율성과 기독교에 기초한 새로운 정체성 모델을 제시하기 위한 것이다. 이는 즈바리수도원 기부자들이 비잔티움제국 지배하의 카르틀리 지방과 사산제국 지배하의 동쪽 카헤티 지방에서 각각 권력을 갖고 있었지만, 국경에 위치한 즈바리수도원 건축 과정에 참여하거나 비잔틴 지배 영역인 므츠헤타 대공 구아람이 사산제국 영역인 트빌리시에 시오니교회를 설립하는 등 국경을 넘나들며 활동한 사실을 통해

Georgia," *Art Bulletin* 105(1) (March 2023), 74.

알 수 있다. 또한 즈바리대교회 동쪽 정면에 묘사된 기부자들의 모습과 조지아어 아솜타브룰리(asomtavruli) 알파벳으로 작성된 문구 그리고 남쪽 정면 틈새에 새겨진 기부자들의 의상을 통해 확인할 수 있다. 남쪽 정면 틈새에 새겨진 기부자들은 사산제국의 옷을 입고 있는데, 이는 새로운 권력을 인정하는 사산제국의 명예의 예복이기도 하지만, 비잔티움제국에서는 그 복장이 패배한 야만인의 복장으로 해석된다. 동쪽 정면에 묘사된 기부자들을 가리켜 조지아어 아솜타브룰리로 스테파노즈를 "카르틀리의 파트리키오스"라고 하고 나머지 두 개의 비문에서는 "거룩한 대천사 미카엘이시여, 데메트르 하이파토스를 도와주소서", "거룩한 대천사 가브리엘이시여, 아다르나세 하이파토스를 도와주소서"라고 새겨져 있다. '파트리키오스'(patrikios)와 '하이파토스'(hypatos)는 이베리아의 통치자에게 수여된 비잔틴 궁정의 영예였다.[81]

이스트몬드에 의하면, 즈바리수도원의 이러한 사산적 요소와 비잔틴적 요소의 결합은 이베리아의 통치자들이 두 세력을 모두 수용하려는 의도와 수용할 수밖에 없는 현실을 반영한다. 그러나 즈바리수도원의 기부자 묘사가 궁극적으로 나타내려는 것은 기부자들의 권력이 비잔티움제국의 황제나 사산제국의 샤로부터가 아니라 하나님으로부터 직접 온다는 것이다. 그리스도와 천사 앞에 무릎을 꿇고 있는 기부자들의 경건한 모습은 기독교에 기초한 정치적 자율성과 독립을 선언하는 것으로 해석된다.[82]

---

81 Ibid., 64-92.

즈바리대교회를 '새겨진 테트라콘치 유형'의 대표적 건축물로 간주하는 기존의 주장은 조지아 민족주의의 반영이라는 비판을 받기도 한다. 즈바리대교회와 비슷한 시기에 건축된 이 유형의 교회들이 조지아와 아르메니아 두 나라에 다 있기 때문에, 어느 한쪽의 교회를 이 유형의 원본으로 확정할 수 없다는 것이다. 그러므로 이스트몬드는 즈바리대교회에 대한 기존 주장이 건축 유형 그 자체보다는 다른 배경에서 나왔다고 말한다. 조지아와 아르메니아는 제4차 에큐메니칼공의회인 칼케돈공의회(451) 이후 반(反)칼케돈 입장인 단성론을 함께 견지해 왔으며, 조지아와 아르메니아 사이에 서로 성지와 교회를 순례해 왔다. 그러나 제3차 드빈공의회(607) 이후 조지아와 아르메니아는 신학적 입장을 달리하게 되었다. 조지아가 칼케돈공의회의 신학적 입장을 받아들이면서 반칼케돈 입장인 아르메니아와 분열된 것이다. 이러한 분열로 인해 이후 양쪽은 서로 성지와 교회 순례를 금지했으며, 공통점보다는 차별화된 특징을 강화하기 시작했다. 조지아에서 성 니노 숭배가 본격화된 것도 이 시기부터였으며, 즈바리대교회는 그 중심지였다. 아르메니아 기독교와 차별화되는 조지아 기독교 정체성 형성을 위해 즈바리 교회와 십자가가 강조되면서, 4세기 조지아 개종과 관련된 최초의 기독교 건축이자 조지아 기독교의 핵심인 스베티츠호벨리교회의 중요성은 약화되었다. 스베티츠호벨리교회는 607년 드빈공의회에서 조지아와 아르메니아 사이의 논쟁에 참여하지 않았기 때문이다.

---

82 Ibid., 84.

스베티츠호벨리와 즈바리 모두 치유의 기적이 일어난 곳이었지만, 스베티츠호벨리교회의 '생명을 주는 기둥' 유물은 즈바리대교회와 더 관련 있는 십자가로 대체되었다. 스베티츠호벨리교회가 조지아 기독교의 중심으로서의 위상을 되찾고 재건된 시기는 이베리아 왕조가 회복되고 카르틀리가 중심이 되어 조지아 왕국이 통일된 11세기였다.[83]

즈바리수도원은 스베티츠호벨리대성당(Svetitstkhoveli Cathedral), 삼타브로수도원(Samtavro Monastery)과 함께 므츠헤타 역사기념물 (Historical Monuments of Mtskheta)에 포함되어 있으며 1994년 유네스코 세계문화유산에 등재되었다.

---

83 Ibid., 68-88.

4장_ 상호 작용: 참여

1. 권리와 의무의 평등에 기초한 참여

여기서는 평등한 권리와 의무에 기초한 참여의 예시로 탄지마트에 접근하고자 한다. 오스만제국이 종교에 따른 권리와 의무의 제한을 해제하고 근대적 의미의 평등을 실현하고자 시행한 제도인 탄지마트(Tanzimat)는 19세기 오스만제국이 근대화 추진 과정에서 시행한 일련의 개혁 정책이다. 그 핵심에는 '하티 샤리프'(Hatt-i Sharif,1839)칙령과 '하티 휘마윤'(Hatt-i Hümayun, 1856)칙령이 있다. 탄지마트의 시기에 대해서는 학자마다 의견이 조금씩 다르다. 대체로 1839년에 공표된 하티 샤리프를 탄지마트 개혁 시대의 공식적인 시작으로 간주하지만, 하티 샤리프보다 10년 앞선 1829년에 제정된 '복장 규제법'을 넓은 의미의 탄지마트에 포함시키기도 한다. 왜냐하면 복장 규제법은 수 세기에 걸쳐 존재해 온 계급·지위·종족·종교·직업에 따른 차별적인 복식 대신에 남성들84에게 똑같은 모자(페즈)를 착용하게 함으로써

---

84 울레마와 비무슬림 성직자는 제외된다. 도널드 쿼터트/이은정 옮김, 『오스만

개혁이 시작되었음을 보여주었기 때문이다.[85] 탄지마트의 종결 시점도 학자에 따라 1876년 '제1 메쉬루티예트'(Meşrutiyet)까지로 보거나 1908년 '제2 메쉬루티예트'까지로 보는 등 의견이 다르다.[86]

하티 샤리프에서는 무슬림과 비무슬림 기독교인의 동등한 대우, 개인의 자유와 재산권 보장, 체계적인 징병 관리, 공정한 징세와 재판 등을 규정하고 있다. 하티 휘마윤은 학교·교회·병원 등 공공건물 보수와 신축, 종교의 자유 보장, 기독교인과 유대인에 대한 차별 금지, 비무슬림 관리 임용과 교육 기회 보장, 공개재판, 고문 금지 등을 규정함으로써 평등권 부여에 대한 국가의 의무를 규정한 하티 샤리프를 재확인하고 확대하였다.[87] 하티 샤리프는 술탄 마흐무드 2세(Mahmut II, 재위 1808~1839)가 무스타파 레시드 파샤와 함께 초안을 작성했으며 술탄 압둘메지드(Abdülmecid, 재위 1839~1861) 때에 '장미황실'(귈하네: Gülhane)에서 오스만 정부 고관들과 유럽 열강의 사절들이 참석한 가운데 무스타파 레시드 파샤가 공표했다.[88] 하티 샤리프 칙령의 내용은 다음과 같다.

제국사: 적응과 변화의 긴 여정 1700–1922』, 114.

85 이희수, 『튀르키예사 100』, 263; 도널드 쿼터트, 『오스만 제국사: 적응과 변화의 긴 여정 1700–1922』, 114.

86 오은경, "탄지마트 이후 이슬람-오스만제국의 근대 성문법 체계 도입과 샤리아 법원 변화 연구: 가족법령(Hukuk- i Aile Kararnamesi)을 중심으로," 「한국이슬람학회논총」 26/1 (2016), 13.

87 버나드 루이스 엮음/김호동 옮김, 『이슬람 1400년』, 492–493; 도널드 쿼터트/이은정 옮김, 『오스만 제국사: 적응과 변화의 긴 여정 1700–1922』, 114–115; 이희수, 『튀르키예사 100』, 264–265.

88 버나드 루이스 엮음/김호동 옮김, 『이슬람 1400년』, 492; 도널드 쿼터트/이은정 옮김, 『오스만 제국사: 적응과 변화의 긴 여정 1700–1922』, 114–115; 설명진,

첫째, 개인의 재산·생명·명예 등 국민의 기본 권리 보장과 공정한 재판 제도를 수립한다.

둘째, 조세청부제의 폐지와 징병제를 확립한다.

셋째, 종교에 의한 신분 차별의 폐지와 전 국민에게 시민권을 보장한다.[89]

유럽 열강들은 크림전쟁 때 오스만제국을 원조하고 구제한 후 파리 평화조약을 통하여 '오스만은 종교·민족의 차별 없이 시민의 평등한 권리를 인정하는 칙령을 발표할 것'을 오스만제국에 요구하였다. 하티 휘마윤은 유럽 열강의 이러한 개혁 요구에 응하여 발표한 칙령이다. 이 칙령은 무스타파 레시드 파샤의 제자인 푸아드 파샤와 알리 파샤가 입안하여 술탄 압둘메지드 때 공표되었다. 하티 휘마윤 칙령의 주요 내용은 다음과 같다.

첫째, 그리스도교의 권리를 보장하고 밀레트의 관장 하에서의 자치를 인정한다.

둘째, 무슬림과 비무슬림의 소송법상 권리의 차별, 납세와 병역상 차별을 폐지한다.

셋째, 국가 재정에 예산 제도를 적용하여 농업과 상업의 진흥을 이룩한다.[90]

"19세기 오스만제국의 밀레트 제도(Millet System) 연구," 25-26.
89 설명진, "19세기 오스만제국의 밀레트 제도(Millet System) 연구," 26.
90 Ibid., 29-30.

탄지마트의 효과가 그리 크지 않았던 것으로 평가된다. 남녀를 막론하고 권리의 평등도 의무의 평등도 온전하게 이루어지지 않았기 때문이다. 예를 들면, 새로운 칙령으로 인해 여성의 법적 재산권이 줄어들었으며, 비무슬림들은 군복무를 거부했고, 기독교 공동체의 지도자들은 자신들의 특권을 지키기 위해 오히려 오스만 신민들 간에 법적인 차별을 유지하는 방향으로 서구 열강과 은밀하게 교섭 벌이기도 했으며, 국가는 인구 비례에 따라 비무슬림을 관료로 충원하고 승진시키겠다는 약속을 이행하지 못했다.[91] 한편, 무슬림에게는 무슬림과 비무슬림의 평등한 권리를 보장한다는 조항이, 이슬람에 대한 자부심과 무슬림의 연대감에 기초한 국가의 결속력을 와해시키고 무슬림의 사기를 저하시키는 것으로 인식되었다. 탄지마트 개혁이 정부를 더 나은 정부로 만들지도 못하고, 외세의 침입에 대응할 수 있도록 국가를 강하게 만들지도 못했으며, 오히려 무슬림의 우월의식은 붕괴되고, 비무슬림의 자주 의식은 강화되어 외세에 더 많이 간섭할 기회를 주었다는 것이다. 그러나 탄지마트에 대한 이러한 부정적인 평가는 그 시행 결과와 효과의 측면을 볼 때 설득력이 있지만, 그렇다고 해서 조항 자체와 그로 인한 제도 개혁까지 평가 절하하는 것은 부당하다고 생각한다.

탄지마트의 시행으로 무슬림과 비무슬림의 평등권이 인정되면서 인두세가 폐지되고, 그와 함께 비무슬림에게도 무슬림처럼 오스만제국

---

91 도널드 쿼터트/ 이은정 옮김, 『오스만 제국사: 적응과 변화의 긴 여정 1700-1922』, 115-116.

의 남성들의 의무인 군복무가 부여되었다. 밀레트 제도에서는 비무슬림에게 인두세를 내도록 하는 대신 그들의 자치를 허용했지만 경제와 사회 분야에서 제한과 차별이 존재했으며, 비무슬림에게 군 복무의 의무를 부과하지 않았지만, 그만큼 오스만제국 사회의 온전한 구성원으로 참여할 기회가 차단되었다. 비록 탄지마트가 비무슬림의 평등과 동등한 참여를 의도하고 목표했다기보다는 당시 국제정세와 압력에 대응하여 강력한 중앙집권적 권력을 증대시키기 위한 체계적인 국가정책의 일부였으며, 탄지마트의 과정과 효용성의 문제로 인한 여러 그룹의 비판 속에서 오스만제국 정부도 탄지마트를 제대로 시행하지 못하여 '실패로 끝난 개혁'이라고 평가되기는 하지만,[92] 밀레트 제도와 비교해 볼 때 탄지마트는 오스만제국의 다문화 정책의 기조가 기존의 공존에서 참여를 통한 상호 작용으로 바뀌고 있음을 보여준다. 여기서 말하는 참여는 권리와 의무의 평등에 기초한 참여이다.

2. 세속주의와 참여

1923년 무스타파 케말 아타튀르크(Mustafa Kemal Atatürk, 재임 1923~1938)를 초대 대통령으로 선출하며 시작된 튀르키예 공화국은, 1924년 4월에 제정된 헌법에 따라 이슬람교를 국교로 정했다. 그러나

---

92 버나드 루이스 엮음/김호동 옮김, 『이슬람 1400년』, 492-494; 도널드 쿼터트/
    이은정 옮김, 『오스만 제국사: 적응과 변화의 긴 여정 1700-1922』, 116-118;
    이희수, 『튀르키예사 100』, 264-272.

1928년 4월 튀르키예 공화국은 이 조항을 삭제하고 '세속주의, 공화주의, 국민주의, 개혁주의, 민족주의, 국가주의'라는 6가지 정책 이념을 표방하며 세속 공화국으로 다시 출발했다. 정교분리 원칙에 입각한 세속주의 헌법 제정을 시작으로, 남녀평등, 제도·교육·문자 개혁 등의 개혁을 단행했다. 무스타파 케말 아타튀르크는 이슬람 세계의 구심체였던 오스만 왕실의 남자들을 모두 국외로 추방하고, 1923년 수도를 앙카라로 이전했다. 1924년에는 이슬람법을 관장하던 샤리아와 이슬람 재단부를 폐지하여 종교청으로 격하한 후 수상실에 예속시켰다. 종교재판을 주재하던 샤리아 법정도 일반 법정으로 바꾸었으며, 교육 분야에서도 기존의 종교교육 대신 초등교육을 의무화하고 일반 학교 교육으로 전환하였다. 또한 이슬람 달력과 역법을 폐지하고 서양 달력을 채택했으며, 이슬람교의 휴일인 금요일 대신 일요일을 휴일로 정했다. 이러한 개혁과 함께 가장 결정적으로는 1926년 스위스 민법에 기초한 근대 법률이 공포됨으로써, 오스만식 이슬람법과 관행은 공적인 자리에서 사라지고 민간의 전통으로만 유지되었다.[93] 튀르키예 공화국의 세속주의는 튀르키예 공화국 국민이 종교와 민족과 성별에 다른 차별이나 제한 없이 동등하게 참여할 수 있는 기초가 되었다.

또한 튀르키예 공화국의 세속주의 원칙에 따라 1935년 아야소피아 자미가 아야소피아박물관으로 전환되어, 전 세계인이 아야소피아의

---

93 이희수, 『튀르키예사 100』, 293-301; 안성찬, "근대국가 튀르키예: 오리엔트와 옥시덴트 사이에서," 고일홍 외, 『동서양의 접점: 이스탄불과 아나톨리아』, (서울: 서울대학교출판문화원, 2017), 316-317.

아름다움을 누릴 수 있게 되었다. 1935년 아야소피아자미는 아야소피아박물관으로 전환되었다. 튀르키예 공화국의 세속주의 원칙에 따른 결정이다. 하기아소피아대성당으로 1,000년, 아야소피아자미로 500년, 그리고 아야소피아박물관으로 100년 가까이 이어온 아야소피아는 고대로부터 현대에 이르기까지 인류의 다양한 문화와 종교의 결이 어우러진 공간이다. 오랜 세월 문화와 종교를 망라하여 수많은 사람의 땀과 눈물과 열정과 기도가 담긴 아야소피아에서 전 세계인이 그것을 느끼고 기억하며 참여하도록 한다.

그러나 아야소피아를 박물관으로 사용하도록 한 1934년 내각회의의 결정을 2020년 7월 10일 튀르키예 최고행정법원이 취소하는 판결을 내렸다. 이에 따라 아야소피아박물관은 모스크로 전환되어 이슬람 예배가 거행되었다. 이는 에르도안(Recep Tayyip Erdoğan) 대통령이 정치적 위기 상황을 만회하기 위해 이슬람주의자들을 결집시키려는 의도라고 평가된다. 90년 가까이 이어오던 튀르키예 공화국의 세속주의 원칙이 에르도안 정부의 정치적 이해관계에 의해 무너지기 시작한 것이다. 세속주의를 표방하는 튀르키예 공화국에서는 종교로 인한 차별이나 제한 없이 동등하게 참여할 수 있는 다원주의 관계 모델을 발견할 수 있었다. 그러나 최근 에르도안 정부의 이슬람주의는 세속주의에 기초한 다원주의를 위협하고 있다.

3부

실크로드 사람들이 만난
실크로드 종교들

1장_ 실크로드를 통한 인적 교류

실크로드를 통한 인적 교류란 "실크로드를 통한 각종 교류의 주역인 인간의 상호 내왕"을 뜻한다. 정수일은 이러한 인적 교류를 광의의 인적 교류와 협의의 인적 교류로 구분한다. 광의의 인적 교류가 "실크로드를 통한 모든 사람의 내왕 일반"이라면, 협의의 인적 교류는 처음부터 교류를 목적으로 한 '목적의식적' 교류와 결과적으로 교류에 기여한 '결과적' 교류를 가리킨다.[1] 이러한 구분은 실크로드 상의 인적 교류를 유형화함으로써 우리의 이해를 용이하게 해주는 장점이 있는 반면, 목적의식적 교류가 실상 교류에 기여하지 않을 수도 있고 결과적 교류를 어떤 기준에서 판단할 것인가에 대해서는 이론의 여지가 있을 것 같다.[2]

인적 교류의 가장 큰 특징은, '인적 교류가 모든 교류의 전제 조건이자 모든 교류를 주재한다'는 점이다. 인적 교류의 상대적 개념인 물적 교류도 인적 교류의 기반 위에 가능하기 때문이다. 둘째, '인적 교류는 상황에 따라 가변적이다.' 내적 요인인 사람의 능력과 노력, 외적 요인인

---

1 정수일, 『실크로드학』 (서울: 창비, 2001, 2013), 401.
2 정수일 본인도 이러한 한계에 대해 언급하면서도, 대체로 동기나 목적이 결과로 이어진다는 점을 강조한다. 앞의 책, 402.

환경과 여건 등 상황에 따라 교류 결과가 좌우되기 때문이다.[3]

교류를 위해 왕래하는 사람을 가리켜 '교류인'이라고 할 때 교류인의 교류가 어떤 역할과 결과로 이어졌는지에 따라 인적 교류의 내용을 "교류 관계 수립을 위한 인적 교류", "물질문명 교류를 위한 인적 교류", "정신문명 교류를 위한 인적 교류"로 구분할 수 있다. 첫째, 교류 관계 수립을 위한 인적 교류에는 국가 간 관계 문제를 처리할 사명을 갖고 파견되는 사절, 군사적 정복이나 정치적 지배와 같은 경략 활동을 한 경략자, 국가 간 화친을 위한 정략 결혼자 등이 포함된다. 둘째, 물질문명 교류를 위한 인적 교류의 대표적 예시로 교역을 통한 인적 교류를 들 수 있으며 교역 활동의 주체인 상인들이 여기에 해당한다. 셋째, 정신문명 교류를 위한 인적 교류는 포교(선교)나 구법 활동을 통해 종교를 전파하는 성직자(승려, 수도사 등), 학문과 예술을 전파하고 교류한 학자와 예술가, 여행가와 탐험가, 이주민 등을 아우른다.[4]

---

3 정수일은 인적 교류가 세 가지 특징을 가진다고 말한다. 첫째 인적 교류는 교류 전반을 주재하고, 둘째 인적 교류가 능동적인 교류이며, 셋째 인적 교류의 과정이 역동적이라는 것이다. 앞의 책, 401-402. 그러나 필자는 정수일이 주장한 두 번째 특징과 세 번째 특징의 표제어와 그 설명이 논리적이지 않으며 오히려 하나의 특징으로 묶을 수 있다고 생각한다.

4 정수일, 『실크로드학』, 402-403. 루스 불누아(Luce Boulnois)는 마치 이러한 세 가지 구분을 따라 각 범주의 대표적 그룹을 책 제목으로 정한 것 같다. Luce Boulnois, *Silk Road: Monks, Warriors & Merchants on the Silk Road* (Hong Kong : Odyssey Books & Guides, 2004).

2장_ 실크로드 사람들

　'실크로드 사람들'은 앞서 언급한 '교류인'보다 좀 더 광범위한 용어라고 하겠다. 실크로드 사람들이란 '실크로드를 오가는 교류인을 포함하여 실크로드 상에 존재하는 사람들'을 모두 가리킨다. 실크로드 사람들은 실크로드의 다양한 종교들을 만나서 수용·변용·개종·거부· 탄압한다. 만남의 방식과 표현이 달라지는 이유는 실크로드 사람들의 구체적인 삶의 자리 때문이다. 종교 선택의 자유가 개인에게 있다기보다는 지정학적 세력 판도와 지배 권력의 패권 장악에 따라 종교가 결정되었기 때문에, 수용도 개종도 실질적으로는 집단적이고 강제적인 경우가 허다하였다. 거부와 탄압은 그에 따르는 당연한 귀결이었다.

　여기서는 상인, 승려와 수도사, 학자, 종교 난민, 제국 통치자, 히잡 쓴 여성과 히잡 벗은 여성 등 실크로드 사람들이 실크로드 종교들을 어떻게 인식하고 수용하는지를 조명하고자 한다. 동시대 같은 지역에서 동일 종교라도 다르게 경험하고, 다른 종교를 믿어도 동일한 종교적 유래의 풍습과 문화를 유지하며, 동일한 종교라도 지역과 시대에 따라 다르게 신봉하는 실크로드 사람들의 모습에서 나타나는 실크로드 종교들이다.

1. 상인

　교역로이자 문명 교류의 통로인 실크로드의 정체성을 가장 잘 보여주는 실크로드 사람들을 꼽으라면 단연 상인들이다. 상인들은 본업인 상업 및 교역 활동을 통해 새로운 문물과 정보를 가장 먼저 접하고 그것을 한 지역에서 다른 지역으로 전파한 전달자였다. 또한 단지 전달에 그치지 않고 자신들의 상황과 삶의 자리에서 그것을 수용하고 활용하며 융합한 창조자였다. 여기서는 실크로드를 오갔던 그 어떤 상인들보다도 종교 전파 및 교류에 기여했다고 평가되는 소그드 상인을 중점적으로 다루고자 한다.

　소그드인은 아무다리야(the Amu Darya)와 시르다리야(the Syr Darya) 사이의 사막으로 둘러싸인 비옥한 계곡, 오늘날 우즈베키스탄과 타지키스탄에 위치한 자라프샨 계곡에 거주했다. 자체 언어와 문자를 사용했던 이들은 기원전 6세기 아케메네스페르시아의 비문에서부터 서기 10세기 아랍 지리학자들의 텍스트에 이르기까지 15세기 이상 동안 그 존재가 증명된다. 소그드인은 사마르칸트와 부하라를 세웠음에도 불구하고, 이후 이슬람 그룹에 녹아들었기 때문에 일반 대중에게는 거의 알려지지 않은 것이다. 소그드인이 사용한 소그드어는 이란어의 한 갈래였고 문자는 아람어 문자의 영향을 받았다. 아람어는 고대 서아시아의 국제 공용어였으며 실크로드의 실질적인 국제어였다. 동방시리아교회가 예배 언어로 사용하는 시리아어가 아람어의 한 갈래이다. 이런 이유로 소그드인들은 다양한 지역의 정보를 빠르게 습득할 수 있었고, 여러

종교의 경전을 번역하기도 했다.[5]

　　정치적으로 소그디아나는 여러 오아시스 소도시 국가로 구성된 느슨한 형태의 연맹일 뿐, 통일된 정권을 수립한 적이 없었다. 소그디아나는 스스로를 보호하기 위해 여러 강대국 사이에서 균형을 유지해야 했다. 소그디아나는 강력한 주변 세력들과 유목민들이 번갈아 가며 끊임없이 통치한 지역이었다. 기원전 550년 아케메네스페르시아제국의 통치를 받는 것으로 시작하여 알렉산드로스와 그 계승자들의 통치를 거쳐, 쿠샨제국, 사산조 페르시아, 에프탈, 돌궐의 지배를 받았으며, 결국 아랍 이슬람 세력에 정복되었다. 소그드 왕국의 하나인 하국(何國)의 왕이 매일 새벽 성곽 좌측에 있는 문루에 와서 문루에 그려져 있는 인물들을 예배했는데, 문루 동쪽에는 중국 황제가 그려져 있고 북면에는 돌궐 가한이, 남면에는 인도 국왕이, 서면에는 동로마 군주가 그려져 있었다고 한다. 이러한 모습은 강대국 틈바구니에서 살아남아야 했던 소그드인들의 생존 전략이었다. 오랜 세월 이러한 정치적 환경에서 살아오면서 여러 언어에 능통하게 된 소그드 상인은 다른 민족들과 원활히 소통할 수 있는 장점을 이용하여 강대국들의 신임과 환심을 얻게 되었고, 다양한 민족들 사이에서 어느 정도 정치적 지위도 차지할 수 있었다. 소그드 상인들은 실질적인 통치 세력이 누구이든지 그때그때

---

5 Étienne De La Vaissière, *Sogdian Traders: A History*, trans. James Ward (Leiden; Boston: Brill, 2005), 2; 김영종, 『실크로드, 길 위의 역사와 사람들』 (파주: 사계절, 2004, 2009), 155; 허남결, "실크로드의 호상 소그드 상인들의 재조명," 금강대학교 불교문화연구소 편, 『종교와 역사의 교차점, 실크로드』, (서울: 민족사, 2014), 313.

변화된 정치 상황과 사회환경에 적응했던 것이다.[6]

소그디아나는 오아시스 도시들과 그 주위에 농촌 마을로 이루어진 독립된 도시국가였다. 관개 수로를 이용한 농업이 발달하여 관개 수로의 풍부한 물로 다양한 작물을 재배했다. 견직물, 면직물, 모직물, 도기, 가죽제품, 금속제품 등을 생산하는 수공업도 발달했다. 그러나 오아시스는 가용할 수 있는 물의 양이 한정되어 있어서 관개시설을 정비하더라도 경지 확대의 한계가 있었다. 그러므로 농경 수용을 초과하는 인구는 수공업이나 상업 활동에 종사해야 했다. 이러한 지리적 특성과 그로 인한 사회 구조가 소그드인이 국제무역에 진출하도록 하는 하나의 요인이었다. 또한 소그디아나가 동서 대상 무역로의 요충지였으며, 남쪽으로는 인도와 북쪽으로는 북방 아시아 초원과 접한 남북 교통의 요지였다는 점도 또 하나의 요인이었다. 그러나 다른 한편으로는 이러한 지리적 위치가 북방 유목민의 침입을 용이하게 하는 약점으로도 작동했다. 이런 지정학적 조건 속에서 소그드인들은 저항하거나 굴복하기보다는 제3의 길로 공생을 택했다. 정치와 군사는 투르크인이, 경제와 무역은 소그드인이 역할 분담한 것이다. 이러한 역할 분담 속에서 소그드인은 투르크인에게 페르시아로 사절단을 보내도록 제안하여 소그드인을 단장으로 하는 사절단이 페르시아에 파견되었다. 이 사절단은 페르시아에게 기존 보호무역이나 독점무역이 아니라 자유무역을 요청했으나

---

6 설빈, "소그드 상인의 실크로드 무역 연구," (우석대학교 박사학위논문, 2020) 161.

거부되었다. 여기에 굴하지 않고 소그드인은 동로마제국에 사절단을 보내자고 제안했으며, 이번에도 소그드인이 단장이 되어 결국 동로마제국과의 직접 비단 무역을 성사시켰다.[7]

소그드인들의 이러한 공생구조는 소그디아나 바깥으로도 이어졌다. 소그드 상인들은 하서주랑의 오아시스 도시들에 소그드인 거주지역을 형성하여 그곳을 근거지로 삼아 중국과 무역 활동을 했다. 소그드 상인들의 활발한 상업 활동으로 하서주랑이 이들을 수용하기에 벅찰 정도가 되자 소그드 상인들은 수나라 양제의 지원 속에 장안과 낙양까지 진출하였으며, 당나라 시기에는 소그드 상인들의 세력이 막강해져서 당 조정은 이들을 관리하는 시스템을 구축할 정도였다.[8]

아랍 이슬람 세력이 중앙아시아를 정복하여 이슬람교를 강요하기 이전까지 소그드인의 종교는 다양했다. 소그디아나는 다종교 사회였다. 대부분 조로아스터교 신자였으나 불교와 경교와 마니교 신자들도 많이 있었다. 조로아스터교, 불교, 경교, 마니교 등의 전파는 실크로드를 오가는 소그드 상인들에 힘입은 바 컸다고 평가된다.[9] 소그드인들은 인도-이란 국경지대의 승려들과 함께 기원전 2~3세기에 중국에서 불교를 가장 먼저 전파한 사람들이었다. 그로부터 4세기 후에 그들은 서역의 새로운 종교인 마니교와 경교를 중국과 튀르크족에게 소개했다. 또한 시르다리야 북쪽의 대초원에 있는 소그드 상인들의 독점 상업 지역에서

---

7 김영종, 『실크로드, 길 위의 역사와 사람들』, 160-162, 176-180.
8 앞의 책, 169-176, 180-182.
9 설빈, "소그드 상인의 실크로드 무역 연구," 166-168.

튀르크인들이 이슬람교로 개종한 첫 번째 사건이 발생했는데, 이는 최초의 무슬림 튀르크제국의 창시자인 셀주크 왕조(Seljukids)와 카라한 왕조(Qarakhanids)의 개종으로 이어졌다.[10]

고대 종교가 전파된 경로는 실크로드와 대체로 일치하는데, 이는 종교의 전파가 소그드 상인과 밀접한 관계가 있다는 의미로 해석될 수 있다. 소그드 상인들은 실크로드를 통한 동서 교역의 실질적인 주역이었기 때문이다. 소그드 상인들을 통해 서역의 교역품과 함께 서역의 정신문명도 전파되었다. 소그드 상인들은 상업 활동뿐만 아니라 다른 지역의 새로운 정보와 여러 종교를 전하는 중개자의 역할을 수행하였다. 소그드 상인들에게 종교와 상업 활동은 불가분리의 관계였다고 평가된다. 상업 활동을 통해 종교를 전파하는 동시에 종교를 의지하고 경우에 따라서는 종교를 이용하여 상업 활동을 발전시켰기 때문이다. 소그드 상인의 지원과 역할 덕분에 실크로드를 따라 종교가 동방으로 전파되었으며, 종교를 통해 소그드 상인들은 정신적으로 도움을 받았다.[11]

---

10 Étienne De La Vaissière, *Sogdian Traders: A History*, 2.
11 설빈, "소그드 상인의 실크로드 무역 연구," 166-174.

2. 승려와 수도사

1) 구마라집

　구마라집(鳩摩羅什, Kumārajiva, 344~413)은 쿠차(库车, Kucha) 출신으로 불교 경전을 한역(漢譯)한 중국 4대 역경승 중 한 사람이다.[12] 쿠차국 공주 기바와 인도 바라문 출신 승려 구마라염의 아들로 태어난 구마라집은 아버지 이름과 어머니 이름의 구마라와 지바(기바의 중앙아시아식 발음)를 결합해서 이름이 지어졌다. 인도에서 불법을 전하기 위해 파미르 고원을 넘어 쿠차까지 온 아버지의 열정과 출가를 결심할 만큼 불심이 깊고 명석한 어머니의 머리를 물려받은 구마라집은 어려서부터 자연스럽게 불교 속에서 자랐다. 어머니를 따라 7살 어린 나이로 출가하여 인도 카슈미르의 반두달다 문하에서 수학하면서 대승불교를 접한 후 대승으로 전향했다.[13] 공빈은 구마라집이 대승의 이치를 깨달은 후 그 기쁨과 흥분을 다음과 같이 표현했다고 전한다. "대승경이 옳다. 나는 예전에 소승을 배웠는데, 이는 마치 사람이 금을 모르고 구리가 든 광석을 금이라고 한 것과 같다."[14]

---

12 중국 4대 역경승은 구마라집를 포함하여 진제(眞諦, Paramārtha, 499~569), 현장(玄奘, 602~664), 불공금강(不空金剛, Amoghavajra, 705~774)이다. 자현, 『자현 스님이 들려주는 불교사 100장면』(서울: 불광출판사, 2018), 293.

13 앞의 책, 210-211.

14 공빈/허강 옮김, 『구마라집 평전: 한역 불경의 역사를 새로 쓴 푸른 눈의 승려』(서울: 부키, 2018), 163.

구마라집의 천재적인 설법이 널리 알려지면서 구마라집을 데려가려는 나라 간의 전쟁으로 쿠차가 멸망하고, 쿠차를 멸망시킨 후량도 후진에 의해 멸망한다. 17년 동안 양주 지역의 후량에서 억류된 구마라집은 그 기간 동안 굴욕적인 일들을 당하는 한편, 중국어와 한문을 배웠으며 하층민의 생활과 심정을 이해하게 되었다.[15] 이는 훗날 장안에서 불교 경전을 번역하는 기초가 되었다. 탁월한 중국어 실력은 물론이고 하층민도 이해할 수 있도록 의역 번역하는 방법의 단초가 이때부터 시작된 것으로 보인다.

구마라집을 억류했던 후량을 정복한 후진은 구마라집을 장안으로 데려가서 불교 경전을 번역하게 한다. 구마라집은 10여 년간(402~413) 불경 번역에 전념하여 35부 348권의 방대한 분량의 경전을 번역하였다. 구마라집의 불경 번역은 대규모 공동 작업이었다. 구마라집이 인도어 경전을 중국어로 풀이하면 다른 사람이 그것을 받아 적어서 교열하고 윤문하는 방식이었다. 번역한 불경에 따라 다르지만, 번역 작업에 참여한 승려와 번역가가 500명에서 많게는 2,000명에 이르기도 했다고 한다. 또한 번역을 공개 강의 형식으로 진행하기도 했는데 무려 3,000명의 청중이 모였을 정도로 인기가 있었다고 전해진다. 구마라집의 번역은 의역 번역의 성격이 강했다. 이는 구마라집 이전에 이미 도안(道安, 312~385)이 격의불교[16]를 비판하고 정비했던 터라 가능한 일이었다.[17]

---

15 자현, 『자현 스님이 들려주는 불교사 100장면』, 211.
16 격의불교란 중국인에게 익숙한 유교와 도교의 용어를 빌려와서 불교를 소개하고 이해시키는 방법이다.

구마라집의 의역 번역은 중국 불교가 격의불교의 단계에서 벗어나 그다음 단계로 나아가도록 기여했다고 평가된다. 일반적으로 불교 경전의 한역은 현장 이전과 이후로 구분된다. 현장은 직역 번역을 중시하는 방법이기에 구마라집의 의역 번역 방법과 차이가 난다는 것이다. 현장 이전의 번역을 구역, 이후의 번역을 신역이라고 하는데, 구역을 대표하는 인물이 바로 구마라집이다. 구마라집의 번역 이전의 번역은 고역(古譯)이라고 한다. 고역이라는 표현은 단순히 오래전 번역 방식을 뜻하기보다는 번역 체계가 명확하지 않다는 의미를 갖는다.[18]

필자가 신장웨이우얼자치구에서 시안에 이르는 실크로드 현지 인문 탐사 때 탐사한 불교 유적의 대부분은 석굴이었다. 쿠차의 키질 천불동을 시작으로 투르판의 베제클리크 천불동, 둔황의 막고굴, 장예의 마제사 석굴, 난저우의 병령사 석굴 등이었다. 그중 키질 천불동은 가장 기억에 남는 곳일 뿐 아니라, 중국 현지 인문 탐사를 통틀어 가장 인상적인 유적이었다. 중국 서북 지역 최초의 천불동으로 알려진 키질 천불동은 카슈가르 삼선동 석굴에 비해 약간 늦지만, 둔황 막고굴보다는 100년 내지 200년쯤 먼저 형성되었다. 키질 천불동의 '키질'은 위구르어로 '붉다'라는 뜻이며, '천불동'은 문자적으로는 '1천 개의 부처가 있는 동굴'이라는 의미로 '석굴이 많다'는 것을 강조하기 위한 표현이다. 키질 천불동의 석굴 수는 확인된 것만 236개이며 미확인 석굴까지

---

17 앞의 책, 208-210.
18 앞의 책, 212; 정수일, 『실크로드학』, 466.

합하면 300개가 훌쩍 넘는다고 한다. 제한된 시간 내에 필자가 본 석굴은 채 10개가 되지 않았으며, 그마저도 석굴의 벽화가 서양의 탐험가들에게 도둑맞거나 이슬람교의 유입 과정에서 훼손되어 선명하지 않은 부분이 많았다.

필자는 키질 천불동에서 구마라집을 만났다. 비록 첫 대면은 석굴 앞 광장에 서 있는 구마라집 동상이었지만, 키질 천불동을 둘러본 후 불교에 대한 필자의 고정관념이 깨어졌을 때 바로 그 자리에서 만난 구마라집은 동상이 아니었다. 인생 전반에는 타의에 의해서였지만, 인생 중반 이후에는 자의로 기존 통념과 틀을 넘어서는 구마라집이었다. 하여, 키질 천불동의 '모든 것이 좋았다!' 키질 천불동을 향한 그날의 모든 여정과 키질 천불동에서의 모든 것이 좋았다. 아커수에서 쿠차로 가는 한적한 시골길과 그 길에서 만난 당나귀 마차, 옥수수밭이 넓게 펼쳐진 탁 트인 평야, 먼지 날리는 도로변에 위치한 동네 식당의 신장반면(新疆拌面)과 양꼬치, 키질 천불동 정문 부근의 시원한 강바람, 천불동 석굴로 향하는 백양나무(미류나무, 포플러나무) 가로수길, 그 길에서 맛본 달달한 하미과, 석굴로 올라가는 가파른 계단, 10번 석굴에서 만난 조선족 중국인 화가 한낙연의 키질 천불동 발굴 기록과 그림, 석굴 아래로 펼쳐진 풍광, 덥지만 습하지 않은 날씨, 그리고 불경 번역과 중국 불교의 대승 불교화에 선구적인 역할을 한 구마라집까지 말이다.

구마라집은 실크로드 에토스를 대표하는 인물 중의 한 사람이다. 살펴본 것처럼 구마라집은 출생 배경부터 출가수행 그리고 불경 번역에 이르기까지 경계를 넘나든 인물이었다. 승려였던 아버지가 파계하고 결혼했으나 어머니가 결혼생활 중 출가했으며, 소승불교가 대부분인 쿠차국에 태어나 자랐으나 대승불교를 받아들여 대승으로 전환하고, 출가 승려로서 독신 수행을 해야 했지만 타의로도 자의로도 파계했으며, 기존 번역 방식인 격의 번역에서 벗어나 의역 번역 방식으로 불경을 번역하는 등 주어진 틀에 얽매이지 않고 새로운 것에 개방적이고 도전적이었기 때문이다.

2) 알로펜

알로펜(Alopen, 아라본[阿羅本])[19]은 아시리아동방교회의 대리인으로서 당제국에 파견된 수도사였다. 앞에서 논의했듯이 아시리아동방교회(the Assyrian Church of the East)는 사산조 페르시아의 수도인 셀레우키아-크테시폰에 총대주교좌가 있으며, 안티오키아와 서방교회로부터 공식적으로 독립을 선언한 교회이다. 알로펜과 그 일행은 당 태종의 통치 시기인 정관 9년(635년)에 장안에 도착했다.

알로펜이 중국에 도착했을 때 이미 기독교인들이 상당수 있었던 것으로 보인다. <대진경교중국유행비>에 의하면, 고종(재위 649~683)이 각 현과 성에 기독교 예배당 설립을 허가했다고 되어 있기 때문이다. 이러한 호의적인 명령은 늦어도 650년대 중반, 즉 알로펜 일행이 도착한

---

19 알로펜의 생몰 연대는 알려지지 않았다. 다만 알로펜이 당 제국에 파견된 때가 635년이니 생몰 연대를 7세기로 추정할 수 있겠다.

지 20년 이내에 내려진 것인데, 아무리 20년 동안 성공적인 전도를 했다고 해도 예배가 필요한 공동체가 그렇게 광범위한 지역에 생겼을 가능성은 거의 없다고 봐야 할 것 같다. 그러므로 이 비석의 내용은 수많은 기독교 이민자가 이미 635년 이전에 중국 전역에 정착했음을 시사하는 것으로 보는 것이 타당할 것 같다. 아랍의 침략으로 사산제국이 붕괴되기 시작하자 신분 고하와 빈부를 막론하고 수많은 페르시아인이 이주를 통해 가족과 재산을 안전하게 지키려고 노력했으며, 사산제국의 왕자와 관리들은 처음에는 수나라의 궁정으로 나중에는 당나라 황제를 만나 군사적 도움을 얻기 위해 장안으로 여러 차례 외교 여행을 했다고 알려져 있다. 결국 사산제국의 왕족과 유민들은 당나라에 일종의 망명 정부를 세웠는데, 외교관과 왕실 수행원 중에는 기독교인이 있었을 것으로 짐작된다. 기독교인들은 왕실 의사와 같은 왕실의 중요한 직책을 자주 맡았기 때문이다.[20]

기독교는 예배와 교육 공동체를 중심으로 전개되는 공동체 종교이기에, 이미 중국에 살고 있는 페르시아, 소그드, 투르크 기독교인들은 자연스럽게 예배를 위해 모였을 것이다. 이러한 공동체에는 그들을 보살피고 성례전을 집행할 성직자가 필요했으며, 이미 일부 성직자가 있었다면 그들에게도 역시 주교 구조가 필요했을 것이다. 이민자 수가

---

20 Glen L. Thompson, "Was Alopen a 'Missionary'? Dietmar W. Winkler and Li Tang eds., *Hidden Treasures and Intercultural Encounters: Studies on East Syriac Christianity in China and Central Asia* (Wien: Lit; Piscataway, NJ: Distributed in North America by Transaction, 2009), 271-273.

계속 증가했기 때문이다. 중국에 이미 살고 있던 기독교인들은 페르시아의 총대주교에게 중국과 장안의 교회 구조와 예배를 공식화하기 위한 공식적인 성직자 대표단을 요청하는 것은 자연스러운 일이었다. 『마르 아바의 역사(History of Mar Aba)』에 의하면 비슷한 요청이 그보다 100년 전에 에프탈족으로부터 있었다. 549년에 그들은 총대주교에게 자기 나라를 보살필 주교를 임명해 달라고 요청한 것이다. 또한 요청이 있었다는 기록은 없지만, 총대주교 이소야브 2세(Ishoyahb II, 재위 628~643)는 조직과 통합이라는 임무를 띤 최초의 대주교를 인도에 파송한 것으로 알려져 있다. 이러한 점으로 미루어 볼 때, 635년에 이소야브 2세가 알로펜 일행을 파송한 것은 중국 기독교인들의 청원에 대한 응답이었으며, 그 청원은 기독교인 이민자를 보살펴 달라고 기독교인들이 당 황제에게 제출한 요청이었다.[21]

중국의 기독교인들은 총대주교에게 주교 파송을 요청했다. 총대주교는 그 요청에 동의했으며, 중국 당국에 보낼 자신의 청원을 지지해 달라고 사산제국 조정에 교섭했다. 사산제국 황제는 이를 수락하고 적합한 문서를 작성해 주었다. 알로펜은 사산제국 황제의 청원서를 가지고 총대주교 이소야브 2세의 공식 사절로서 중국에 도착했다. 그런데 당 태종은 공식 사절인 알로펜이 중국에 도착한 지 3년이 지난 후에야 황실 칙령으로 응답했다. 당 조정은 사산제국이 붕괴되고 있다는 사실을 잘 알고 있었고, 이 특별한 요청을 신속하게 추진할

---

21 Ibid., 273.

정치적 이유가 없었기 때문이다. 따라서 당 태종은 그러한 문제에 대한 일반적인 절차에 따라 모든 종교 활동을 감독하는 예부에 그 사안을 넘겼다. 알로펜 사절단은 예부가 새로운 종교의 도덕적, 정치적 가르침과 관행을 조사한 후 당 태종이 승인하고 정부 부처의 적절한 지원과 협력을 제공하라는 지시를 내리기까지 3년을 기다려야 했다.[22]

알로펜의 첫 번째 임무는 기독교인 이민자를 보살필 수 있는 허가를 얻고 이를 담당하는 성직자와 위계 구조를 확립하는 것이었는데, 이러한 노력이 성공함에 따라 더 많은 선교를 할 수 있게 되었다. 아시리아동방교회가 중국에서 경교라는 이름으로 합법화되면서 기독교인들의 선교 상황이 더 좋아진 것이다. 더구나 장안의 외국인 구역에 살아야 했던 다른 이민자들과 달리, 기독교인 이민자들은 중국인과 분리된 지역에 살지 않았기 때문에 더 그러했다.[23]

알로펜은 태종의 허가와 지원 아래 경교 문헌을 번역하고 저술하였다. 경교 문헌은 크게 두 가지로 분류되는데, 하나는 알로펜이 저술한 알로펜 문헌이고, 다른 하나는 경정이 쓴 경정 문헌이다. 경교 문헌 중 알로펜이 번역하고 서술한 『서청미시소경(序聽迷詩所經)』과 『일신론(一神論)』은 형식 면에서는 '경문'(經文)에 해당하고, 내용 면에서는 복음 전파에 중점을 두어 신론, 우주론, 인간론, 영혼설, 윤리학 등을 주로 다루었다. 알로펜 문헌의 이러한 특징을 가리켜 웡샤오쥔은 '원전

---

22 Ibid., 275.
23 Ibid., 276.

화 서술유형'이라고 명명한다. 알로펜 문헌은 불교와 도교의 용어들을 많이 차용했지만, 복음 전도와 교의 설파의 측면에서 기독교의 본래 모습에 충실하기 때문이다. 윙샤오쥔은 경교의 전개 과정에서 알로펜 문헌의 원전화 서술유형이 경정 문헌의 토착화 서술유형으로 전환된 것이 경교의 실패 원인 중의 하나라고 평가한다.[24]

3. 종교 난민

난민의 사전적 의미는 "전쟁이나 재난 따위를 당하여 곤경에 빠진 사람"이지만, 넓은 의미로는 '인종, 종교, 정치적 입장, 사상의 차이로 인해 법과 제도의 보호를 받지 못하는 외부자가 된 사람'을 뜻한다.[25] 이러한 개념 정의에 따라 정치 난민, 경제 난민, 사회 문화 난민, 종교 난민, 환경 난민 등 난민의 범주를 다양하게 분류할 수 있다. 실크로드에도 다양한 범주의 난민이 존재하지만, 여기서는 이 책의 주제와 관련하여 종교 난민을 중점적으로 다루기로 한다.

1) 로마제국의 박해를 피해 메소포타미아로 이주한 기독교인

로마제국의 식민지 유대-팔레스타인에서 예수 운동으로 시작된

---

24 윙샤오쥔/임영택 옮김, 『중국어 경교 전적 해석』(서울: 민속원, 2019), 45, 54, 61.

25 이인경 외, 『생명감수성 인큐베이팅』(대구: 계명대학교 출판부, 2019), 106.

기독교는 로마제국의 합법 종교가 되기 이전에는 로마제국의 박해를
받았다. 유대전쟁(66~70) 이후 로마 군대는 예루살렘을 파괴하고 유대인
들을 유대-팔레스타인 바깥으로 쫓아냈는데 쫓겨난 유대인들은 로마제
국 전역으로 그리고 로마제국 바깥으로 흩어지게 되었다. 이로 인해
기독교가 로마제국과 메소포타미아 지역에 확산되었다. 다신교 전통의
로마제국에서 기독교인들은 자신들의 신앙을 지키기가 쉽지 않았다.
요한계시록에 나오는 일곱 교회[26]를 통해 당시 로마제국에서 기독교인
들이 어떤 상황이었는지를 추정해 볼 수 있다.

일반적으로 요한계시록의 기록연대는 1세기 말로 알려져 있다.[27]
이 시기에는 네로 황제의 박해 외에는 기독교에 대한 대대적인 박해가
없었으며, 기독교인이라는 이유만으로 박해가 가해졌던 것은 2세기
이후의 상황이다. 요한계시록의 기록연대인 1세기에는 법과 같은 강제
적 방법으로 신앙생활을 전면 금지하지는 않았다. 일곱 교회가 존재했다
는 기록이 이를 시사한다. 하지만 지역에 따라서는 기독교인들이 유대인
과의 갈등과 적대관계로 박해를 받기도 했고, 동업조합과 관련된 우상숭
배와 황제 숭배를 거부한다는 이유로 불이익을 받아야 했다.

---

26 요한계시록에 등장하는 일곱 교회는 에베소(에페소스), 서머나(스미르나), 버
　가모(페르가몬), 두아디라(티아티라), 사데(사르디스), 빌라델비아(필라델피
　아), 라오디게아(라오디케이아)의 교회이다. 이 교회들은 가정교회 형태로 몇몇
　사람들이 집에서 모여 기도하고 예배했다. 일곱 지역의 교회들은 이런 가정교회
　들이었다. 현재 그 지역에 남아있는 초기 교회 유적들은 기독교가 로마 제국에서
　합법 종교가 된 이후에 이런 가정교회들을 기념하여 세워진 교회들이다.
27 요한계시록이 전체 교회에 유포된 시기를 120~150년 경으로 보는 연구 결과에
　기초하여 요한계시록의 기록연대를 1세기 말로 보는 것이 학계의 일반적 견해이다.

유대인과의 갈등 및 적대관계가 심각했던 서머나(스미르나)와 빌라델비아(필라델피아) 교회의 상황을 보여주는 대목에서 유대인들은 "사탄의 무리(사탄의 회당)"(요한계시록 2장 9절; 3장 9절)로 명명된다. 이러한 표현은 유대교 내에서 출발한 기독교가 유대교와 적대관계에 놓이게 되고 유대교와는 별개의 종교로서 정체성을 형성하는 상황을 나타낸다. 예루살렘 성전이 파괴되기 전에는 유대교가 다양한 그룹들로 이루어져 있었으며, 예수 운동은 유대교 내의 하나의 그룹으로 간주되었다. 그러나 예루살렘 성전 파괴 이후 '랍비 유대교' 중심으로 유대교가 새롭게 통일되면서 기독교는 유대교의 이단으로 인식되어 유대교 회당으로부터 기독교인들이 출교당하는 일들이 발생했다.

요한복음서의 기록을 보면 이러한 상황이 반영되어 있다. "예수를 그리스도라고 고백하는 사람은 누구든지 회당에서 내쫓기로, 유대 사람들이 이미 결의해 놓았기 때문이다."(요한복음서 9장 22절) "지도자 가운데서도 예수를 믿는 사람이 많이 생겼으나, 그들은 바리새파 사람들 때문에, 믿는다는 사실을 드러내지는 못하였다. 그것은, 그들이 회당에서 쫓겨날까 두려워하였기 때문이다."(요한복음서 12장 42절) "사람들이 너희를 회당에서 내쫓을 것이다."(요한복음서 16장 2절) 90~100년을 요한복음서의 기록연대로 볼 때, 이 구절들은 예루살렘 성전 파괴 이후 기독교인들이 유대교 회당에서 내쫓기는 상황임을 알 수 있다.

기독교인과 유대인의 갈등 상황은 마태복음서에도 나타난다. "사람들을 조심하여라. 그들이 너희를 법정에 넘겨주고, 그들의 회당에서 매질을 할 것이다."(마태복음서 10장 17절) "예수께서는 그들의 율법 학자들과는 달리, 권위 있게 가르치셨기 때문이다."(마태복음서 7장 29절) 마태 공동체는 '그들의' 회당, '그들의' 율법 학자라는 표현과 '권위 있게 가르치시는 예수'의 모습을 통해 자신들을 유대인과 구분하면서 예수의 권위를 내세워 자신들의 권위를 강조하고 있다.

에베소(에페소스), 버가모(페르가몬), 두아디라(티아티라) 교회에 우상 숭배를 조장하고 부추기는 사람들이 있었다는 기록을 통해서는 1세기 당시의 우상숭배 상황을 짐작할 수 있다. 로마제국의 우상숭배는 '협회 또는 조합(collegia)'과 관련이 있었다. 로마에는 경제, 종교, 사회 등 각 분야를 망라한 다양한 조합들이 있었는데, 조합의 이름은 주로 신들이나 황제의 이름을 따랐으며 신들과 황제는 조합의 수호신이 되었다. 종교 분야의 조합이 아니어도 종교가 모든 조합의 중요한 요소였다. 동일 직업 종사자들로 구성된 동업조합의 경우, 조합에서는 직업과 직접 관련된 활동뿐만 아니라 수호신에 대한 제사와 찬양 그리고 제사 음식을 나누는 등 종교활동도 하였다. 기독교인들이 볼 때 제사 음식을 나누는 것은 우상의 제물을 먹는 것이고, 수호신에게 제사와 찬양을 하는 것은 음란한 행위에 해당한다. 이처럼 조합의 회원이 되기 위해서는 황제 숭배와 우상숭배 등의 종교 활동을 해야 했기에 기독교인들은 신앙적 딜레마에 빠지게 되었다. 조합에 가입하지 않고도 그 분야의 직업 활동을 할 수 있었지만, 조합원이 다수인 상황에서 비조합원은 불이익을 감수해야 했기 때문이다.[28]

---

28 안용성, 『두 이야기가 만나다: 요한계시록 서사로 읽기』(서울: 새물결플러스,

우상숭배의 대표적인 도시 에베소(에페소스)와 버가모(페르가몬)는 공식적인 황제 숭배 신전이 있었던 곳이다. 특히 페르가몬은 요한계시록에서 "사탄의 왕좌(요한계시록 2장 11절)"가 있는 곳이라고 소개된다. 사탄의 왕좌는 페르가몬 제단 또는 대제단 또는 제우스 제단으로 불리는 제단을 가리킨다고 알려있지만, 유일신을 섬기는 기독교의 관점에서 볼 때 페르가몬의 아크로폴리스, 아스클레피에이온, 세라페이온 유적 등 도시 전체가 사탄의 왕좌라 할만하다. 의술의 신 아스클레피오스 신전인 아스클레피에이온은 현대판 종합병원이라 일컬어지지만, 종교 제의와 의술이 결합된 형태로 대중들의 삶에 깊이 영향력을 가진 종교 신앙의 장소였기 때문이다.

로마제국의 황제 숭배는 초대 황제 아우구스투스(Caesar Augustus, 재위 기원전 16~서기 14) 때부터 시작되었는데, 아우구스투스 황제 숭배가 가장 먼저 제정된 곳은 기원전 30~29년 페르가몬이었다. 이후로도 페르가몬에 트라야누스 신전이 세워져서 트라야누스 황제(Trajanus, 재위 98~117)와 하드리아누스 황제(Hadrianus, 재위 117~138)에게 바쳐졌다. 헬레니즘 시대부터 역대 왕들을 신처럼 섬기며 제사를 지낸 '헤로온'(Heroon)이 페르가몬에 있었다. 그렇기에 자연스럽게 페르가몬에서 황제 숭배가 가장 먼저 시작되었던 것으로 보인다.

로마제국으로 흩어졌던 일부 기독교인들은 로마제국의 이러한 우상

2020), 234-235; 에버렛 퍼거슨/엄성옥·박경범 옮김, 『초대 교회 배경사』(서울: 은성, 2005), 176-177.

숭배와 황제 숭배를 피해 그리고 그 이후 대대적인 박해를 피해 메소포타미아 지역으로 이주하였는데, 그 지역의 파르티아제국(Parthia, 기원전 247~기원후 224)은 적대국 로마의 박해로부터 탈출하여 이주한 기독교인들을 받아들이고 신앙의 자유를 보장하였다. 이 기독교인들이 아시리아동방교회의 초기 구성 그룹 중 하나였다.[29]

2) 교리적 입장의 차이로 인해 로마제국에서 사산제국으로 이주한 양성론자 학자들과 학생들

에데사의 페르시아인학교(이하 페르시아인 학교), 니시비스학교, 셀레우키아 크테시폰의 셀레우키아학교(이하 셀레우키아학교), 군데샤푸르아카데미는 동방 시리아 기독교 그룹의 신학교육과 학문 연구의 중심지이다. 페르시아인학교가 언제 시작되었는지에 대한 정확한 기록은 없지만 소위 '강도 회의'로 알려진 449년 에베소회의 회의록에 나오는 언급이 이에 대한 가장 이른 기록이다. 페르시아인학교의 명성은 니시비스 출신의 에프렘(Ephrem)이 페르시아인학교에서 교육하고 연구를 시작하면서 알려지기 시작했다. 당시 에데사에는 페르시아인학교 외에도 아르메니아인학교, 시리아인학교 등도 있었다. 에데사가 메소포타미아 기독교의 유서 깊은 도시이자 실크로드의 요충지이며, 사통팔달 교통이

---

29 이수연, "중국 고대기독교 경교의 『성경』 번역," 「번역학연구」 16/2 (2015), 141; 크리스토프 바우머/안경덕 옮김, 『실크로드 기독교: 동방교회의 역사』 (서울: 일조각, 2016), 8-9.

발달한 도시였기 때문이다. 에프렘은 363년 사산제국 황제 샤푸르 2세(Shapur Ⅱ, 재위 309~379)의 니시비스 정복과 기독교 박해를 피해 페르시아인학교에 와서 교육과 연구를 시작했다. 샤푸르 2세는 사산제국의 국교 조로아스터교의 신자였지만 기독교에 대해서 관용적이었다. 그러나 로마 황제 콘스탄티누스의 간섭과 정치적 역학관계의 변화로 기독교를 박해했던 것이다.[30]

에프렘 이후로 페르시아인학교를 주도적으로 이끌었던 인물은 나르사이(Narsai)였다. 나르사이는 학교의 졸업생이었는데 수도원장과 페르시아인학교 교사를 겸직하다가 수도원장직을 관두고 450년경부터 페르시아인학교 교사와 교장으로서 20여 년 동안 이끌었다. 나르사이는 '성령의 하프'로 불릴 정도로 유명한 시인인 동시에 성서 주석가이며 운율설교를 쓴 설교가로도 유명하다. 페르시아인학교는 몹수에스티아의 테오도로스의 성서 주석과 신학을 중시했는데, 페르시아인학교 졸업생인 나르사이는 그 전통 속에 있었다. 그 영향으로 그가 쓴 운율설교에는 몹수에스티아의 테오도로스와 그의 스승인 타르수스의 디오도루스, 그리고 네스토리오스를 변호하는 설교도 있다.[31]

페르시아인학교는 431년 에페소스공의회 이후 공격을 받기 시작했

---

30 수하 랏삼/황석천 옮김, 『이라크의 기독교』 (서울: 레베카, 2019), 101-104; 압돌 호세인 자린쿠 · 루즈베 자린쿠/태일 옮김, 『페르시아 사산제국 정치사』 (서울: 예영커뮤니케이션, 2011), 68-74.

31 이환진, "5-7세기 시리아 교회의 '페르시아인 학교'와 '니시비스 학교'," 「기독교사상」 733 (2020), 109-111; 수하 랏삼/황석천 옮김, 『이라크의 기독교』, 101-103.

다. 나르사이는 470년경 신학적 이유와 정치적 상황 때문에 학교에서 쫓겨났다. 당시 에데사의 동방시리아교회의 주교는 단성론자였는데, 양성론자인 나르사이를 제거하려고 했고 이를 사전에 인지한 나르사이와 학생들은 로마제국의 에데사에서 사산제국의 니시비스로 도피 이주하였다. 489년 에데사 주교의 반대 운동과 로마 황제 제노(Zeno, 재위 474~475, 476~491)의 명령으로 페르시아인학교는 강제 폐교되었다. 니시비스로 피난한 나르사이는 동문인 니시비스의 주교 바르사우마(Bar Sauma)의 요청으로 니시비스학교의 교장직을 맡아 학교를 이끌어 나갔다. 페르시아인학교가 폐쇄된 이후 에데사에 있던 동방시리아교회의 학자들과 학생들은 니시비스로 대거 이주했다. 니시비스는 사산제국 황제 샤푸르 2세가 363년에 점령한 이후 페르시아 영토였다.[32] 에프렘이 샤푸르 2세의 박해를 피해 에데사로 피신했는데, 이번에는 나르사이가 신학적 입장의 차이로 인한 로마제국의 박해를 피해 사산제국으로 피난한 것이다. 이는 정치적 역학관계의 변화가 종교적 입지에 영향을 미친다는 것을 보여주는 사례이다.

니시비스학교는 동방시리아기독교, 특히 동시리아교회의 신학을 대변하는 학교가 되었다. 에데사의 페르시아인학교는 동방시리아기독교가 동시리아교회와 서시리아교회로 분열되기 전에 시작된 학교로서 동방시리아기독교 전체를 아우르는 학교였다면, 칼케돈공의회 이후 '칼케돈 신앙 정식'에 대한 찬반 입장이 갈리면서 동방시리아기독교는

---

32 이환진, "5-7세기 시리아 교회의 '페르시아인 학교'와 '니시비스 학교'," 111-112.

동시리아교회와 서시리아교회로 분열되었다. 칼케돈공의회(451)는 칼케돈 신앙 정식을 통해 로마제국 교회의 '단격 양성 기독론'을 공식화했다. 그 결과, 니케아신경을 따르는 니케아파 기독교 그룹이 크게 셋으로 갈라졌다. 라틴어를 예배 언어로 사용하는 로마 중심의 서방라틴기독교 그룹과 그리스어를 예배 언어로 사용하는 콘스탄티노폴리스 중심의 서방헬라기독교 그룹은 로마제국 교회의 신앙 정식을 받아들였지만, 알렉산드리아 중심의 '단격 단성 기독론' 그룹과 안티오케이아 중심의 '양격 양성 기독론' 그룹은 '칼케돈 신앙 정식'에 반대했기 때문이다.[33] 동방시리아기독교는 칼케돈공의회의 칼케돈 신앙 정식에 반대하는 과정에서 '양격 양성 기독론' 입장의 동시리아교회와 '단격 단성 기독론' 입장의 서시리아교회로 분열되었다. 나르사이가 페르시아인학교에서 쫓겨날 당시, 에데사의 주교는 단격 단성 기독론 입장의 서시리아교회 그룹이었고, 나르사이는 양격 양성 기독론 입장의 동시리아교회 그룹이었던 것이다.

3) 로마제국의 아테네아카데미 폐쇄로 인해 사산제국으로 이주한 그리스 학자들

로마제국 황제 유스티니아누스 1세(Justinianus Ⅰ, 재위 527~565)는 529년 '아테네 아카데미'를 폐쇄했다. 자신을 콘스탄티누스 1세의 계승

---

33 곽계일, 『동방수도사 서유기+그리스도교 동유기』(서울: 감은사, 2021), 213.

자로 생각한 유스티니아누스 1세는 로마제국과 기독교를 동시에 대표하
고 싶어 했다. 그의 그러한 생각이 한편으로는 교회 건축으로, 다른
한편으로는 기독교에 위협적인 그룹의 제거로 구체화 되었다. 유스티니
아누스 1세는 기독교 지역 전체에서 콘스탄티누스 1세에 버금갈 정도로
교회를 많이 건축했다.[34] 아테네아카데미 폐쇄는 기독교에 위협적인
그룹 제거의 일환이었다.

　　사산제국의 호스로 1세(Chosrau I, 재위 531~579)는 폐쇄된 아테네아
카데미의 학자들을 군데샤푸르아카데미에 받아들였다. 이로 인해 군데
샤푸 아카데미는 그리스 철학, 의학, 천문학의 새로운 중심지가 되었다.
호스로 1세는 페르시아인뿐만 아니라 비잔틴 역사학자들로부터도 철학
을 사랑하고 철학적 토론을 중시한 인물로 평가된다. 호스로 1세는
사산제국으로 망명한 아테네아카데미의 그리스 학자들에게 군데샤푸
르아카데미에 재직하게 했으며 거주 공간도 마련해 주었다. 그리고
그리스 학자들이 다시 본국으로 돌아가길 원했을 때, 그들의 안전한
본국 복귀와 평화로운 정착을 비잔티움제국과의 평화조약의 의제로
삼을 정도로 그들을 극진하게 대우했다.[35]

　　4세기에 기독교가 로마제국의 국교로 채택되면서 사산제국 기독교
에 두 가지 주된 영향이 미쳤다. 첫째, 로마제국 교회와의 이념적 차이에
도 불구하고 사산제국의 기독교인들은 로마제국에 대한 충성심이 있다

---

34 임석재, 『한 권으로 읽는 임석재의 서양건축사』, (서울: 북하우스, 2011),
　　122-124.
35 압돌 호세인 자린쿠·루즈베 자린쿠/태일 옮김, 『페르시아 사산제국 정치사』, 135.

는 의심을 자주 받았고, 이는 종종 박해의 명분으로 작용했다. 실제로 사산제국에서 발생한 주요 기독교 박해의 대부분은 두 제국 사이의 정치적 상황과 직접적인 관련이 있었다. 이에 사산제국의 동방 시리아 기독교 주교들은 424년 종교회의에서 콘스탄티노폴리스로부터 공식적으로 독립을 선언했다. 이러한 독립 선언 결정은 교리적인 동기뿐만 아니라 정치적인 동기도 작동했다고 할 수 있다. 둘째, 기독교가 국가의 후원을 받게 되면서 교리 분쟁은 황제의 지지를 받는 그룹이 승리하는 경향이 있었고, 황제의 지지와 호의를 받는 그룹은 이를 이용하여 다른 해석과 주장을 하는 사람들을 억압했다. 네스토리오스파가 이단으로 정죄되어 사산제국으로 도피한 이유가 여기에 있다. 또한 국교인 기독교로 개종하지 않기로 선택한 로마 시민들은 호의를 얻지 못했고 종종 위험에 처했다.[36] 아테네아카데미의 폐쇄와 그로 인한 그리스 학자들의 사산제국으로의 망명이 대표적인 사례이다.

4) 사산제국 조로아스터교의 박해를 피해 중앙아시아로 이주한 마니교인

사산제국은 조로아스터교를 국교로 채택했다. 사산제국을 창설한 아르다시르 1세(Ardashir I, 재위 224~220)는 조로아스터교를 국교로 삼

---

36 Richard Foltz, *Religions of the Silk Road: Premodern Patterns of Globalization*, (New York: Palgrave Macmillan, 2010), 64.

아 정교일치 체제를 구축하고자 했다. 사산제국의 창설 가문인 사산 가문이 조로아스터교 사제 계급 출신이라는 종교적인 영향뿐만 아니라, 제국을 하나로 결속하고 중앙 집권화를 위한 목적이었다.[37] 아르다시르 1세는 다른 종교에 대해서도 관용적이었다. 제국 운영에 관용 정책이 도움이 된다고 보았기 때문이다. 아르다시르 1세 이후에도 사산제국의 황제들은 조로아스터교 국교 정책을 유지하되, 비대해지는 조로아스터교의 세력을 견제하기 위한 일환으로 다른 종교들을 이용하기도 했다.

샤푸르 1세(Shapur I, 재위 240/1~272)가 마니교에 호의적인 태도로 지원했던 이유도 이런 맥락이라 할 수 있겠다. 마니교는 파르티아제국 시대인 216년에 바빌로니아 북에서 태어난 마니가 창시한 종교로, 페르시아의 이원론에 기초하여 기독교의 교리와 불교의 내세관을 혼합한 교리를 가지고 있다.[38] 재위 초기 샤푸르 1세는 광대한 제국 운영과 통치를 위해 마니교가 정치적 통일을 이끌 적합한 매개체의 하나라고 생각했다. 샤푸르 1세가 마니교 신자가 된 것은 아니지만, 사산제국을 하나로 결속하는 데에 도움이 될 것이라고 생각한 것이다. 또한 샤푸르 1세가 마니교에 대해 관용적이었던 또 다른 이유는 점점 커지는 조로아스터교 성직자들의 힘을 견제하고 국정운영에 대한 그들의 간섭을 차단하려는 의도도 있었다. 마니는 자신이 쓴 책 가운데 하나를 샤푸르 1세의 이름을 따라 '샤푸르건'이라 명명하고 샤푸르 1세에게 봉헌했다.

---

37 압돌 호세인 자린쿠·루즈베 자린쿠/태일 옮김, 『페르시아 사산제국 정치사』, 43.
38 유흥태, 『페르시아의 종교』(파주: 살림, 2010, 2017), 73-86.

샤푸르 1세의 호의와 지원 속에서 마니교의 교세가 급속도로 확장되자 조로아스터교 사제들은 자신들의 기득권을 위협하는 마니교를 가만두지 않았다. 조로아스터교 사제들은 샤푸르 1세에게 마니를 황궁에서 추방하고 포교 활동을 금지할 것을 강력하게 요청했다. 결국 마니는 바흐람 1세(Bahram I, 재위 271~274) 때 죽임을 당하고 마니교도들은 트란스옥시아나로 피난했다. 트란스옥시아나의 기존 마니교 공동체에 합류한 이들 마니교 종교 난민들은 마니교 공동체를 발전시키고 포교 활동을 활발하게 전개해 나갔다.[39]

5) 사산제국 멸망 후 이슬람의 박해를 피해 중국으로 이주한 사산제국 유민들

사산제국은 651년 아랍 무슬림에 의해 정복당했다. 아랍 무슬림의 통치 초기에는 페르시아인 대부분이 자신들의 전통을 그대로 유지할 수 있었다. 무슬림은 자신의 종교인 이슬람교를 강요하지 않았기 때문이다. 그러나 페르시아인들은 자신의 전통과 종교를 지킬 수 있도록 허용받는 대신 세금의 일종인 인두세를 내야 했다. 아랍 무슬림의 페르시아 지배가 길어지면서 아랍 무슬림제국의 공직에 진출하려는 페르시아인을 시작으로 이슬람 개종자들이 급속히 증가했다. 이에

---

39 압돌 호세인 자린쿠·루즈베 자린쿠/태일 옮김, 『페르시아 사산제국 정치사』, 51-58.

따라 조로아스터교는 점점 페르시아에서 민족 종교의 지위를 상실하고 영향력을 갖지 못하는 종교로 전락했다. 사산제국 시대에도 이미 마니교나 기독교로 개종한 전력이 있었기 때문에 이슬람으로의 개종은 급격히 증가했다. 더구나 이슬람의 정책은 이슬람으로의 개종을 유도하는 정책이었다. 무슬림 남자와 비무슬림 여자가 결혼하면 2세들은 자동적으로 무슬림이 되었고 비무슬림 가정과 친척들의 모든 재산을 물려받을 수 있었다. 또한 무슬림으로 개종하면 소득세 외에는 기존 인두세가 부과되지 않았으며, 무역과 거래에서도 이득이었다. 이슬람 교리와 사상에 끌려서 개종한 사람들도 있었겠지만, 일상생활의 차별과 불이익을 감내하기 힘들어서 개종하는 사람들이 더 많았을 것으로 추정된다. 11세기에는 도시 거주자의 80% 이상이 이슬람 개종자였다. 조로아스터교는 농사를 사회의 근간으로 삼았기 때문에 농촌 지역의 개종은 느리게 진행되었다. 그러나 13세기에는 거의 모든 페르시아인이 무슬림이 되었다.[40]

이슬람 치하에서 조로아스터교인은 유대인, 기독교인과 함께 '경전의 사람들'로 분류되어 다른 종교인들보다 우대를 받았다고 알려져 있다. 인두세만 내면 개종을 강요하지 않았던 것이다. 그러나 실제로는 무슬림들이 조로아스터교인들을 '불 숭배자' 또는 '이교도'라고 부르며 차별했다. 부유한 조로아스터교 지주들에게서 재물을 빼앗거나 조로아스터교의 성지를 파괴하고 길에서 조로아스터교인을 폭행하는 일이

---

40 유흥태, 『페르시아의 종교』, 52-53.

발생하기도 했다. 제도적으로는 관용했지만, 실제로는 박해했던 것이다. 이를 견디다 못해 10세기에 인도로 이주한 조로아스터교인들이 있었다. 이들은 '파르시'라고 불린다.[41]

사산제국이 멸망하자 사산제국의 귀족층 상당수가 중국 당나라로 망명했다. 사산제국 마지막 황제 야즈데게르드 3세(Yazdegerd Ⅲ, 재위 632~651)의 아들 페로즈 등 수많은 페르시아 귀족이 당에 망명했다. 구당서에 의하면 페로즈는 661년 당 고종에게 군대 지원을 요청했다고 한다. 이후 페로즈는 당나라의 관리로 봉직하며 당나라에서 생을 마감한 것으로 알려져 있다. 중국으로 망명한 사산제국의 유민들은 대부분 사산제국의 국교인 조로아스터교 신자였을 것이며, 이들의 중국 망명으로 조로아스터교 종교문화가 중국에 유입되었을 가능성이 높다. 이미 장안에 조로아스터교 그룹이 있었지만, 사산제국 유민들의 신분과 지위가 중국 내 조로아스터교 위상을 높이는 데에 기여했을 것으로 보인다. 조로아스터교에 대한 측천무후의 호의와 지원으로 장안에 '대운사'라는 조로아스터교 사원이 건립된 사실이 이를 짐작하게 한다.[42]

4. 학자

실크로드의 여러 학자 중에서 여기서는 회유(回儒, Confucian Muslim

---

41 앞의 책, 53-54.

42 신양섭, "페르시아 문화의 동진과 조로아스터교," 「한국중동학회논총」 30(1) (2009), 58-59.

Scholars, Chinese Muslim Scholars)[43]를 중점적으로 소개하고자 한다. 회유는 중국의 유교적 무슬림 학자를 가리킨다. 그들은 불교와 도교의 종교철학적 렌즈와 유교의 용어를 통해 이슬람 신앙을 재해석하였으며, 중국 한자와 중국의 전통적 교육 방법을 수용하여 이슬람 텍스트를 저술하고 이슬람 지식을 교육하였다. 중국의 전통적 교육 방법을 도입하여 만든 교육제도인 '경당 교육'(經堂教育, scripture hall education)에서는 아랍어와 페르시아어와 중국어책들을 포함한 이슬람 교육과정을 사용하였다. 경당 교육이 발전하면서 회유(回儒)들의 번역과 저작 활동이 활발해졌으며 명말 청초에 최전성기를 맞았다. 이들의 작품을 '漢 키타브'(Han Kitab)라고 하는데, 한 키타브란 중국어로 쓴 이슬람 텍스트 장르를 가리킨다. 한 키타브는 '중국어'를 뜻하는 중국어 '한'과 '책' 또는 '텍스트'를 가리키는 아랍어 '키타브'로 이루어진 이중 언어적 용어로서, 텍스트뿐만 아니라 텍스트 저자의 이중적 성격을 시사한다. 한 키타브 텍스트의 저자들은 아랍어와 페르시아어를 잘 알고 있었지만, 이슬람교에 대해 중국어로 사고하고 중국어로 표현하였다. 한 키타브의 저자들과 작품들은 형식, 문체, 주제 면에서 공통점을 가지고 있다.[44]

---

43 '회유'라는 용어를 가장 초기에 언급한 것은 마주의 『청진지남 淸眞指南』(1680) 서문에서 11명의 학자를 '회유'라고 부른 것이다.

44 Kristian Petersen, *Interpreting Islam in China Pilgrimage, Scripture, and Language in the Han Kitab* (New York: Oxford University Press, 2017), 6; Jonathan N. Lipman, ed., *Islamic Thought in China: Sino-Muslim Intellectual Evolution from the 17th to the 21st Century* (Edinburgh: Edinburgh University Press, 2016), 3.

회유 중 한 키타브의 대표적인 저자로는 중국 이슬람 4대 경학가이자 번역가로 알려진 왕대여(王岱輿, 1590~1658), 마주(馬注, 1640~1711), 유지(劉智, 1670~1724), 마덕신(馬德新, 1794~1874)을 들 수 있다. '漢 키타브'의 대표적인 저자와 작품으로는 왕대여(王岱輿, 1590~1658)의 『정교진전』(正敎眞詮), 『청진대학』(淸眞大學), 『희진정답』(希眞正答), 마주(馬注, 1640~1711)의 『청진지남』(淸眞指南), 유지(劉智, 1670~1724)의 『천방성리』(天方性理), 『천방전례』(天方典禮), 『천방지성실록』(天方至聖實錄), 『천방정학』(天方正學), 마덕신(馬德新, 1794~1874)의 『祝天大讚集解』, 『性命宗旨』, 『四典要會』, 『眞德彌維』, 『醒世箴』, 『大化總歸』, 『漢譯道行究竟』 등이 있다. 이 작품들은 이슬람교를 유교 중심의 중국 전통사상과 교의학적으로 연관시킴으로써 동서문화를 유기적으로 연결했다는 평가를 받는다.[45]

피터슨(Kristian Petersen)[46]에 의하면 이슬람 사상과 유학을 결합시킨 회유의 등장은 이슬람이 중국에 전래된 이래 중국 역대 왕조의 변화와 통치 정책에 기인한다. 피터슨은 중국 이슬람 사상사의 주된

---

45 김시내, "동서 문명 교류의 동맥 실크로드-종교의 전파와 수용-," 309; 권상우, "마덕신(馬德新)의 유학에 대한 이슬람적 해석-알라와 天을 중심으로-,"「철학논총」108(2) (2022), 308; 권상우, "馬德新의 이슬람 補儒論 - 유학의 生死觀과 後世復生 -,"「철학논총」106 (2021), 52; 권상우, "유학과 이슬람의 융합 - 유지(劉智)의 도덕적 종교 -,"「동아인문학」38 (2017), 351; 권상우, "유학과 이슬람의 만남: 도덕적 종교 - 金天柱의『淸眞釋義』를 중심으로 -,"「儒學硏究」34 (2016), 303.

46 Kristian Petersen, *Interpreting Islam in China: Pilgrimage, Scripture, and Language in the Han Kitab*, 6.

시기를 대표하는 회유로 왕대여, 유지, 마덕신을 거명한다. 웨인[47]은 왕대여, 마주, 유지를 '漢 키타브'의 핵심적인 저자로 간주한다. 황병하[48]는 회유의 등장에 대해 "비무슬림 중국인에게 이슬람을 좀 더 쉽게 설명하기 위한 목적이 아니라 중국의 전통적 철학과 사상에 대한 무슬림들의 이해와 지적 몰입을 나타내기 위함이었다"고 평가한다. 고우(高宇)[49]는 회유가 교권보다 황권을 더 중시하는 중국에서 알라와 황권의 관계를 어떻게 인식하고 처리할 것인지에 대한 현실적이고도 구체적인 문제에 직면하여 '일원 충성'(一元忠誠)을 '이원 충성'(二元忠誠)으로 변용함으로써 국가와 종교의 정체성 문제를 해결하였다고 보고 있다. 권상우[50]는 왕대여, 마주, 유지, 마덕신을 중국 이슬람 4대 경학가이자 번역가로 인정하되 두 그룹으로 나누어 평가한다. 첫 번째 그룹은 왕대여, 마주, 김천주 등으로 대표된다. 이들은 유학자의 이슬람 탄압에 대응하기 위해 유학적 용어와 가치관으로 이슬람을 해석함으로써 유학자들에게 이슬람을 설득력 있게 전달했다고 평가된다. 두 번째 그룹으로 분류되는 마덕신은 이슬람의 관점에서 유학을

---

47 Alexander Wain, "Islam in China: The Hān Kitāb Tradition in the Writings of Wang Daiyu, Ma Zhu and Liu Zhi, with a Note on Their Relevance for Contemporary Islam," *Islam & Civilisational Renewal* 7/1 (2016), 27.

48 황병하, "중국 무슬림의 종교적 정체성과 인권 침해,"「한국중동학회논총」 33/3 (2013), 143.

49 高宇, "명·청 시대 유학을 통한 이슬람교의 중국화에 대한 연구,"「儒教思想文化研究」 82 (2020), 311.

50 권상우, "마덕신(馬德新)의 유학에 대한 이슬람적 해석 ― 알라와 天을 중심으로," 308.

해석했다고 평가된다. 마덕신은 이슬람의 알라를 유학 경전의 천(天)
또는 상제(上帝)로 이해하면서 유학을 종교적으로 재해석했다는 것이
다. 마덕신의 이러한 해석은 청나라 시기 이슬람이 처한 상황의 번영으
로 볼 수 있다.

5. 제국 통치자

관용은 통상적으로 관용 받는 집단이나 개인이 열등한 위치에 던져져
있는 불평등한 관계에서 말해지곤 한다. 누군가를 관용한다는 것은 권력
의 행사이다.[51]

실크로드 상의 제국 통치자들 가운데 페르시아제국의 키루스, 로마
제국의 콘스탄티누스, 당제국의 태종, 오스만제국의 메흐메드 2세는
종교적 관용 정책을 시행한 대표적 인물로 평가된다. 바벨론의 마르둑과
유대의 야웨를 포용한 키루스, 밀라노칙령을 선포하고 기독교 공의회를
소집한 콘스탄티누스, 외래종교에 개방적이었던 당 태종, 기존 정교회
유지 및 조직을 재건한 메흐메드 2세의 종교적 관용은 어떤 배경에서
비롯되었으며 그 정치적 함의와 특징은 무엇일까?

---

51 마이클 왈쩌/송재우 옮김, 『관용에 대하여: 윤리학, 정치학, 경제학 캐슬 강연』
　　(서울: 미토, 2004), 99.

1) 키루스 대제

세계 최초의 제국 아케메네스페르시아를 세운 키루스(Cyrus the Great, 재위 기원전 559-530)는 관용과 인권의 표상으로 알려져 왔다. 키루스는 정복지에서 '참수'(斬首: decapitation) 전략을 사용했다. 정복한 지역의 통치자를 왕의 자리에서 내려오게 하되 그 목숨은 살려주고 호사스러운 생활을 보장해 주었다. 키루스는 기존 통치자의 자리에 총독(사트라프, satrap)을 세우고, 사트라프 치하에서 백성이 그들 고유의 종교와 언어를 유지하도록 자유를 허용했다.[52] 키루스 실린더와 키루스 칙령에 따르면, 키루스는 바벨론의 신 마르둑을 경배하고, 유대의 신 야웨를 존중했으며, 파괴된 신전을 재건하도록 명령하고 지원하는 등 피정복민의 신전과 종교의식과 신들을 존중한 것으로 묘사되어 있다. 그러나 당시의 상황을 고려할 때, 이러한 긍정적 묘사를 액면 그대로 수용할 수 있을까?

(1) 키루스 실린더

키루스 실린더(the Cyrus Cylinder)는 전형적인 왕실 비문으로 키루스의 바벨론 정복(기원전 539년) 후에 기록되었다. 아카드어 쐐기문자로 키루스의 업적이 기록되어 있는 키루스 실린더는 길이 21.9센티미터, 폭 10센티미터의 자그마한 원통형으로 되어 있다. 1897년 이라크 남쪽

---

52 에이미 추아/이순희 옮김, 『제국의 미래』, (서울: 비아북, 2008), 39.

암란(Amran)에서 발굴되었으며, 발굴자 라쌈(Hormuzd Rassam)을 지원했던 대영박물관에 소장되어 있다. 키루스 실린더가 발굴되어 전 세계에 알려지면서 다양한 반응이 이어졌는데, 다음과 같이 세 가지로 요약된다. 첫째, 바벨론 포로로 잡혀갔다가 키루스칙령으로 해방되었다는 구약성서의 전승이 키루스 실린더에 의해 역사적으로 입증되었다는 주장이다. 둘째, 키루스 실린더는 세계 최초의 인권 선언문이라는 주장이다. 셋째, 페르시아제국의 후손인 이란의 국가 지도자들이 자기 민족의 위대한 역사를 강조하며 개최한 여러 기념행사[53]이다.

키루스 실린더의 내용은, '바벨론의 신 마르둑의 선택을 받은 키루스가 바벨론을 해방했으며, 모든 나라와 민족의 평화적 공존과 신앙의 자유를 보호한다'라고 요약할 수 있다. 키루스 실린더는 총 45행으로 구성되어 있으며 그 구조와 내용은 다음과 같다.[54]

ㄱ 1-19행: 바벨론의 왕 나보니두스에 대한 비난, 마르둑의 키루스 선택

ㄴ 20-22a행: 왕위 칭호와 족보

---

53 가장 대표적인 기념행사로는 이란 혁명(1979) 이전 이란의 마지막 왕 팔레비(Muhammad Reza Pahlavi, 재위 1941~1979)가 페르세폴리스에서 개최한 페르시아 제국 2,500주년 기념식(1971)과, 테헤란 소재 이란국립박물관에서 열린 키루스 실린더 전시회(2010년)를 들 수 있다.

54 Amélie Kuhrt, "The Cyrus Cylinder and Achaemenid Imperial Policy," *Journal for the Study of the Old Testament* 25 (1983), 87; Josef Wiesehöfer, *Ancient Persia: From 550 BC to 650 AD* (London; New York: I.B. Tauris, 2001), 44-45; 이종근. "고레스 신탁과 고레스 실린더," 「구약논단」 48 (2013), 136. 세 학자가 제시한 구조를 참고하여 필자가 수정했다.

ⓒ 22b-34a행: 키루스의 평화적 바벨론 입성, 키루스의 바벨론 정상화

정책에 대한 칭찬

ⓔ 34b-36a행: 키루스와 그의 아들 캄비세스를 위한 기도

ⓜ 36b-37행: 제국의 안정을 위한 키루스의 조치

ⓗ 38-45행: 키루스의 바벨론 건축 활동

이를 통해 다음 몇 가지 사항을 읽어낼 수 있다. 첫째, 키루스 실린더는 바벨론의 신 마르둑과 특별한 관계가 있다. 마르둑은 나보니두스의 종교적 악행에 분노하고, 키루스를 선택했으며, 키루스가 매일 예배한 신도 마르둑이었다. 둘째, 키루스 실린더는 바벨론과 그 백성들의 안녕에만 관심을 둔다. 바벨론 백성들은 나보니두스의 종교적 악행으로 인해 파괴된 자신들의 운명을 한탄하는 한편, 키루스를 환영한다. 키루스가 보호하고 부역의 부담을 경감시켜 준 것도 바벨론 백성이었으며, 키루스가 재건하고 수리하고 장식한 것도 바벨론의 성벽이었다. 셋째, 키루스 실린더에는 일반적인 귀환이나 추방자 또는 포로 공동체의 귀환에 대한 언급이 없다. 신상(神象)의 반환에 대한 언급이 대부분이고, 그것도 바벨론 인근 지역으로의 반환을 언급하고 있다. 넷째, 키루스 실린더는 메소포타미아의 전형적인 왕실 건축문서 양식을 따라 기록된 신전 기초석 비문이다. 즉, 전형적인 왕실 선전문서이다. 그 형식을 따라 키루스의 전임자인 나보니두스는 악행으로 인해 비난받는 반면, 키루스는 마르둑의 선택을 받아 해방자로 칭송받으며 왕위에 오른다. 왕으로 등극한 키루스는 개혁 정책을 시행하며 왕으로서의 정당성을

강조한다. 키루스가 시행한 개혁 정책들은 고대 메소포타미아에서 전승된 '미샤룸'(misharum)과 유사하다는 평가를 받는다.[55] 다섯째, 아슈르바니팔을 전임 왕이라고 칭하는데, 이는 아슈르바니팔처럼 키루스도 바벨론을 회복시키는 왕이라는 의미를 가지며 키루스에게 바벨론의 통치자로서의 정당성을 부여하고자 하는 키루스 실린더의 궁극적 목적을 시사한다.[56]

키루스 실린더는 키루스의 바벨론 정복 후 마르둑 사제들이 키루스의 바벨론 입성을 환영하며 기록했다. 마르둑 사제들은 키루스의 전임 왕인 나보니두스의 종교적 파행을 마르둑 신에 대한 불경 행위로 간주했으며, 자신들의 기득권을 위협하는 나보니두스를 비판하고 대립각을 세웠던 것 같다. 그런 상황에서 바벨론을 점령한 키루스는 바벨론

---

55 미샤룸이란 메소포타미아에서 왕위 등극 때와 재임 초기 또는 재임 중에 시행된 사회정의 조치들을 가리킨다. 수메르의 왕 우르-이님기나(Ure-Inimgina, 기원전 약 2351~2342년)가 시행한 관료 개혁, 세금 개혁, 노예해방 등이 그 시초이다. 후대의 법들과 칙령들에서는 토지 회복, 파괴된 도시 또는 신전의 재건, 세금 또는 부역 면제, 화폐개혁 등의 조치들이 시행되었다. 키루스 실린더의 기록에 따르면, 키루스는 이러한 조치 중 노예해방, 신상(神像) 반환, 포로들의 본국 귀환, 도시나 신전의 재건, 세금과 부역 면제를 시행했다. 후대의 법들과 칙령들로는 우르-남무법(Laws of Ur-Nammu, 기원전 약 2100년), 리피트-이쉬타르법(Laws of Lipit-Ishtar, 기원전 약 1930년), 에쉬눈나법(Laws of Eshnunna, 기원전 약 1800년), 함무라비법(Laws of Hammurabi, 기원전 약 1750년) 등이 있다. 이 법들에 대해서는 다음의 논문을 참고하라. 이종근, "생명 존중을 위한 메소포타미아 법들의 정의(正義)," 「구약논단」 15 (2003), 261-297; 이종근, "고레스 신탁과 고레스 실린더," 「구약논단」 48 (2013), 138.
56 Amélie Kuhrt, "The Cyrus Cylinder and Achaemenid Imperial Policy," *Journal for the Study of the Old Testament* 25 (1983), 87-88.

통치의 정당성과 합법성을 획득하기 위해 바벨론의 엘리트이자 기득권 그룹인 마르둑 사제들의 지원을 얻기 위한 조치들을 단행한다. 나보니두스가 마르둑의 분노를 사며 다른 지역으로부터 가져와서 마르둑 신전에 모아놓은 신상들을 본래 있던 곳으로 되돌려 보낸 것이 그 시작이었다. 마르둑 사제들은 나보니두스로 인해 위협받고 약화되었던 기득권을 키루스의 바벨론 정복과 통치를 통해 되돌려 받은 대신, 키루스의 왕권을 합리화해주는 선봉대에 서게 된다. 마르둑 사제들은 키루스의 경건한 모습을 나보니두스의 신성모독적 행위와 대비하는 방식으로 강조한 것이다.

키루스 실린더는 당시의 이런 상황과 과정에서 탄생했기 때문에 키루스의 바벨론 정복의 정당성과 마르둑 사제들의 기득권 회복이라는 정치적 목적을 위해, 바벨론의 마지막 왕 나보니두스는 비난받아 마땅한 인물로 그려질 수밖에 없었다. 마르둑 사제를 포함한 바벨론 엘리트들과 나보니두스의 갈등을 종교적 갈등으로만 볼 수 없다는 주장이 있다.[57] 단지 종교적인 이유로 바벨론 사람들이 페르시아의 침입 앞에서 자신들의 왕인 나보니두스를 포기했다는 것은 설득력이 약하기 때문이다. 나보니두스를 설명할 때 가장 대표적인 두 가지 사건이 있다. 첫째, 바벨론제국의 수도 바벨론을 떠나 북부 아라비아의 테마(Taima)에

---

57 로버트 쿠트, 메리 쿠트/장춘식 옮김, 『성서와 정치 권력』 (서울: 한국신학연구소, 2000), 115; 이동규, "나보니두스의 정치, 종교적 행적(行蹟)과 그 배경," 「서양 고대사연구」 23 (2008), 7-31; 이종근, "신 바벨론 제국의 나보니두스에 관한 소고," 「성경과 고고학」 (2008 겨울), 18-40; 강승일, "유대 문헌에 네부카드네자르로 나타난 나보니두스의 전승," 「인문과학연구」 45 (2015), 201-220.

장기 체류한 것. 둘째, 수백 년 전통을 가진 바벨론 종교의 마르둑 신과 마르둑 사제들의 반대에도 불구하고 하란의 주신인 월신(月神) '신'(Sîn)의 제의에 헌신한 것. 연구에 따르면 나보니두스가 테마에 오랫동안 머물렀던 이유는 다음과 같다. 첫째, 테마를 포함한 북아라비아는 제국의 경제적 부의 원천이었기 때문에 메소포타미아 제국들의 군사 원정의 대상이었다는 경제적 요인이다. 둘째, 반란을 통해 왕위에 오른 나보니두스와 아들 벨사살 사이의 정치적 갈등을 피하기 위해 테마에 머물렀다는 정치적 요인이다. 셋째, 하란 출신인 나보니두스가 하란의 주신인 월신 '신'의 열렬한 숭배자였으며 테마의 지역신도 월신인 사카르였다는 둘 사이의 연관성을 보는 종교적 요인이다. 넷째, 나보니두스의 모계 지역인 하란과 테마가 인종적으로 아람적인 배경을 가지고 있다는 개인적 요인이다. 이러한 요인들은 나보니두스가 테마에서 바벨론으로 돌아온 이후에 행한 종교적 조치와도 연관된다. 나보니두스는 바벨론의 주신 마르둑을 제치고 그 자리에 월신 '신'을 앉힌다. 이러한 종교적인 원인 외에 바벨론 엘리트들과 나보니두스가 갈등을 빚게 된 또 다른 이유는 나보니두스의 친앗시리아적 태도에서 찾을 수 있다. 나보니두스가 앗시리아 왕들을 선호했으며, 자신의 통치를 앗시리아 왕들의 통치, 특히 앗수르바니팔(Assurbanipal)의 통치와 연결시키려 한 흔적들이 하란 비문에서 발견된다. 나보니두스 비문은 바벨론 비문에 일반적으로 사용되는 '사방'(the four corners) 또는 '많은 백성'(the widespread people)라는 표현을 사용하지 않고, 앗시리아 왕실 비문에서 일반적으로 나타나는 '전 세계 위에'(over the entire world)라는 표현을 사용했다. 이는 나보니두스가 앗시리아적 개념과 모델을 자신의 통치에서 부활시키려 했다는 가능성을 보여준다. 나보니두스의 월신 '신'에 대한 종교적 선호와 친앗시리아적 태도는 과거 앗시리아 지배의 큰 피해자였던 바벨론의 엘리트와 갈등을 빚게 했다. 바벨론 엘리트를 구성하는 바벨론 역사가들과 마르둑 사제들은 이러한 이유들 때문에 나보니두스를 부정적으로 보았던 것이다.

또한 키루스가 바벨론에 평화적으로 입성했다는 키루스 실린더의 기록과 달리, 나보니두스 연대기에는 그 직전에 티그리스 강변의 오피스 (Opis)에서 대규모의 살육전이 있었다고 기록되어 있다.[58] 키루스 실린더는 키루스의 평화적인 면모를 강조하고자 그 사실을 기록하지 않았던 것이다.

이처럼 키루스 실린더는 고대 메소포타미아 전통에 비추어 볼 때, 전형적인 왕실 건축문서 양식을 띤 왕실 선전(royal propaganda) 문서였다. 그런 맥락에서 키루스가 시행한 일련의 개혁 조치들은 그리 특별한 것이 아닌 것으로 평가될 수 있겠다. 그렇다면 앞에서 잠시 언급했던 키루스 실린더 발굴 이후의 세 가지 반응을 어떻게 평가할 수 있을까?

---

58 https://en.wikipedia.org/wiki/Nabonidus_Chronicle (2022년 10월 23일 접속); http://www.livius.org/cg-cm/chronicles/abc7/abc7_nabonidus3.html (2022년 10월 23일 접속). 나보니두스 연대기(Nabonidus chronicles)는 고대 바벨론의 문서로서, 일련의 바벨론 연대기의 한 부분에 해당된다. 나보니두스의 통치를 다루고 있는 이 자료는 키루스의 등장과 그 당시에 대한 정보를 제공한다. 나보니두스 연대기는 친페르시아적인 마르둑 사제들이 기록했기에 페르시아 편향적(키루스 편향적)이라는 평가가 있는가 하면, 바벨론 멸망에 대한 가장 신뢰할 만하고 과장 없는 자료라는 평가되기도 한다.

첫째, 바벨론 포로로 잡혀갔다가 키루스칙령으로 해방되었다는 구약성서의 전승이 키루스 실린더에 의해 역사적으로 입증되었다는 주장은, 종교 전승(경전)과 역사성의 관계를 어떻게 볼 것인가에 따라 평가가 달라진다. 종교 전승은 역사성을 배제하지는 않지만, 역사성이 종교 전승의 가치를 규정할 수 없다. 키루스 실린더의 존재가 세상에 알려지지 않았더라도, 유대인들의 바벨론 포로와 귀환의 경험은 그들의 신과의 관계에 비추어 볼 때 신학적·신앙적 의미가 있기 때문이다. 종교가 역사성을 무시해서는 안 되겠지만, 역사성에 기대어 자신의 존재 가치를 입증하려 한다면 오히려 그로 인해 종교의 가치와 의미가 약화될 수 있다.

둘째, 키루스 실린더가 세계 최초의 인권 선언문이라는 주장은, 역사적 사실과 부합하지 않는다. 키루스 실린더에 기록된 개혁 조치들은 그보다 1,800여 년이나 먼저 수메르 도시국가들에서 시행된 미샤룸에 서도 나타나기 때문이다. 그러나 비록 키루스 실린더가 최초는 아니지 만, 영국의 대헌장, 미국의 권리장전, 프랑스의 인권선언, 유엔의 세계인 권선언과 같은 인권 선언문 중의 하나임을 인정받고 있다.[59]

셋째, 페르시아제국의 후손인 이란의 국가 지도자들이 자기 민족의 위대한 역사임을 강조하며 개최한 기념행사는, 옛 페르시아의 영광을 재현함으로써 현재 이란의 위상을 높이고 자신들의 정치적 입지를 공고히 하기 위한 것이었다. 1971년 페르세폴리스에서 페르시아제국

---

59 이종근, "고레스 신탁과 고레스 실린더," 129.

2,500주년 기념식을 개최한 이란의 마지막 왕 팔레비(Muhammad Reza Pahlavi)는 그 행사를 통한 정치적 목적 달성에 실패했다. 그는 1979년 호메이니가 이끄는 이란혁명에 의해 역사의 뒤안길로 사라졌다. 아마디네자드(Mahmoud Ahmadinejad) 대통령 재임 시기인 2010년 테헤란 이란국립박물관에서 개최된 키루스 실린더 전시회와 2011년 페르세폴리스에서 열린 노루즈(Nowruz)[60] 의식은 이란 보수파로부터 강경한 비판을 받았다.[61]

(2) 키루스칙령

키루스칙령(고레스칙령)은 이스라엘 역사에서 바벨론 포로 해방과 관련하여 매우 중요한 의미를 가진다.[62] 에스라기(에스라서)에는 키루스가 바벨론을 정복한 바로 그 해에 유대인들의 귀환과 예루살렘 성전의 재건을 명하는 세 개의 칙령이 각각 1장 1-4절, 5장 13-15절, 6장 3-5절에 기록되어 있다.[63] 키루스칙령은 유대인 포로 귀환자들에게 예루살렘

---

60 노루즈는 일종의 신년 축제로서 춘분에 행해진다. 약 3,000년 전부터 발칸반도, 흑해, 코카서스, 중앙아시아, 중동 등지에서 기념해 오고 있다. 2009년 유네스코 문화유산으로 등재되었다.

61 Menahem Merhavy, "Religious Appropriation of National Symbols in Iran: Searching for Cyrus the Great," *Iranian Studies* 48(6) (2015), 932-948.

62 이종근, "고레스 신탁과 고레스 실린더," 128; 심종석, "페르시아 아케메니아 왕조의 세계경영사적 의의," 「로고스경영연구」 7(2) (2009), 46.

63 J. 맥스웰 밀러·존 H. 헤이스/박문재 옮김, 『고대 이스라엘 역사』 (서울: 크리스챤다이제스트, 1998), 562-563; 김래용, "에스라서 1-6장의 아람어 서신들의 특징과 역할," 「신학사상」 148 (2010), 32.

성전 재건의 정당성을 부여하였다.[64] 키루스칙령의 시행 과정에서 유다 공동체의 갈등과 반목이 일어나고 그것을 수습하기 위한 후대 왕들의 후속 칙령이 내려지는 등 우여곡절을 거쳐 마침내 예루살렘 성전이 재건되었다. 이러한 과정은 키루스칙령이 기록되어 있는 에스라서와 학개서, 스가랴서에 보도되어 있다.

키루스칙령이 유대인 포로의 해방과 예루살렘 성전의 재건이라는 결과로 이어졌지만, 그것이 키루스 개인의 관용과 아량과 포용력에서 비롯된 것으로 볼 수 있느냐에 대해서는 학자들의 견해가 엇갈린다. 키루스칙령과 그 시행 결과의 의의를 키루스 개인의 품성에 두는 주장과, 키루스칙령은 페르시아의 국익에 부합하도록 치밀하게 계산된 실리적 전략이라는 주장이 있다. 전자의 주장은 당시 페르시아의 주변 정세를 고려하지 않은 일차원적이고 근시안적이라는 비판을 받는다. 더구나 예루살렘 성전 재건의 완성은 키루스의 후대 왕들의 후속 조치가 있었기 때문에 가능했다는 점을 감안할 때 전자의 주장은 설득력이 떨어진다. 키루스칙령은 페르시아제국의 남서쪽 변방을 군사적으로 강화하고 이스라엘에 수비대를 주둔시키기 위한 정치적 전략이었다. 키루스칙령은 키루스 개인의 품성이나 유대인에 대한 페르시아의 호의적인 태도에서 비롯된 것이 아니라, 페르시아의 확장과 제국의 운영계획에 따라 페르시아제국이 속국들을 다스리는 방식이었다.[65]

---

64 김래용, "에스라서 1-6장의 아람어 서신들의 특징과 역할," 35.
65 J. 맥스웰 밀러·존 H. 헤이스/박문재 옮김, 『고대 이스라엘 역사』, 564; 이윤경, "역대기사가의 분열왕국 전쟁기사에 나타난 전쟁이데올로기," 「신학사상」 156

키루스칙령은, 귀환한 유대인 포로들과 그리고 그들이 유대 팔레스타인에 영향을 미치기 위해 기울인 정치적·신학적 노력만을 거의 전적으로 다루고 있다는 비판을 받는다.[66] 기원전 586년 바벨론제국에 의해 유다왕국이 멸망하고 예루살렘 성전이 파괴되며 유대인들이 포로로 잡혀가면서, 유대 사회는 포로를 경험한 '바벨론 포로/귀환 공동체'와, 팔레스타인에 남아있던 '팔레스타인 공동체'로 분열되었다.[67] 왕족, 귀족, 제사장 등이 주된 구성원인 바벨론 포로/귀환 공동체는 바벨론으로 포로로 끌려가 자신들의 정체성을 유지하며 살았던 사람들이다. 그들은 성전이 없는 상황에서 자신들의 정체성을 새롭게 확립시킬 방법으로 안식일, 할례, 금식, 정결법, 족보 등을 강조했다. 바벨론 포로/귀환 공동체는 바벨론에서뿐만 아니라 나중에 유대로 귀환해서도 자신들의 영향력을 행사했다. 한편, 바벨론에 포로로 잡혀가지 않고 유대 땅에 남아있던 팔레스타인 공동체는 가난한 사람들이었다. 이들은 바벨론제국으로부터 토지를 분배받아서 살았다.

바벨론을 멸망시킨 키루스는 칙령을 통해 예루살렘 성전 재건과 유대인 포로 귀환을 명령한다. 유다 왕조가 없어진 상황에서 성전 재건은 바벨론 포로/귀환 공동체에 특히 제사장들에게 자신들의 입지를 확대할 수 있는 좋은 기회였다. 성전 재건을 둘러싸고 제사장들

(2012), 31; 이동규, "페르세폴리스에 나타난 고대 페르시아 제국의 문화정치,"「서양사론」 114 (2012), 234.

66 J. 맥스웰 밀러·존 H. 헤이스/박문재 옮김, 『고대 이스라엘 역사』, 564.

67 김영진. "포로기와 포로기 이후의 신학사상,"「구약논단」 21 (2006), 34-37.

간에 갈등이 발생했는데, 키루스는 이 갈등을 속국 통치의 수단으로 이용한다. 즉, 성전 재건으로 인한 제사장들 간의 갈등과 기득권 다툼을 페르시아에 대한 충성 경쟁으로 유도함으로써 제국 통치의 지배 이념을 정당화시켜 나갔다.[68]

키루스칙령은 당시 페르시아제국의 남서쪽 변방을 군사적으로 강화하고 이스라엘에 수비대를 주둔시키기 위한 실리적 판단에서 비롯된 전략이었으며, 성전 재건을 둘러싸고 발생할 바벨론 포로/귀환 공동체의 갈등을 페르시아제국 통치의 수단으로 이용하기 위해 내어놓은 고단수의 정치적 정책이었다. 바벨론 포로/귀환 공동체의 제사장 그룹은 페르시아의 이러한 통치 전략과 결탁되어 충성함으로써 경제적 특권을 보장받았다. 키루스칙령은 예루살렘 성전의 재건만을 언급할 뿐, 다른 유다 지역에 대해서는 전혀 말하지 않는다. 에스라기의 저자는 바벨론 포로/귀환 공동체에 속해 있었기 때문이다.

키루스칙령은 유다 땅에 남아있던 팔레스타인 공동체의 목소리를 담고 있지 않다. 또한 팔레스타인 공동체에 명맥이 유지되어 오던 예언 운동이 성전 재건이라는 미명 하에 중단되거나 통제되었다. 예언 운동으로부터 지탄받던 제사장들은 성전 재건을 통해 자신들의 입지를 공고히 하고 기득권을 유지하기 위해 페르시아에 협조하고 충성 경쟁을 했다.[69] 왕의 권력 남용과 횡포를 비판하고 견제하는 역할을 수행한

---

68 김은규, "페르시아 제국 시대에 구약성서의 오경(五經)은 신권정치의 관변 경전인가?"「종교연구」 68 (2012), 169-194.
69 Ibid., 180.

예언 운동이[70] 페르시아제국의 견제로 사라짐에 따라, 성전 재건과 회복기에 페르시아의 가혹한 세금 정책으로 인해 채무에 시달리는 빈곤층의 고통이 더 극심해졌다.

(3) 선택적이고 상대적인 관용

키루스의 관용 정책은 "원칙에 입각한 것이 아니라, 전략과 편법에 의한 것이었다."[71] 키루스의 관용은 페르시아의 국익에 부합하는 효과적인 전략이었을 뿐이라는 것이다. 키루스는 페르시아의 국익을 위해 쓸모 있다고 간주되는 집단에게는 관용을 베풀고, 그렇지 않은 집단들은 무자비하게 억압하기도 했다. 키루스는 바벨론의 마르둑이나 유대의 야웨 등과 같은 해당 지역의 신들을 포용함으로써 정당성을 획득했으며, 해당 지역의 전통과 관습을 존중함으로써 피정복민들의 저항과 반란 가능성을 줄였다.

키루스와 그 후대 왕들의 관용 정책은 오늘날 '인권'으로서의 종교의

---

70 예언 운동은 이스라엘의 왕정과 함께 시작되었다. 왕정에 대한 이스라엘의 관점은 전통적으로 부정적이다. 왕을 뜻하는 히브리어 '멜레크'(melek)와 사람만 잡아먹는 귀신을 의미하는 '몰록'(molok)의 어근이 같은 것을 통해 확인할 수 있다. 이집트를 탈출해서 가나안 땅에 정착한 이스라엘은, 외적의 침략이 계속되자 평등 체제인 사사(판관) 제도를 포기하고 왕을 세울 것을 요구한다. 하나님은 이스라엘의 요구에 어쩔 수 없이 왕 제도를 허락하되 왕의 권력 남용을 경계한다. 예언 운동을 전개한 예언자들은 그러한 관점을 대변하여, 왕의 권력 남용과 횡포를 비판하고 견제했다. 이인경 "정치 문제에 대한 기독교적 응답," 『현대사회와 기독교』, 현대사회와 기독교 편찬위원회 지음 (대구: 계명대학교출판부, 2004), 146.
71 에이미 추아/이순희 옮김, 『제국의 미래』, 43.

자유와는 거리가 멀다고 평가된다. 그 관용은 인권과 관련된 현대적 의미의 관용이 아니라, 정치적 혹은 문화적으로 동등한 대우를 가리키는 관용이며, 존중의 의미가 포함되지 않는 선택적인 관용이다. 키루스의 관용이 긍정적인 평가를 받는 것은 그 관용이 절대적 관용이라서가 아니라 그 당시 경쟁자들과 비교했을 때 상대적으로 관용적이었기 때문이다.[72] 키루스의 관용은 무조건적이고 절대적인 관용이 아니라, 페르시아의 국익을 위한 선택적이고 상대적인 관용이었다.

2) 콘스탄티누스 1세

로마 황제 콘스탄티누스(Constantinus the Great, 재위 306~337)는 로마 제국의 기독교화와 기독교 역사를 논의할 때 빠지지 않고 거론되는 인물이다. '콘스탄티누스적 전환'[73]이라 일컬어지는 그의 신앙을 강조하는 입장에서든, 시대 상황과 역학관계에 기인한 그의 현실정치적 실리주의에 초점을 두는 입장에서든, 콘스탄티누스가 기독교 역사에서 차지하는 비중이 작지 않다. 콘스탄티누스는 '신의 대리자'와 '여전히 이교도'라는 평가를 동시에 받았다. 콘스탄티누스의 초기 종교 정책을 보면 그가 기독교인들만 지지했다고 볼 수 없기 때문이다. 그는 기독교를 여러 신앙과 종교 중 하나로 간주했으며, 자신의 정치적 목적에 따라

---

72 앞의 책, 10-11.
73 김경현, 『콘스탄티누스 황제와 기독교』 (서울: 세창출판사, 2017), 143.

여러 종교를 이용하고 취사선택했다. 그가 시행한 종교 정책은 그의 종교적 행보의 반영이었으며, 단번의 극적인 변화가 아니라 점진적인 변화를 보여준다. 이러한 종교 정책에 대해 기독교 신앙이 없다고도 전적으로 기독교 신앙적이라고도 단정 지을 수 없을 것 같다. 그에게 기독교는 한편으로는 개인적 신앙이기도 했지만, 다른 한편으로는 현실 정치의 역학관계에서 자신의 권력을 유지하고 강화하기 위한 방편이었기 때문이다.

(1) 밀라노칙령

기독교인을 비롯한 모든 제국인에 대하여, 우리는 누구든 마음대로 어떤 종교라도 선택하여 따를 수 있는 자유를 부여하여, 어떠한 신이든 우리에게 자비롭게 다가오도록 할 것임을 선언하노라.[74]

밀라노칙령(313)은 보편적 종교 관용령이었다. 밀라노칙령은 서방 정제 콘스탄티누스와 동방 정제 리키니우스(Licinius, 재위 308~324)가 함께 협의하여 선포했기 때문에 '밀라노 협정'이라고도 할 수 있다.[75] 동방 정제 디오클레티아누스(Diocletianus, 재위 285~305)와 갈레리우스(Galerius, 재위 305~311)의 대박해(303~311)를 경험한 기독교인들에게 밀라노칙령은 보편적 종교 관용령 이상의 의미였다. 보편적 종교 관용령에

---

74 김차규, "콘스탄티누스의 종교 정책(312~324)," 「인문과학연구논총」 20 (1999), 145.
75 김경현, 『콘스탄티누스 황제와 기독교』, 161-162.

따라 기독교인들도 신앙의 자유와 법률적 권리를 보장받았다.

밀라노칙령 이후, 콘스탄티누스는 기독교의 가르침에 부합하는 정책과 기독교 우대정책을 시행했다. 콘스탄티누스는 기존 로마 전통 종교가 아닌 기독교를 황제 차원에서 보호하고 후원했으며, 개인들이 재산을 기독교 교회에 유증할 수 있도록 했고, 기독교인을 국가 고위 관직에 임명했으며, 여러 지역에 교회를 세웠다. 빈민과 병자와 과부와 고아를 돌볼 수 있도록 지원했고, 십자가형 등 야만적 형벌을 폐지했으며, 노예해방 절차를 완화했다.

밀라노칙령과 그 후속 조치를 통해 콘스탄티누스는 로마의 기존 전통 종교들이 누리던 특권을 기독교에도 부여하였다. 콘스탄티누스의 이러한 정책으로 인해 기독교와 로마의 기존 전통 종교 간 균형이 이루어진 반면,[76] 로마제국이 점차 기독교화됨으로써 불관용의 강도가 심화되었다.[77]

(2) 제1차 니케아공의회

1차 니케아공의회는 로마 가톨릭, 정교회, 개신교가 공동 유산으로 인정하는 초기 일곱 차례의 기독교 공의회(council) 중 첫 번째 공의회로서, 이후에 개최된 다른 공의회에 대해 절대적인 우위를 차지한다. 또한 제1차 니케아공의회를 포함한 처음 네 차례 공의회는 여러 공의회

---

76 김차규, "콘스탄티누스의 종교 정책(312~324)," 148.
77 에이미 추아/이순희 옮김, 『제국의 미래』, 102.

중에서 수위성을 가진다. 이 공의회들은 보편공의회 또는 에큐메니칼공의회로 불리는데, 이는 모든 지역의 자치교회 대표들이 참석하여 합의를 통해 하나의 결론을 이끌어 내고 그 결론이 전체 교회에서 구속력을 가지기 때문이다.

제1차 니케아공의회는 콘스탄티누스가 소집하여 니케아(현재 이즈닉)의 황제 별궁에서 열렸다. 제1차 니케아공의회에서는 하나님의 아들 예수의 신성을 성부의 신성과 동등하지 않다고 주장한 아리우스주의를 이단으로 단죄하고 논쟁 과정을 거쳐 니케아공의회신경을 제정했다. 콘스탄티누스는 불법 종교였던 기독교를 합법화하고 기독교에 우호적인 정책을 시행했는데, 교회 내 이러한 갈등과 분란이 국가 운영에 도움이 되지 않는다고 판단하여 공의회를 소집했다. 자신이 추진하고 있는 정치·경제·군사적 요충지로서의 콘스탄티노폴리스 건설과 제도 개혁의 원활한 추진에 도움이 되지 않는다고 생각한 것이다. 하여 콘스탄티누스는 제국 내 주교들에게 초청장을 보내고 공의회 참석자들에게 여행경비와 편의를 제공함으로써 공의회 참석을 독려했으며, 개회 연설과 회의 진행 과정을 주도하여 자신이 원하는 방향으로 공의회가 결정을 내리도록 영향력을 행사했다.

(3) 현실 정치적 실리주의

밀라노칙령은 콘스탄티누스가 단독으로 선포한 것도 아니며 종교의 자유를 용인한 첫 번째 관용령도 아니었다. 밀라노칙령은 콘스탄티누스와 리키니우스가 합의하여 선포했으며, 그 내용의 핵심도 갈레리우스 황제(Galerius, 재위 305~311)의 관용령을 재확인한 정도였다. 밀라노칙령의 핵심은 '기독교를 공인 종교로 승인하는 것'과 '기독교인에게 집회 장소를 반환하는 것'이다. 이는 갈레리우스 관용령이 선언한 '기독교의 공인'과 '집회 장소의 재건'을 재확인한 것이며, 밀라노칙령의 '집회 장소 반환'은 갈레리우스 관용령의 '집회 장소의 재건' 시행 과정의 실질적인 조치라고 평가된다.[78]

로마제국 내 치열한 권력 투쟁 과정에서 콘스탄티누스는 기독교를 관용함으로써 현실 정치에서 우위를 점할 수 있었다. 밀라노칙령이 콘스탄티누스의 대표적인 종교적 관용 정책으로 강조된 배경에는 콘스탄티누스의 이러한 현실 정치적 실리주의가 놓여 있다고 하겠다.

3) 당 태종

앞에서 언급했듯이, 당 태종(唐 太宗, 재위 626~649)의 통치기는 중국 역사상 종교 다원주의가 융성했던 시기였다. 태종은 외래종교에 대해 개방적이었다. 불교를 억압한 고조와 달리, 태종은 불교에 대해 관용적 이었으며 역경(譯經) 사업을 통해 자신의 정치적 입지를 정당화하고자 하였다. 또한 서역의 외국인들이 들여온 종교들까지 수용하였다.[79]

---

78 이승희, "콘스탄티누스 황제의 신앙과 종교 정책(306-324년)," 「서양고대사연구」 38 (2014), 123.

79 황정욱, 『예루살렘에서 長安까지: 그리스도교의 唐 전래와 景敎 문헌과 유물에 나타난 중국 종교의 영향에 대한 연구』 (오산: 한신대학교출판부, 2005), 64;

장안에는 외국인들이 상인 구역을 형성하여 거주하고 있었으며, 외국인 상인 구역인 서시(西市)에는 서역에서 전래된 다양한 종교의 사원들이 세워졌다. 이들 종교 사원에서 거행된 종교의식에 주로 외국인 신자들이 참여하였다.

(1) 당제국의 종교 정책

중국 역사의 황금기였던 당제국은 300개가 넘는 나라 및 지역들과 공식적으로 교류했다고 알려져 있다. 특히 당 태종은 국경을 맞대고 있던 서돌궐과 동돌궐을 정복함으로써 투르키스탄을 통과하는 실크로드를 당의 지배와 통제하에 두었다.[80] 이에 따라 사람들과 물건들과 문물들이 실크로드의 각 지역에서 당제국의 수도 장안으로 들어왔다. 외국과의 교류가 활발하고 증가함에 따라, 당제국은 외래 문물이 유행했다.

그러나 외래 문물에 대한 선호와 외국인에 대한 우호적 감정이 비례하는 것은 아니었다. 태종이 주도했던 야만 부족과의 동맹 정책을 유생들과 조신들이 완강하게 반대했는데, 이는 중국인이 선천적으로 우월하다고 생각했기 때문이다. 이러한 중화주의 세계관이 당제국의 법률에 반영되었다. 하지만 이러한 차별주의적인 법률을 당시 현실에

에이미 추아/이순희 옮김, 『제국의 미래』, 123; 김은정, "唐代 譯經事業과 監護," 「역사문화연구」 76 (2020), 165-166.

80 황정욱, 『예루살렘에서 長安까지: 그리스도교의 唐 전래와 景敎 문헌과 유물에 나타난 중국 종교의 영향에 대한 연구』, 65-66; 에이미 추아, 『제국의 미래』, 120; 크리스토프 바우머, 『실크로드 기독교: 동방교회의 역사』, 326.

엄격하게 적용하지 못했다. 태종 자신부터 중국인과 야만 부족 사이에서 태어났을 뿐만 아니라, 동맹 목적으로 초원 지대 야만 부족의 통치자 집안과의 정략결혼이 흔하게 있었기 때문이다.

여러 종교가 공존했던 당제국은 다양한 신들이 나라를 풍요롭게 한다고 생각했다. 그러나 모든 종교에 대해서가 아니라 교육과 외교를 담당하는 예부(禮部)의 검열 과정을 통과한 종교에 한해서였다. 예부는 새로운 종교가 국가와 사회에 위험한지를 심사하여, 나라 전체에 허용할 지, 외국인 상인 구역으로 한정할지, 완전 금지할지를 결정했다.[81] 당제 국의 이러한 태도는 종교를 대외정책적인 측면에서 인식하는 현실적인 이해관계의 산물이었다.[82]

(2) 경교의 수용

종교에 대한 당제국의 이러한 태도가 단적으로 나타나는 것은 경교 의 수용과정이다. 경교는, 외국인 상인 구역에 한정된 서역의 다른 종교들과 달리, 나라 전체에 허용되었다. 아시리아동방교회에서 파송된 경교 선교사 알로펜 일행은 정관 9년(635년) 당의 수도 장안에 도착하여

---

81 에이미 추아/이순희 옮김, 『제국의 미래』, 123; 크리스토프 바우머/안경덕 옮김,
  『실크로드 기독교: 동방교회의 역사』, 327. 예부는 모든 종교 활동을 감독하는
  기관이다. 새로운 종교의 도덕적, 정치적 가르침과 관행을 조사하여 승인 여부와
  승인의 범위를 결정하였다. Glen L. Thompson, "Was Alopen a 'Missionary'?,"
  275.
82 조성우, "唐代 景教 敎團의 活動과 그 性格 : 外來 宗敎에 대한 唐의 태도와 관련하
  여,"「위진수당사연구」 4 (1998), 208-209.

태종의 선교 허가와 지원 아래 활동을 시작하였다. 태종은 정관 12년(638년)에 장안 의녕방(義寧坊)에 경교 예배당인 대진사를 세우도록 하고, 알로펜 일행에게 성직자의 신분을 법적으로 부여하여 대진사를 중심으로 선교활동을 하도록 허가하고 지원하였다.

앞서 논의했듯이, 경교의 수용 초기부터 당 황실이 경교를 우대하고 경교를 나라 전체에 허용한 이유는 당의 대외정책에서 찾아볼 수 있다. 당제국은 중앙아시아의 정세 변화에 대한 정보를 경교로부터 얻을 수 있을 뿐만 아니라, 아시리아동방교회의 본부가 있는 셀레우키아 크테시폰의 총대주교 중심의 체계적인 교단 조직을 통해 서아시아와 교류하고 있던 경교가 외교적으로 유효한 기능을 담당할 것으로 기대되었기 때문이다.[83]

(3) 역경(譯經) 사업

태종의 통치 시기인 당제국 초기는 불교의 역경 사업이 최고조에 이른 시기였다. '현무문의 변'(玄武門의 變)을 일으켜 황위에 오른 태종은 불교의 역경 사업을 통해 자신의 즉위를 정당화하고자 했다. 태종은 불교 사상에 근거하여 황권의 정당성을 강화하고 황제 중심의 수직적 지배 질서 체계를 극대화했다.[84] 국가 주도의 이러한 역경 사업은 불교계가 각 종파의 발전을 위해 불경 번역을 숙원사업으로 추진해

---

83 Ibid..
84 김은정, "唐代 譯經事業과 監護,"「역사문화연구」 76 (2020), 161-197.

온 것과 맞물리면서, 외래 종교인 불교가 중국화하는 데에 기여했다고 평가된다.

태종은 조정의 핵심 관료를 감호대사로 임명하여 역장을 감독하도록 하였다. 감호대사는 역장을 보호 및 감독할 뿐만 아니라 번역이 완성된 경전을 황제에게 직접 진상하는 역할을 수행하였다. 이는 정치와 종교의 갈등을 미연에 방지하고 정치 이념과 종교적 지향성을 조화시키기 위함이었다.

(4) 현실적이고 선택적인 관용

당제국은 국가가 종교보다 우위라는 원칙에 따라 외래종교가 국가에 해가 되는지를 심사하고 검열하였다. 당제국의 종교 정책과 경교의 수용과정 그리고 역경 사업에 대한 이상의 논의를 종합해 볼 때, 동시대 다른 제국과 비교하면 당제국은 외국인과 외래종교에 대해 개방적이고 관용적이었다. 그러나 그러한 개방적이고 관용적인 태도의 이면에는 외래종교를 종교 그 자체만으로 바라보지 않고 대외정책과 국가 통치 이념적인 측면에서 인식하는 현실적이고 선택적인 이해관계가 있음을 알 수 있다.

4) 메흐메드 2세

(1) 그리스정교회 조직 재건

오스만제국의 술탄 메흐메드 2세(Mehmed II, 재위 1444~1446,

1451~1481)는 그리스정교회 문화를 이해하고 그 인적 자원을 중요시한 것으로 보인다. 콘스탄티노폴리스가 항복하지 않고 끝까지 항전했음에도 불구하고 메흐메드 2세는 모든 교회를 다른 용도로 전환하지 않고 일부 교회들이 교회로서 유지되도록 했으며 노예 중 자기 몫을 해방시켰기 때문이다. 그런데 이러한 조치는 이슬람의 율법인 샤리아에 위배되는 것이다. 또한 비잔티움제국 황제처럼 콘스탄티노폴리스 총대주교를 임명하여 주교와 사제들 중심이었던 기존 교회 위계 조직을 자신이 임명한 콘스탄티노폴리스 총대주교 중심으로 재건하도록 하였다. 이에 대해 콘스탄티노폴리스 정복으로 혼란에 빠진 정교회가 오히려 오스만제국 통치하에서 확장되고 통합되었다고 평가되는 반면, 메흐메드 2세가 정교회 신도들을 장악하기 위해 콘스탄티노폴리스 총대주교와 중앙집권적 교회 조직을 이용했다고 비판받기도 한다.[85]

(2) 실용주의적 관용

메흐메드 2세의 통치기를 포함하는 오스만제국 고전시대(15세기 중엽~16세기 중엽)의 비무슬림에 대한 통치는 관용적이었다. 밀레트 제도를 통해 비무슬림 종교 공동체들의 내부적 자율성을 인정하고 관행을 유지하도록 했으며, 데브시르메 제도를 통해 기독교인이 무슬림으로 개종하여 신분 상승할 수 있는 기회를 제공하였다. 이러한 오스만제국의

---

85 이은정, 『오스만 제국 시대의 무슬림-기독교인 관계』, (서울: 민음사, 2019), 41-50.

관용은 목적이 아니라, 제국의 안정과 경제적 생산성을 유지하기 위한 정책적 전략이었다. 즉 종교적 관용주의를 지향했다기보다는 실용주의 정책의 시행에 따른 결과로써의 관용이었다고 하겠다.[86]

6. 히잡 쓰는 여성, 히잡 벗는 여성

현재 이란에서는 여성의 히잡 착용이 의무화되어 있다. 이란 현지에서는 이란 여성뿐만 아니라 외국인 관광객 여성도 히잡을 착용해야 한다. 이란 여성들이 쓰는 히잡은 크게 네 가지로 분류된다. 그것은 차도르, 숄, 루싸리, 마그나에이다. '차도르'는 머리부터 발끝까지 전신을 가리는 히잡으로, 필자는 이란 현지 탐사 중 쉬라즈의 샤에체라크 영묘에 입장할 때 한번 써봤는데 자꾸 땅에 끌려서 넘어질 뻔했다. '숄'은 기다란 직사각형 모양의 스카프로 머리와 목을 감싸는 히잡이다. 필자가 이란 현지 탐사 기간 중 가장 많이 썼던 히잡이 숄이다. 이란 여성들은 숄을 가장 많이 착용하는데 숄을 착용한 모습은 각양각색이다. 이란 현지 가이드에 따르면, 숄이 머리의 어느 부분에 놓이는지에 따라 '신실한', '보통의', '좀 노는' 여성으로 분류된다고 한다. '루싸리'는 정사각형의 스카프를 세모꼴로 접어서 머리에 두르고 턱 밑에서 묶는 히잡이다. '마그나에'는 두건처럼 생긴 히잡이다. 주로 사무직 여성이나

---

86 도널드 쿼터트/이은정 옮김, 『오스만 제국사: 적응과 변화의 긴 여정 1700-1922』, (파주: 사계절, 2008), 39-72; 이은정, 『오스만제국 시대의 무슬림-기독교인 관계』, 31-52.

학생들이 많이 쓴다. 필자도 하나 가지고 있는데, 테헤란 공항에서 이란 입국 기념으로 한번 쓰고 촬영한 후 고이 접어 보관하고 있다.

아랍어로 '가리다' 또는 '격리하다'라는 뜻을 가진 말에서 파생된 단어인 '히잡'은 이슬람 여성들이 쓰는 베일을 통칭한다. 말 그대로 히잡은 여성을 가리고 격리한다. 베일을 처음 쓰게 된 이유는 여성을 구분하기 위해서였다. 상류층 여성인지, 한 남성에게 속한 여성인지를 나타내기 위해 베일을 썼다는 것이다. 이처럼 베일이 여성을 보호한다는 명분을 가지게 되면서, 신분이나 결혼 여부에 따라 베일을 쓰지 못하는 여성들은 폭력과 차별에 노출되지 않기 위해 베일 착용을 선망하게 되고 결국 자발적 베일 착용을 수용했다고 한다. 베일이 '존중과 보호받을 만한 여성'과 '그렇지 않은 여성'을 구분하는 역할을 했기 때문이다.[87]

이란은 자국 여성뿐만 아니라 외국인 여성에게도 히잡을 착용하도록 한다. 해서 필자는 이란 입국 전부터 비자를 신청하기 위해 히잡을 쓰고 사진을 찍었다. 어떻게 써야 할지 몰라 땀을 뻘뻘 흘리며 도움을 받아 겨우 착용하고 찍었던 기억이 난다. 테헤란 공항으로 이란에 입국한 시점부터 다시 테헤란 공항에서 이란을 떠나 한국행 비행기를 타는 순간까지 여성탐사단원들은 호텔 객실에 있을 때를 제외하고 항상 히잡을 쓰고 있어야 했다.

필자가 이란 현지 탐사할 때 만난 몇몇 이란 여성들은 히잡에 대해 다양한 견해를 가지고 있었으며 그 견해는 다양한 모습으로 표출되었다.

---

87 오은경, 『베일 속의 여성 그리고 이슬람』 (서울: 시대의창, 2014).

테헤란과 이스파한에서 각각 만난 두 명의 20대 여성은 얇은 천으로 머리를 한번 감싸고 그 위에 검은색 히잡을 착용했다. 이란의 중심 도시인 테헤란과 이스파한에 각각 살고 있고, 두 여성 다 대학 교육을 받고 있거나 받았으며, 종교적 성향이 그리 강하지 않은 집안에서 자란 것 같은데도, 강요가 아니라 자발적으로 히잡을 그렇게 착용하고 있다고 했다. 이 두 여성에게 히잡 착용은 강제적인 종교적 규정을 넘어 자신의 정체성을 자발적으로 드러내는 표지였다. 반면에 테헤란발 인천행 비행기에 탑승한 몇몇 이란 여성들은 비행기가 이륙하자마자 히잡과 긴 옷을 훌훌 벗어 던지고 긴 머리와 민소매와 반바지 차림으로 변신하였다. 그녀들은 히잡 착용이 자국 내에서만 지키는 국가의 강제적 의무이며 자신들을 옭아매는 족쇄라고 생각했던 것 같다.

히잡을 제대로 쓰지 않았다는 이유로 이란 도덕 경찰에 붙잡혔다가 목숨을 잃은 '마흐사 아미니' 사건(2022년 9월) 이후 이란에서 대대적인 히잡 반대 시위가 일어났다. 이란 정부는 이를 반정부 선동으로 간주하여 폭력적으로 진압했으며 그 과정에서 수백 명이 사망했다. 더 나아가 이란 의회는 2023년 9월 "부적절한 신체 노출을 한 여성"에 대해 최대 징역 10년형, 벌금 8,500달러를 부과하는 <히잡과 순결법>을 의결했다.[88] 초기 시아파 역사에서 알리의 부인인 파티마의 역할이 컸을 뿐만 아니라 알리의 딸인 자이납이 '카르발라 사건'을 널리 알리며

---

88 "'쓰게 해줘' '벗을래'–프랑스–이란 정반대 히잡 전쟁, 무슨 일," 「중앙일보」 2023년 10월 22일자 https://www.joongang.co.kr/article/25201227.

시아파 형성에 결정적 역할을 했다는 점을 상기할 때, 시아파 이슬람의 종주국으로 알려진 이란이 여성의 주체성을 인정하지 않는 현 상황은 아이러니가 아닐 수 없다.

이란과 몇몇 비세속주의 이슬람 국가에서는 여성의 히잡 착용이 법적으로 의무화되어 있는 반면, 프랑스 등 유럽 일부에서는 공공장소에서 히잡 착용을 금지하고 있다. 이란은 팔라비(Mohammad Reza Shah Pahlavi, 재위 1941~1979) 통치 때에 여성의 히잡 착용 의무를 폐지하고 자율화했던 적이 있었다. 이는 여성이 히잡 탈착용의 주체임에도 불구하고, 여성의 자기 결정권이 존중되지 않고, 국가권력에 의해 히잡 탈착용이 강요되는 현실을 보여준다. 이러한 현실에서 여성들은 한편으로는 '히잡을 쓸 권리'와 다른 한편으로는 '히잡을 벗을 권리'를 주장하고 있다.

3장_ 종교 유입의 차원

앞에서 언급했듯이, 종교의 전파 과정은 크게 두 단계로 나누어 볼 수 있다.[89] 첫 번째 단계는 종교를 '전달'하는 단계인 초전이다. 일반적으로 초전은 개인을 통해 이루어지기에 사전이라고도 한다. 사전의 경우 비공식적인 활동이기 때문에 그리고 기록이 남아있는 경우가 드물어서, 그 시작을 알기 어렵다. 더욱이 전달에만 그치고 두 번째 단계인 공전으로 이어지지 못한 종교의 경우, 초전 자체가 있었다는 것도 묻혀버리고 만다. 그러나 종교가 전파될 때 어떤 형태로든 초전이 없는 종교는 없다. 두 번째 단계는 종교가 확산되어 피전파 지역의 종교·사상·문화와의 접변이 일어나는 '변용'의 단계이다. 이 두 번째 단계를 공전이라고 한다. 두 번째 단계에서 이루어지는 변용은 국가가 새로운 종교를 공식적으로 수용할 때 비로소 시작된다.[90]

---

89 정수일, 『실크로드학』, 377-380.

90 대부분의 종교는 이렇게 두 단계를 거쳐서 전파되지만, 이슬람제국 시대에 이슬람교는 초전과 공전이 거의 동시에 이루어졌다고 볼 수 있다. 이슬람 군대가 정복한 피정복 지역에서는 개인에 의한 전달보다는 정복과 동시에 이슬람교가 전달되고(초전) 공인되기(공전) 때문이다.

1. 민간 차원의 종교 유입

실크로드는 동서 교역의 통로인 동시에 종교가 전파된 무대였다. 고대 종교의 전파경로가 대체로 실크로드와 일치한다는 점에서 그 근거를 찾을 수 있다. 이는 실크로드 상의 동서 교역을 주도했던 소그드 상인들이 종교의 전파 과정에 직·간접적으로 연관되었다는 의미로 해석될 수 있다. 실크로드를 통한 동서 교역에서 뛰어난 활약을 펼친 사람은 '상호'(商胡)들이었다. 상호는 당나라 시기를 전후한 서역 상인을 두루 가리키는 말로서, 소그드 상인, 페르시아 상인, 아랍 상인, 위구르 상인, 유대인 상인 등이 상호에 포함된다. 이들 중에서 소그드 상인들이 가장 활발하게 교역 활동을 했다고 평가된다. 소그드 상인들은 본업인 상업 활동을 하면서 다양한 지역의 새로운 정보를 전하고 외교활동을 겸했으며 여러 종교를 전파하는 전달자였다.[91]

소그드 상인들은 종교를 전파하는 전달자였을 뿐만 아니라 그들 자신도 특정 종교를 신봉하는 신도들이었다. 아랍 이슬람 세력이 중앙아시아를 정복하기 전까지는 소그드인들은 조로아스터교, 불교, 경교, 마니교 등을 받아들였는데, 소그드인들이 세운 각 종교의 사원과 소그드어 경전이 이를 말해준다. 그중에서도 조로아스터교를 가장 많이 신봉했다. 사마르칸트, 판지켄트, 투루판, 시안 등지의 소그드인 관련 유적을 통해서 조로아스터교 예배에 사용된 제단을 그린 벽화와 조로아스터교

---

91 정수일, 『실크로드학』, 450.

식 장례 의식, 그리고 실크로드 거점도시의 소그드인 공동체와 조로아스 터교 사원, 조로아스터교 종교 지도자 직책을 맡은 소그드인 남성이 종교의례를 집전했다는 사실을 알 수 있다.[92]

소그드 상인들은 마니교의 신봉자이기도 했다. 사산제국에 시원을 둔 마니교는 사산제국 국교인 조로아스터교의 박해를 피해 국외로 피난했는데, 동쪽으로 피난한 그룹은 6세기 말경 트란스옥시아나 지역 에 마니교 공동체를 형성했다. 그 공동체의 신도 대부분이 소그드인이었 다. 마니교 신도 소그드 상인들에 의해 실크로드를 따라 전파된 마니교는 7세기 말 중국 황실까지 이르렀고 732년에는 중국 지역 선교 허가를 받았다. 또한 소그드 상인들은 마니교를 위구르제국(회골한국, 回鶻汗國) 에 전파하여 마니교가 위구르제국의 국교가 되었다.[93] 이러한 배경에서 소그드 상인의 정보 수집 능력과 정세 파악 능력 그리고 외국어 능력을 높이 평가한 위구르제국 통치자는 소그드 상인을 등용하여 당 황실에 사절로 파견하기도 했다. 안사의 난 진압 때 당 황실에 도움을 준 위구르제국은 당나라와 견마무역을 하게 되어 당나라에 말을 보내고 그 대신 당나라로부터 비단을 받았는데, 위구르제국 귀족들의 사치품 수요를 충당하고도 남는 대량의 비단을 마니교 신도인 소그드 상인들을 통해 중앙아시아, 서아시아, 유럽 등지로 판매하여 큰 이윤을 얻었다.

---

92 설빈, "소그드 상인의 실크로드 무역 연구," 166-168; 발레리 한센/류형식 옮김, 『실크로드: 7개의 도시』, (서울: 소와당, 21015), 46, 178, 217-218.
93 유흥태, 『페르시아의 종교』, 82-84; 김영종, 『실크로드, 길 위의 역사와 사람들』, 236-237.

마니교 신도 소그드 상인들 역시 비단 교역의 중개자로서 큰 부를 얻을 수 있었다. 이는 종교와 상업 활동을 연계시킨 소그드 상인들의 모습을 볼 수 있는 사례로 평가된다.[94]

2. 국가 차원의 종교 유입

국가 차원에서 종교를 유입한다는 것은 국가가 종교를 공식적으로 수용한다는 의미이다. 국가가 종교를 공식적으로 수용하는 양상은 해당 국가의 대내외적 정치 상황, 종교 지형, 인구 구성 등 여러 요인에 따라 다양하게 나타난다. 다음과 같이 몇 가지 범주로 나누어 볼 수 있다. 불법 종교였던 종교를 합법화하는 경우, 외국인 이주민을 통해 유입되어 해당 외국인 중심으로 신봉되던 종교의 공식 활동(선교, 사원 건축 등)을 인정하는 경우, 피정복 지역의 기존 종교를 제한적으로 허용하는 경우, 그리고 특정 종교를 국교화하는 경우 등이다. 이러한 범주들은 같은 범주라 할지라도 그 과정이 모두 동일하게 나타나지 않는다.

1) 불법 종교였던 종교를 합법화하는 경우

기독교인들은 다신교 전통의 로마제국에서 자신들의 신앙을 지키기가 쉽지 않았다. 요한계시록의 일곱 교회는 당시 기독교인들이 로마제국

---

94 설빈, "소그드 상인의 실크로드 무역 연구," 169-174, 180.

에서 어떤 상황이었는지 짐작하게 한다. 요한계시록의 기록연대가 1세기 말이라는 점을 감안할 때 그 시기에는 강제적인 방식으로 기독교 신앙생활을 금지하거나 대대적인 박해가 가해지지는 않았다. 더구나 초기에 로마제국은 기독교를 유대교의 한 종파 정도로 보았기 때문에 식민지 종교의 자율성을 어느 정도 인정하는 로마제국의 정책에 따라 유대교에 대한 태도와 마찬가지로 방관과 무시의 입장이었다. 네로 황제의 박해를 제외하고는 2세기 말까지 그런 기조가 유지되었다. 종교 문제로 기독교인이 일단 소환되었을 때만 처벌하는 정도였을 뿐, 기독교인을 의도적으로 색출하는 일은 없었다.[95]

그러나 2세기를 넘어서면서 기독교가 강력한 지도 체제를 갖춘 종교 조직으로 성장하고 로마의 전통적인 종교에 대해서도 점차 도전적인 태도를 보이자, 이에 대응하여 3세기 초(202) 로마 황제 셉티미우스 세베루스(Septimius Severus, 재위 193~211)는 절충적인 종교 정책을 내어놓는다. '정복되지 않은 태양'(Sol inbictus)을 예배하기만 하면 국민에게 다른 신들에 대한 신앙을 허용한다는 것이다. 유대인과 기독교인들이 이 정책에 반발하자, 세베루스는 유대교와 기독교로 개종하는 사람을 즉각 사형에 처함으로써 불만을 억누르고 교세 확산을 방지했다. 이후 잠시 기독교와 로마제국 간에 소강상태가 유지되는가 싶다가, 동방 정제 디오클레티아누스(Diocletianus, 재위 285~305)와 갈레리우스(Galerius, 재위 305~311)의 대박해(303~311)가 있었다. 4세기 초 디오클레티아누스

황제는 기독교를 대대적으로 박해했다. 303년 칙령 반포를 통해 기독교 인들을 모든 공직에서 파면하고 기독교 관련 건물을 파괴하고 서적을 폐기하도록 한 것이다.[96]

디오클레티아누스 퇴위 후 311년경에 통일로마제국은 리키니우스, 막시미아누스, 콘스탄티누스, 막센티우스에게 분할되었다. 콘스탄티누스는 밀라노에서 리키니우스와 동맹을 맺고 '밀라노칙령'(Edict of Milan, 313)을 반포하였다. 이 칙령에 따라 기독교에 대한 박해가 종식되고 기독교 소유의 교회, 묘지, 재산이 주인에게 반환되었다. 밀라노칙령은 보편적 종교 관용령이었다.[97] 그러나 두 차례의 대박해를 경험한 기독교 인들에게 밀라노칙령은 보편적 종교 관용령 이상의 의미였다. 사실상 기독교에 대한 공허였기 때문이다. 보편적 종교 관용령에 따라 기독교인 들은 다른 합법적 종교들처럼 신앙의 자유와 법률적 권리를 보장받았다.

2) 외국인 이주민을 통해 유입되어 해당 외국인 중심으로 신봉되던 종교의 공식 활동을 인정하는 경우

이 경우는 중국 당나라 때 공인된 경교와 조로아스터교를 중점적으로 다루고자 한다. 먼저, 경교의 경우를 살펴보자. 아시리아동방교회가 당나라에 파송한 선교사 알로펜은 당나라에 이미 거주하는 기독교인

---

96 정수일, 『실크로드학』, 382; 김경현, 『콘스탄티누스 황제와 기독교』, 70-83.
97 콘스탄티누스와 리키니우스가 함께 협의하여 선포했기 때문에 '밀라노 협정'이 라고도 할 수 있다. 김경현, 『콘스탄티누스 황제와 기독교』, 161-162.

이민자를 보살필 수 있도록 당 황실로부터 공식 허가를 받아야 했다. 중국에 이미 살고 있던 기독교인들이 아시리아동방교회의 총대주교에게 중국과 장안의 교회 구조와 예배를 공식화하기 위한 공식적인 성직자 대표단을 요청했고 총대주교는 이에 응답하여 알로펜이 당나라에 파송된 것이었다.

알로펜이 장안에 파송되기 전에 이미 장안에 살고 있는 기독교인들은 대부분 외국인 기독교인이었다. <대진경교중국유행비>는, 많은 기독교 이민자가 635년 이전에 이미 중국에 정착했음을 보여준다. 아랍 무슬림의 침략으로 사산제국이 붕괴되기 시작하면서 수많은 사산제국 페르시아인이 이주했으며, 사산제국의 왕족과 귀족들이 수나라 궁정과 당나라 황제의 군사적 지원을 받기 위해 장안으로 수차례 외교 여행을 한 것으로 알려져 있다. 결국 사산제국이 멸망하자 사산제국의 왕족과 유민들은 당나라에 일종의 망명 정부를 세웠다.[98] 사산제국 멸망 이전부터 이주하여 중국에 살고 있던 사산제국의 유민들 대부분은 사산제국의 국교인 조로아스터교 신자였겠지만 기독교인도 있었을 것이다.

알로펜은 장안에 도착한 지 3년 만에야 당 황실의 공식적인 허가를 받을 수 있었다. 당 조정으로서는 당시 정세에 비추어 볼 때 신속하게 일을 처리할 필요를 느끼지 못했던 것이다. 당 조정은 사산제국이

---

98 사산제국 마지막 황제 야즈데게르드 3세의 아들 페로즈 왕자는 당나라에 군사 지원을 요청했으며 당나라 관리로 봉직했다.

스러져 가고 있다는 사실을 알았기 때문이다. 통상 관례대로 종교를 관장하는 예부에서 새로운 종교인 경교의 사상과 가르침을 조사하여 공식 활동 허가와 선교 범위를 정하고 이를 황실 칙령으로 발표하기까지 3년을 기다려서야 공식 활동을 허락받았다.

중국에 처음 조로아스터교가 전파된 것은 일반적으로 기원전 2세기 한무제가 장건을 서역의 이란계 국가인 월지(月支 혹은 月氏)에 파견하면서 서역의 문물이 중국에 알려지고 그 이후에 조로아스터교 문화가 중국에 소개되기 시작한 때로 거슬러 올라간다. 한나라가 멸망하고 남북조 시대에 북제(北齊)가 6세기 후반에 페르시아에서 온 사신들을 위해 '홍로사'라는 조로아스터교 사원을 궁정에 마련해 주었다고 한다. 그러나 조로아스터교가 본격적으로 중국에 전달되어 공식적인 외래종교로 인정받은 것은 당나라 시기이다. 당나라 수도 장안의 국제도시로서의 분위기와 함께 조로아스터교를 국교로 채택한 사산제국과의 긴밀한 외교관계가 조로아스터교의 중국 유입에 일조한 것으로 보인다. 당 태종 통치 시기인 621년에 장안 최초로 조로아스터교 사원이 건립되었다. 또한 당 태종에 이어 즉위한 고종이 사산제국의 마지막 황제 야즈데게르드 3세의 딸을 왕비로 맞아들이면서 조로아스터교에 대한 중국 황실의 관심이 더 높아졌다.[99]

---

99 신양섭, "페르시아 문화의 동진과 조로아스터교,"「한국중동학회논총」30(1) (2009), 58.

3) 정복 지역의 기존 종교를 제한적으로 허용하는 경우

이 경우는 이슬람 정복 지역에서 피정복민에게 이슬람교 개종을
강요하지 않고 제한적으로 허용한 딤미 제도와 밀레트 제도가 대표적인
사례라고 할 수 있다. 이슬람제국 지배자들이 정복지에서 시행했던
딤미 제도는 비무슬림 피정복민 보호 정책이었다는 평가와 차별적
정책이었다는 평가로 엇갈린다. 이슬람 국가의 보호를 받는 비무슬림
주민들을 지칭하는 딤미에는 기독교인, 유대교인, 조로아스터교인이
포함된다. 소위 '경전의 백성들, 책의 백성들'에 해당하는 종교인들이다.
무슬림 통치자와 비무슬림 공동체 사이의 계약에 의해 딤미의 지위가
결정되는데, 계약에 따르면 딤미는 이슬람 국가의 지배와 이슬람의
우월성을 인정하고 인두세를 납부해야 하며 사회적 제한을 감내해야
한다. 그 대신 보장받는 것은 생명과 재산의 안전, 외적의 공격으로부터
의 보호, 신앙의 자유, 그리고 공동체 내부에서의 자치권 행사, 장사와
무역의 자유 등이었다. 딤미는 노예보다는 더 많은 권리를 가지지만,
무슬림에 비해 더 많은 세금을 내고 무장이 원칙적으로 금지되는 등
열등하고 종속적인 지위에 있었다. "이슬람 국가에서 딤미는 자신들의
신앙생활을 유지할 수 있었지만, 무슬림의 삶을 침해하지 않는 방식이어
야 했기 때문이다."[100] 딤미는 자신들의 신앙과 고유한 문화를 제한적으

---

100 이희수, 『인류 본사: 오리엔트-중동의 눈으로 본 1만 2,000년 인류사』, (서울:
　　휴머니스트, 2022), 352-354; 이희수, "이슬람: 칼과 코란의 왜곡된 방정식,"
　　「종교학보」 3 (2007), 69-70; 살레 H. 알아이드/최영길 옮김, 『이슬람국가에

로 유지할 수 있었을 뿐, 이슬람의 지배를 받기 이전처럼 할 수는 없었다. 무슬림과 동등한 지위가 아니라 2등 시민이라는 것을 항상 기억해야 했다.

딤미 제도의 발전된 형태인 밀레트 제도는 오스만제국의 다문화 정책 또는 소수 민족 정책이다. 소수 민족 보호 제도라고 평가되기도 한다. 오스만제국 내의 무슬림이나 제국 바깥의 기독교인을 지칭하는 용어였던 밀레트가 오스만제국의 비무슬림을 가리키는 말로도 사용된 것은 19세기 초 마흐무드 2세 때부터였다.[101] 밀레트는 튀르키예어로 '종교', '종교 공동체', '민족'의 의미를 가진다. 오스만제국에서는 민족이라기보다는 종교 공동체를 가리키는 말로 사용되었다.[102]

오스만제국의 가장 대표적이고 중요한 밀레트는 무슬림, 그리스정교회인, 아르메니아 기독교인, 유대교인으로 각각 구성된 4개의 종교 공동체이다. 각 밀레트의 수장인 이슬람 최고 지도자 셰이휠리슬람, 아르메니아 기독교 밀레트와 그리스정교회 밀레트 각각의 총대주교(Patriach), 유대교 밀레트의 랍비(Rabbi)는 자기 밀레트의 구성원에

서의 비무슬림의 권리』(서울: 도서출판 알림, 2006), 352-354; 버나드 루이스 엮음/김호동 옮김, 『이슬람 1400년』, (서울: 까치글방, 2014), 54; 황병하, "이슬람의 관용과 차별에 관한 연구: 딤미를 중심으로," 「한국이슬람학회논총」 17/1(2007), 51-56.

101 도널드 쿼터트/이은정 옮김, 『오스만 제국사: 적응과 변화의 긴 여정 1700-1922』, 268.

102 이희수, 『인류 본사: 오리엔트-중동의 눈으로 본 1만 2,000년 인류사』, 571-572; 이은정, 『오스만 제국 시대의 무슬림-기독교인 관계』 (서울: 민음사, 2019), 39.

대한 총괄 책임을 지고 있으며 국가에 대해서는 조세 납부의 의무를 가진다. 각 밀레트는 무슬림 관련 소송을 제외하고는 결혼, 이혼, 출생, 사망, 교육. 언어, 전통 등 일상생활에서 오스만 중앙정부의 간섭 없이 완전한 자치를 누린 것으로 알려져 있다. 또한 모든 밀레트 구성원은 개종과 그로 인한 밀레트 이동이 가능했다. 그러나 실제로는 밀레트 이동이 거의 없었고 국가도 밀레트 이동을 권장하지 않았다. 각 밀레트의 사회적 종교적 연대감이 그 한 이유였고 국가도 사회적 안정과 균형을 유지하고자 했기 때문이다.[103]

밀레트 제도는 "오스만제국 500년 역사를 통틀어 이질적이고, 다양한 민족과 종교를 포용하고, 오스만제국이란 이름 아래 통합하는 원동력으로 작용하면서, 민족 간의 갈등이나 분쟁 없이 안정된 국가를 유지하는 초석이었다"고 평가된다. 또한 밀레트 제도하에서 "비무슬림들이 상당히 안정적이고 자율적인 삶을 영위했다"고 평가된다. 특히 그리스정교회 밀레트는 오스만 시대에 "극적으로 확장되고 통합"되었다고 평가된다. 이는 그리스정교회 성직자들이 오스만제국의 술탄을 자신들의 황제(basileus)로 인식하고 정의와 질서를 보장한 술탄들을 특히 높이 평가한 것에 근거한다.[104]

---

103 이희수, 『인류 본사: 오리엔트-중동의 눈으로 본 1만 2,000년 인류사』, 572.
104 앞의 책; 이은정, 『오스만제국 시대의 무슬림-기독교인 관계』, 43, 49-50.

4) 특정 종교를 국교화하는 경우

통치자가 특정 종교를 국교로 채택하는 이유는 국가 통치와 운영, 자신들의 권력 유지를 위해서이다. 특정 종교를 구심점으로 삼음으로써 구성원들을 결속시키고 중앙집권화를 이루기 위함이다. 통치자로 대표되는 국가가 종교를 이용하는 것이고, 종교(해당 종교의 성직자)도 그 역학관계를 인식하고 이용하여 자신들과 다른 입장을 가진 그룹을 배제하고 차별한다. 특정 종교의 국교화는 획일화에 기초한 불관용을 초래할 수밖에 없다는 사실을 실크로드 종교들을 통해 알 수 있다.

사산제국은 조로아스터교를 국교로 채택하여 제국 통치와 운영의 구심점으로 삼았지만, 때로는 제국 통치의 효율성을 고려하여, 때로는 주변 정세 변화에 따라, 때로는 조로아스터교 사제들의 비대해진 권력을 견제하기 위한 목적으로, 조로아스터교 외에 다른 종교들을 관용하고 지원하기도 했다. 이에 조로아스터교 사제들은 자신들의 기득권을 위협하는 종교들을 제거하고 축출하고 차별하도록 통치자에게 압력을 행사했다. 그 과정에서 소수자 종교들, 예를 들어 마니교와 동방 시리아 기독교는 흩어지거나 숨죽이며 살아남기 위해 끊임없이 자신을 변증해야 했다. 역설적이게도 이 과정은 종교들이 자신의 정체성을 형성하는 과정이기도 했으며, 종교들이 여러 지역으로 확산되는 계기가 되기도 했다.

이는 기독교를 국교로 채택하여 제국 통치의 이데올로기로 삼은 로마제국의 경우에도 비슷한 양상으로 나타난다. 다만 로마제국에서는 기독교라는 동일 종교 내의 다양한 신학적 입장들이 논쟁하고 공방하는 과정이 두드러진다. 로마제국의 황제들은 기독교 내의 다양한 주장들이 분열하고 공방하는 것을 그냥 내버려두지 않았다. 국가 통치와 운영 그리고 황제 자신의 권력 유지에 도움 되지 않는다고 보았기 때문이다. 하나의 표준을 정할 필요를 느낀 로마 황제들은 공의회를 소집하여 자신의 의도에 따라 공의회의 결론이 나도록 참석자들을 유도하고 암묵적으로 위협하였다. 공의회의 결정은 그것으로 문제 해결 또는 끝이 아니라 새로운 문제의 생성 또는 시작을 의미했다. 공의회의 결정이 하나의 신조나 신앙 정식으로 공식화되면서, 그에 따라 정치적 이해관계와 신학적 입장이 결합된 그룹들로 분열되고, 그렇게 갈라진 그룹들은 자신들의 입장을 변증하고 상대방을 공격하는 과정을 통해 자신들의 정체성을 형성했다.

이슬람제국의 국교화는 조금 다른 양상으로 나타난다. 국교화라는 방식을 취할 수 없었다고 해야 할 것 같다. 신생 종교인 이슬람교는 정복 지역의 오랜 종교들과 세력 다툼을 해야 했다. 이슬람교는 타 종교에 대한 관용 정책을 시행하는 한편, 기독교와 유대교 사상가들이 제기하는 종교적 도전에 대해 이슬람만의 독특한 주장을 변증하기 위해 노력하였다. 이 작업은 두 가지 차원으로 전개되었는데, 하나는 경전 주석의 경우 꾸란의 인물이나 무함마드 전기의 등장 요소에 대한 해설을 성경화 하는 것이었고, 다른 하나는 성경의 주제나 인물들을 이슬람화하는 것이었다. 유서 깊은 기존 종교와의 사상적 세력 다툼을 하는 과정에서 이슬람교는 자신들의 사상을 발전시킬 수 있었다.

4부

실크로드 종교 네트워크

1장_ 뿌리(기원), 형성(전개), 변형(변화)

역사적 현실에서, 무슬림(Muslims)은 존재하지만, 이슬람(Islam)은 존
재하지 않는다.[1]

'크리스트교'라는 명칭을 마치 그 뜻이 분명한 듯이, 그것이 가리키는
대상이 뚜렷이 정해져 있는 듯이 단수 명사로 사용하고 있다. 그러나
크리스트교도 엄청나게 다양하다.[2]

실크로드 종교 네트워크란 '실크로드를 따라 종교 교류를 통해
상호 영향을 주고받으면서 형성된 종교 간 관계망'이다. '실크로드
종교가 만난 실크로드 종교들'과 '실크로드 사람이 만난 실크로드
종교들'은 고정불변한 독자성과 배타적 우월성을 고수하는 종교들이
아니라, 구체적인 삶의 자리에서 교류하며 적응하고 변화하는 종교들이
었다. 논리 속에 화석화되어 존재하는 이념으로서의 '단수 종교'가

---

1 Kristian Petersen, *Interpreting Islam in China Pilgrimage, Scripture, and Language in the Han Kitab* (New York: Oxford University Press, 2017), 33.
2 니니안 스마트/윤원철 옮김, 『세계의 종교』(서울: 예경, 2004), 18-19.

아니라, 다양한 문화적 환경과 사회적 상황 속에서 생동, 교류, 적응, 변화하고 있는 '구체적 종교들'이다. 전파된 지역의 종교들에 영향을 주거나 그 지역 종교들에 의해 영향을 받는 것은 거의 모든 종교의 보편적인 현상이다. 어떤 종교도 본래 모습 그대로인 종교는 없으며, 시대와 지역에 따라 다양한 스펙트럼이 존재한다는 것을 실크로드 종교들의 모습에서 확인할 수 있었다.

1. 종교의 뿌리내림, 고전적인 형성, 주요 변형

어떤 종교를 알고자 할 때 대개는 그 종교의 기원 또는 뿌리부터 찾는 경향이 있다. 어떤 종교의 뿌리 또는 기원을 찾는 것은 어떻게 가능할까? 이 물음은 해당 종교의 뿌리를 찾는 일이 가능한지를 묻는 질문인 동시에 그 가능성을 실현할 수 있는 방법에 대한 질문이기도 하다. 어떤 방법으로 접근하느냐에 따라 해당 종교의 뿌리를 찾을 수 있는 가능성이 좌우되고 그 뿌리의 내용이 달라질 수도 있을 것이다.

질문을 조금 바꾸어 보자. 어떤 종교를 알고자 할 때 왜 그 종교의 뿌리 또는 기원을 찾는가? 기준 또는 표준을 찾기 위해서일까? 왜 기준 또는 표준을 찾는 것일까? 기준 또는 표준은 찾을 수 있는 것일까? 어떤 종교의 뿌리 또는 기원을 찾는 이유가 기준 또는 표준을 찾기 위해서라면 기준 또는 표준을 찾고자 하는 시점의 상황이 무엇이냐도 중요한 고려의 대상이 된다. 어떤 종교의 뿌리 또는 기원을 찾고자 할 때 해당 종교 창시자의 가르침이나 초기의 경전을 근거로 삼는 경향은 후대에 발생한 것이다. 즉 후대의 상황과 필요성에 의한 것이다. 예를 들면 해당 종교가 외부적인 요인 때문에 위기에 처했거나 내부적으로 결속이 요청되는 상황 등이다. 이렇게 볼 때, 어떤 종교의 뿌리 또는 기원을 찾는 이유와 가능성은 별개의 사안이 아닌 것 같다. 어떤 종교의 기원 또는 뿌리를 찾을 가능성은 어떤 방법으로 접근하느냐에 따라 좌우되며, 그 방법은 해당 종교의 뿌리 또는 기원을 찾는 이유에 따라 한정적이기 때문이다.

그런데 우리는 어떤 종교의 뿌리 또는 기원을 찾는 것만으로 그 종교를 다 안다고 할 수 없다. 앞에서 논의했듯이 어떤 종교도 본래 모습 그대로인 종교는 없으며, 시대와 지역에 따라 다양한 스펙트럼이 존재하기 때문이다. 니니안 스마트에 의하면[3] 종교 전통의 역사는 세 시기로 구분된다. '뿌리내림의 시기'와 '고전적인 형성의 시기'와 '주요 변형의 시기'가 바로 그것이다. 종교의 뿌리 또는 기원을 보여주는 뿌리내림의 시기는 창시자의 가르침과 최초의 경전이 그 중심에 있는 시기이다. 고전적인 형성의 시기에는 종교의 전통이 교리와 공동체의 형성을 통해 전개되는 시기이다. 주요 변형의 시기에는 종교 전통이 시대와 지역과 공동체가 처한 상황에 따라 다양한 양태로 변형되어 나타난다.

뿌리내림의 시기에 중심을 차지하고 있는 '창시자의 가르침과 최초의 경전'은 그 자체로 명백하다기보다는 후대의 상황과 필요에 따라서

---

3 앞의 책, 38.

해석된 것일 수 있다. 고전적인 형성의 시기에 형성된 '공동체와 그 공동체의 교리'가 '창시자의 가르침과 최초의 경전'을 규정지을 수 있다는 뜻이다. 예를 들어 기독교 경전인 성서의 복음서의 경우를 살펴보자. 복음서는 네 개의 복음서로 구성되어 있으며, 그것은 마태복음서, 마가복음서, 누가복음서, 요한복음서이다. 마태복음서, 마가복음서, 누가복음서를 통칭해서 공관복음서라고 하고 요한복음서는 그 셋에 포함되지 않는 네 번째 복음서라는 의미로 제4복음서라고 부른다. 복음서는 예수(1~33)의 삶과 가르침을 담은 책이다. 그런데 동일 인물인 예수를 소개하면서도 복음서마다 예수에 대한 강조점이 다르다. 마태복음서는 권위 있게 가르치는 선생의 모습으로 그려졌고 마가복음서는 고난받는 예수의 모습이 강조된다. 누가복음서는 소외되고 잃어버린 것들을 찾아 나서는 예수의 모습이 두드러지며, 요한복음서는 예수를 신적인 존재로 묘사한다. 이는 각 복음서를 산출한 공동체의 관점과 강조점이 반영된 결과이다. 각 복음서가 기억하고 재현한 예수의 삶과 가르침은 예수가 보여준 다양한 면모와 가르침 가운데 하나이다. 그러므로 한쪽의 표현은 맞고 다른 한쪽의 표현은 틀렸다고 말할 수 없다.

이처럼 형식상으로는 뿌리내림의 시기와 고전적인 형성의 시기를 구분하지만, 실질적으로는 각 시기의 중심에 있는 요소인 '창시자의 가르침과 최초의 경전'과 그것에 기초하여 형성된 '공동체와 그 공동체의 교리'가 분리되기 힘들다고 하겠다. 창시자의 가르침과 최초의 경전을 전달하고 전승한 사람들이 그 가르침과 경전에 기초해서 공동체를 형성하고, 그렇게 형성된 공동체 그 자체가 창시자의 가르침과 최초의 경전에 대한 해석이기 때문이다. 물론 교리 형성의 문제는 조금 다르게 볼 수 있겠다. 고전적인 형성의 시기에 형성된 여러 공동체가 연대하거나 경쟁하며 교리를 만든다는 점에서 말이다. 또한 주요 변형의 시기에 나타나는 '시대와 지역과 공동체가 처한 상황에 따라 다양한 양태로 변형된 종교 전통'도 '창시자의 가르침과 최초의 경전'에 대한 해석에 기초한다는 점에서 서로 영향을 주고받는다.

　이러한 시기 구분을 종교 전통들에 적용해 보면 시기마다 다양한 모습으로 나타난다. 이때 나타나는 모습은 '고정된 단수 기독교'(the Christianity), '고정된 단수 이슬람교'(the Islam), '고정된 단수 불교'(the Buddhism)가 아니라, 각각의 기독교(a Christianity), 이슬람교(a Islam), 불교(a Buddhism)로 이루어진 기독교들(Christianities), 이슬람교들(Islams), 불교들(Buddhisms)이다.

2. 실크로드 종교들의 고전적인 형성과 주요 변형

　실크로드 종교들은 이렇게 시기마다 다양한 모습으로 나타나는 종교 전통들이 각 지역의 지정학적, 사회 문화적 지형에 따라 어떻게 형성되고 변형되는지를 생생하게 보여준다. 고전적인 형성의 시기에 포함되는 '기독교들'은 서방 헬라 기독교 전통과 서방 라틴 기독교 전통과 동방 시리아 기독교 전통이다. 이 시기에 로마제국의 기독교 합법화와 국교화에 따라 제국 교회가 등장하였다. 제국 교회는 공의회를 소집하여 다양한 기독교 전통들의 차이를 위계화하거나 획일화함으로써 다양한 기독교 공동체들을 서열화하거나 특정 기독교 공동체를 파문하고 이단으로 단죄하였다. 이런 과정을 거쳐 형성된 기독교 교리와 공동체 중에서 동방 시리아 기독교 전통의 하나인 아시리아동방교회가 실크로드를 따라 전파되었다. 이렇게 전파된 기독교 중 하나가 중국 당대(唐代)의 경교이다. 경교는 기독교 전통의 주요 변형의 시기에 볼 수 있는 대표적인 예시라 하겠다. 마치 중국 초기의 불교가 '격의불교'라고 불렸던 것처럼 경교도 '격의기독교'라 불릴 정도로 그 당시 중국 사회의 주요 종교 사상인 유불도 세 종교의 개념을 차용하여 중국인들에게 친숙하게 다가가고자 했다.

고전적인 형성의 시기에 볼 수 있는 '불교들'은 부처가 입멸하고 100년이 지난 후에 이루어진 2차 결집의 결과 부파불교가 시작되면서 나타난 상좌부와 대중부 그리고 부처 입멸 200년 후부터 상좌부와 대중부 각각의 내부 분열로 나타난 20부파이다. 이 시기에 아소카왕 (Ashoka, 재위 기원전 273~232)은 인도를 통일하고 불교를 국교화했으며, 불교 사절을 수교국에 파견하였다. 또한 아소카왕은 붓다의 가르침이 왜곡되는 것을 막고 붓다의 가르침을 재정리하고자 3차 결집을 시행했는데, 그 결과 논장이 성립되어 경·율·논의 삼장 구조가 완비되었다. 기원전 100년경 불교 경전이 문자화되면서 부파불교의 난해함에 문제 제기하고 쉬운 불교를 요구하는 민중의 목소리를 반영한 대승불교가 등장했다. 대승불교는 기존의 부파불교를 가리켜 비판과 폄하를 담아 소승불교라 칭하였다. 이런 과정을 거쳐 형성된 불교 교리와 공동체들은 천산남로와 서역남로의 실크로드를 통해 중앙아시아와 중국으로 전파

되었다.4

　중국으로 전파되어 번역된 한역(漢譯) 불교는 주요 변형의 시기에 해당하는 대표적 사례이다. 중국으로 전파된 불교는 경전 번역이 중요한 문제였는데, 전법승의 출신과 역량 그리고 피전파 지역(중국)의 문화적 배경에 따라 같은 경전도 번역의 차이가 발생하였다. 중국 불교의 경전 번역 1,000년은 고역(古譯), 구역(舊譯), 신역(新譯)으로 구분된다. 당나라 현장의 번역을 기준으로 구역과 신역으로 나뉘는데, 구역은 의역에 중점을 두었다면 신역은 직역을 중시했다. 고역은 구마라집 이전의 번역을 가리키는데 번역 체계가 정비되지 않은 시기의 번역을 통칭하는 표현이다. 구마라집의 번역은 번역 체계를 통일시켜 번역한 최초의 번역이라고 평가되며, 구마라집은 구역의 대표 번역자로서 손꼽힌다. 중국 불교사에서 구마라집이 차지하는 위상이 큰 이유다.5

　고전적인 형성의 시기에 해당하는 '이슬람교들'은 예언자 무함마드의 사망 이후 계승권 분쟁으로 인해 분열된 순니파와 시아파이다. 순니파는 무함마드 사후에 선출된 4명의 정통 칼리프(칼리파)인 아부 바크르, 우마르, 우스만, 알리를 인정하는 반면, 시아파는 알리만 인정하여 알리를 1대 이맘으로 알리의 첫째 아들 하산과 둘째 아들 후사인은 각각 2대 이맘과 3대 이맘으로 간주한다. 시아파 이슬람이 태동하게 된 결정적인 계기가 된 것은 이라크 카르발라에서 알리의 둘째 아들

---

4 자현, 『자현 스님이 들려주는 불교사 100장면』 (서울: 불광출판사, 2018), 104-178.
5 앞의 책, 207-212.

후사인이 살해된 '카르발라 사건'이다. 카르발라 전투라고도 불리는 카르발라 사건에 대해 순니파 이슬람에서는 무슬림 사이에 발생한 여러 전쟁 중 하나로 보는 반면, 시아파 이슬람에서는 시아파 역사의 새로운 출발점으로 인식된다.[6] 이런 과정을 거쳐 형성된 이슬람 교리와 공동체들은 실크로드를 따라 중국에 전파되었는데, 명말 청초에 이슬람 사상과 유학을 결합시키면서 등장한 회유(回儒)는 이슬람교의 주요 변형의 시기에 나타난 대표적 예시 중 하나이다.

3. 고전적인 형성의 시기 실크로드 종교들

1) 아시리아동방교회

아시리아동방교회는 동방교회(the Church of the East)의 한 그룹이다. 동방교회는 사산조 페르시아제국의 수도 셀레우키아 크테시폰(Seleukeia Ctesiphon)에 총대주교좌가 있는 사도동방교회(the Apostolic Church of the East)를 가리키며, 동시리아교회라고도 불린다. 아시리아동방교회의 주교 마르 바와이 소로(Mar Bawai Soro)[7]에 의하면, 동방교회는 칼데아 가톨릭교회(the Chaldean Catholic Church), 고대동방교회(the Ancient Church of the East), 아시리아동방교회(Holy Apostolic Catholic Assyrian

---

6 유홍태, 『시아 이슬람』, (파주: 살림, 2017), 26-29.
7 말 바와이 솔로/정학봉 옮김, 『아시아교회: 그 사도성과 정통성』 (서울: 동서남북, 2011), 31.

Church of the East, 약칭 the Assyrian Church of the East), 인도의 시리아-말라바가톨릭교회(the Syro-Malabar Catholic Church)를 아우른다.

빈클러(Dietmar W. Winkler)는 동방교회를 가리키는 용어들을 소개하며 그 정확성에 대해 평가한다. 아래의 명칭으로 불리는 교회들은 모두 동시리아교회의 전례적, 언어적, 영적, 신학적 공동 유산을 공유하고 있다.[8]

사도동방교회(the Apostolic Church of the East)

이 용어는 로마제국 외부에 있던 교회들을 가리킨다. 사산조 페르시아제국의 수도 셀레우키아-크테시폰에 총대주교좌가 있으며, 로마제국의 총대주교구(로마, 콘스탄티노폴리스, 알렉산드리아, 안디옥, 예루살렘)는 서방교회에 해당한다. 이 분야에 정통한 역사가들과 시리아학 및 동양학 연구자들은 이 용어를 가장 유용하고 정확하다고 평가한다.

동시리아교회(the East Syriac Church)

이 용어는 사도동방교회에서 현재까지 유지되고 있는 전례 전통과 시리아-아람어를 가리킨다. 이 용어도 정확한 용어라고 평가된다.

---

8 Dietmar W. Winkler, "The 'Apostolic Church of the East': a brief introduction to the writing of church history and to terminology," Wilhelm Baum and Dietmar W. Winkler, *Church of the East: A concise history* (London and New York: Routledge Curzon, 2003), 3-5.

거룩한사도적가톨릭아시리아동방교회(Holy Apostolic Catholic Assyrian Church of the East)와 고대동방교회(the Ancient Church of the East)

이 두 용어는 해당 교회에서 선호하는 용어이며 적합한 용어다. 20세기 초에 일어난 아시리아 민족주의 운동 과정을 통해 민족주의가 시대의 언어가 되면서 '아시리아'라는 민족 이름이 정체성을 설명하는 것으로 채택되어 1976년에 공식적으로 이름에 추가되었다.

페르시아교회(Persian Church)

로마와의 지리적, 정치적 차이를 강조하는 이 용어는 문헌과 출처에서 가끔 발견되는데, 부분적으로 정확하다. 왜냐하면 사산조 페르시아 제국이 7세기에 아랍인들에게 정복되고, 동방교회의 선교활동이 중앙아시아, 중국, 인도까지 확장되었기 때문에 이 용어는 연대적으로나 지리적으로 너무 협소하기 때문이다.

네스토리안교회(the Nestorian Church)

이 용어는 서방교회에서는 익숙한 용어이고 현재까지 신학 및 교회사 문헌에서 가장 일반적인 명칭이지만, 공식적인 신학적 의미에서 정확하지 않은 용어이다. 신학적 차이 또는 단순히 공의회를 따르지 않았다는 이유로 타 집단에 의해 명명되었기 때문이다.

에페소스공의회 이전 교회(the Pre-Ephesian Church)

이 용어는 네스토리오스에 대한 갈등이 제3차 에큐메니컬 공의회인

에페소스공의회(431)에서 처음으로 정점에 이르렀기 때문에 붙여진 용어이다. 그러나 로마제국의 종교회의를 거부한 것에 근거한 이 용어는 동방교회가 로마제국 국경 너머로 확장되었기 때문에 제한된 가치를 가진다.

칼데아가톨릭교회(the Chaldean Catholic Church)

이 용어는 근동과 디아스포라의 동방교회를 가리킨다. 이 교회는 16세기 이래로 로마가톨릭교회와 연합해 왔으며 고대동방교회의 일부에 해당한다.

시리아-말라바가톨릭교회(the Syro-Malabar Catholic Church)

이 용어는 로마가톨릭교회와 친교를 맺고 있는 인도 지역 동방교회를 가리킨다.

이환진에 따르면, 기독교는 1세기에서 5세기까지 크게 세 갈래의 교회가 있었다. 그리스어를 예배 언어로 사용하는 그리스정교회, 라틴어를 예배 언어로 사용하는 로마가톨릭교회, 그리고 시리아어를 예배 언어로 사용하는 시리아교회가 바로 그것이다.9 그중 로마가톨릭교회와 그리스정교회를 가리켜 소위 서방교회라고 하고, 시리아교회는

---

9 이환진, "시리아 교회는 어떤 교회인가," 「기독교사상」 722 (2019), 74-75. 고대 이집트어인 콥트어를 예배 언어로 사용하는 그룹도 있었으나 다른 세 그룹에 비해 세력이 약했다. 양씨난/최수산나 옮김, "경교와 한어신학," 「기독교사상」 716 (2018), 105.

동방교회라고 일컫는다. 곽계일은 그리스정교회를 "'서방 헬라 그리스도교' 전통"으로, 로마가톨릭교회를 '서방 라틴 그리스도교 전통'으로, 시리아교회를 '동방 시리아 그리스도교 전통'으로 표현한다.[10] 정수일은 그리스정교회를 '동방 그리스권' 기독교로, 로마가톨릭교회를 '서방 라틴권' 기독교로, 시리아교회를 '동방 시리아권' 기독교로 명명한다.[11]

그런데 이렇게 명명과 표현이 다른 것은 그렇다 하더라도 분류의 차이는 혼란을 막기 위해 짚고 넘어갈 필요가 있겠다. 이환진과 곽계일은 그리스정교회와 로마가톨릭교회를 서방교회로 시리아교회를 동방교회로 분류하는 반면, 정수일은 로마가톨릭교회를 서방교회로 그리스정교회와 시리아교회를 동방교회로 분류한다. 이러한 차이는 분류 기준의 차이에서 비롯된 것으로 보인다. 이환진과 곽계일은 예루살렘을 기준으로 보았다면, 정수일은 로마를 기준으로 삼았던 것이다.[12]

이에 필자는 서방교회와 동방교회라는 분류보다는 '칼케돈파 교회' 와 '비/반칼케돈파 교회'로 나누거나 '제국 교회'와 '비/반제국 교회'로 나누는 것이 더 적절하다고 생각한다. 기독교가 로마제국의 국교가 된 이후 로마 황제의 소집으로 개최된 공의회의 결정 사항을 '따르는 교회'와 '따르지 않는 교회'로 나뉘었는데, 공의회 결정을 따른다는

---

10 곽계일, 『동방수도사 서유기+그리스도교 동유기』 (서울: 감은사, 2021), 15-16. 이후로 필자는 곽계일의 '서방 헬라 그리스도교,' '서방 라틴 그리스도교,' '동방 시리아 그리스도교'를 각각 '서방 헬라 기독교,' '서방 라틴 기독교,' '동방 시리아 기독교'로 표기한다.
11 정수일, 『실크로드학』, (서울: 창비, 2001), 380.
12 곽계일, 『동방수도사 서유기+그리스도교 동유기』, 15.

것은 공의회를 소집하고 그 결정에 압력을 가한 로마 황제의 입장을 수용하는 것이기 때문이다. 이러한 구분에 따르면 로마가톨릭교회와 그리스정교회는 칼케돈파 교회 또는 제국 교회로, 시리아교회는 비/반 칼케돈파 교회 또는 비/반제국 교회로 분류된다.

이처럼 학자마다 기독교 교회를 명명, 표현, 분류하는 방식이 다르기는 하지만, 시리아교회는 예배 때 시리아어를 사용하는 교회를 통칭한다는 점에서는 이견이 없는 것 같다. 시리아어는 동방 그리스도인이 사용하던 아람어로서 레바논, 시리아 북부, 튀르키예 동부, 이라크, 이란 서부에서 사용되었다.

시리아교회는 앞에서 논의한 정수일, 이환진, 곽계일의 표현에 따르면 각각 '동방 시리아권 기독교', '동방교회', '동방 시리아 그리스도교'에 해당한다. 시리아교회는 에페소스공의회(431)와 칼케돈공의회(451) 이후 두 그룹으로 분열되었다. 동시리아교회와 서시리아교회가 그것이다. 동시리아교회에 해당하는 아시리아동방교회는 네스토리오스의 주장을 지지한다는 이유로 제2차 콘스탄티노폴리스공의회(553)에서 이단으로 단죄되었다. 그런데 아시리아동방교회는 신학적인 이유에서 이단으로 단죄되었다기보다는 정치적인 입장 때문에 결과적으로 그리된 것이었다. 로마제국의 적국인 사산제국에 속해 있었던 아시리아동방교회가 네스토리오스의 주장을 지지했다기보다는, 사산제국의 의심을 받지 않기 위한 생존 전략으로서 로마제국 교회의 기독론 입장인 칼케돈공의회의 결정을 수용하지 않은 것이었다. 그러므로 아시리아동방교회에 대한 이단 단죄는 아시리아동방교회가 로마제국과 사산제국의 정치적 역학관계 속에서 살길을 찾은 결과로 주어진 것이었다.

아시리아동방교회는 에데사(Edessa)와 아디아베네(Adiabene) 왕국을 중심으로 시작되었다. 에데사와 아디아베네 사이에 위치한 니시비스(Nisibis)도 초기 시리아교회의 중심지였다. 에데사는 현재 튀르키예 샨르우르파(Şanlıurfa)의 옛 지명이며, 시리아어를 사용하는 교회에서는 에데사를 우르하이(Urhay)라고 불렀다. 에데사는 오스로에네왕국(기원전 132~기원후 214)의 수도였을 때 이미 기독교인들이 있었으며 교회 예배당이 201년 홍수로 파괴되었다는 기록이 있다. 에데사에 기독교가 전파된 과정에 대해 기록한 시리아어 작품 『아다이의 가르침』에 따르면, 오스로에네왕국의 왕 아브가르는 예수와 서신 왕래를 했으며 예수의 제자 도마가 보낸 아다이가 아브가르의 한센병을 고쳐 주었다고 한다. 학자들은 이 일로 에데사에 기독교가 전파되었을 것으로 보고 있다. 아디아베네 왕국의 수도 아르빌(Arbil)에는 기독교 이전부터 유대인 디아스포라가 많이 살고 있었으며, 아람어가 그 지역의 공용어였기 때문에 이 언어를 말하는 선교사들이 유대인/비유대인 상인들과 상류 계급 사람들을 쉽게 만날 수 있었다. 이러한 이유로 아디아베네 지역에 기독교가 빠르게 전파될 수 있었다. 그리고 비록 로마와 파르티아가 적대관계였지만, 상인들과 상인으로 변장한 선교사들은 실크로드 덕분에 아무런 방해를 받지 않고 국경을 넘나들 수 있었다.[13]

---

13 사무엘 H. 마펫/김인수 옮김, 『아시아 기독교회사 1: 초대교회부터 1500년까지』 (서울: 장로회신학대학교출판부, 1996), 99-168; 말 바와이 솔로/정학봉 옮김, 『아시아교회: 그 사도성과 정통성』 (서울: 동서남북, 2011), 64-111; 크리스토

바우머(Christoph Baumer)는 메소포타미아 지역의 첫 기독교인을 네 그룹으로 분류한다.14 첫 번째 그룹은 유대인 디아스포라 그룹이다. 두 번째 그룹은 메소포타미아 북부에 거주하던 아람인, 아시리아인, 칼데아인이며, 3세기 말에 페르시아인들이 추가된 그룹이다. 세 번째 그룹은 로마 황제 데키우스(Decius, 재위 249~251), 발레리아누스(Valerianus, 재위 253~260), 디오클레티아누스(Diocletianus, 재위 284~305)의 박해를 피해 사산제국으로 이주한 기독교인 피난민 그룹이다. 네 번째 그룹은 로마제국과 비잔티움제국의 전쟁포로와 추방자 그룹이다.

사산제국은 메소포타미아 지역의 첫 기독교인 그룹 중 하나인 로마제국과 비잔티움제국의 전쟁포로와 추방자들이 페르시아에서 거주할 수 있도록 해주었다. 샤푸르 1세(Shapur I, 재위 240/1~272)는 메소포타미아와 수시아나 지역에 '군데샤푸르'(Gundeshapur)라는 도시를 건설하여 안티오키아(안티오크)에서 끌고 온 전쟁포로들을 정착하게 했다. 그 당시 군데샤푸르는 '안티오크보다 멋진 샤푸르의 도시'라는 뜻을 가진 '웨안티오크샤푸르'(Weh-Antioch-Shapur)로 불렸다. 5세기에는 군데샤푸르에 아카데미가 설립되었는데, 군데샤푸르 아카데미는 6~7세기에 당대 최고의 학문적 중심지로 일컬어졌다. 1세가 529년 로마제국

프 바우머/안경덕 옮김, 『실크로드 기독교: 동방교회의 역사』 (서울: 일조각, 2016), 44-61; 이환진, "시리아 교회는 어떤 교회인가," 72-73; 안경덕, 『몽골과 그리스도교』 (서울: 일조각, 2021), 28-31; 수하 랏삼/황석천 옮김, 『이라크의 기독교』 (서울: 레베카, 2019), 69-78.

14 크리스토프 바우머/안경덕 옮김, 『실크로드 기독교: 동방교회의 역사』, 59-60.

의 유스티니아누스 1세(Justinianus I , 재위 527~565)에 의해 폐쇄된 아테네아카데미의 학자들을 군데샤푸르아카데미에 받아들이면서 군데샤푸르는 그리스 의학, 철학, 천문학의 새로운 중심지가 되었기 때문이다. 군데샤푸르아카데미에는 종교와 상관없이 사산제국의 국교인 조로아스터교 학자들 외에도 여러 종교의 학자들과 아시리아동방교회 기독교인이 모두 재직했다. 심지어 인도와 중국의 학자들까지 초빙하여 인도의 천문학, 수학, 의학, 그리고 중국의 전통 의학을 소개하도록 했다. 7세기 중반, 이 지역을 정복한 아랍 무슬림들은 군데샤푸르아카데미를 존속시켰으며, 이후 2세기 동안 이슬람 지성인들은 이교도인 아시리아동방교회 기독교인 학자들로부터 교육을 받았다.[15]

아시리아동방교회는 사도 도마와 마르 아다이와 마르 아가이 그리고 마르 마리로부터 복음을 전해 받았다고 전해진다. 이 네 사람은 아시리아동방교회 총대주교(Catholicos)의 공식 족보의 첫 네 자리를 차지하고 있다.[16] 아시리아동방교회 소속의 몽골인 수도사 사우마(Sauma)는 로마가톨릭교회 추기경단 앞에서 자신이 전해 받은 복음을 다음과 같이 고백한다.

---

15 이희수, 『인류 본사: 오리엔트-중동의 눈으로 본 1만 2,000년 인류사』, (서울: 휴머니스트, 2022), 302-303; Richard Foltz, *Religions of the Silk Road: Premodern Patterns of Globalization*, (New York: Palgrave Macmillan, 2010), 65.
16 크리스토프 바우머/안경덕 옮김, 『실크로드 기독교: 동방교회의 역사』, 45.

존귀한 사도 토마와 존귀한 제자 앗다이와 마리가가 동방 지역에 복음을
전해주었습니다. 우리 동방 그리스도교도들은 이들 사도가 전해준 복음
을 오늘날까지 그대로 지키고 있습니다.[17]

사우마는 일칸국 아르군 일칸의 친서를 서방의 왕들에게 전하는
임무를 띠고 가는 길에 로마에서 로마가톨릭교회 추기경단을 만났다.
추기경단은 사우마에게 어떤 신앙고백을 하며 어느 사도로부터 복음을
전해 받았는지 질문한다. 위 인용문은 그 질문에 대한 사우마의 대답이다.
사우마의 대답에서 아시리아동방교회의 기원이 사도 도마와 마르
아다이와 마르 아가이 그리고 마르 마리의 선교에서 비롯되었음을
알 수 있다. 서원모는 아시리아동방교회의 기원을 알려주는 중요한
자료로 앗다이 전승, 『아르빌 연대기』, 『마르 마리 행전』과 이외에
초기 시리아 그리스도교의 문헌인 『솔로몬의 송가』, 바르다이산파의
『나라들의 법』, 토마 전승, 마니교 문헌 등을 거론한다. 그런데 앗다이
전승, 『아르빌 연대기』, 『마르 마리 행전』은 역사성 논란이 있으며,
『솔로몬의 송가』, 『나라들의 법』, 토마 전승, 마니교 문헌 등은 그
성격과 출처가 분명하지 않다고 평가한다. 아시리아동방교회의 기원에
대한 이러한 복잡한 논의를 보여주는 예시로 서원모는 이수민이 제시한
일곱 가지 가설을 소개한다. 이수민은 다양한 가설을 상호배제적으로
이해하기보다는 종합적으로 수용할 수 있다고 주장하며 아시리아동방

---

17 곽계일, 『동방수도사 서유기+그리스도교 동유기』, 78, 147.

교회의 기원에 대한 일곱 가지 가설을 다음과 같이 제시한다.[18]

1. 토마 사도의 선교

2. 사도적 제자들(마리, 아다이)의 선교

3. 동방 학자와 점성가들의 선교

4. 바빌로니아 유대인 가운데 메시아 신앙의 확산

5. 로마의 동방 원정 때 포로가 된 그리스도인 병사들의 선교

6. 바빌로니아 유대 그리스도교 공동체와 엘카사이 세례 공동체의 확산

7. 마르키온파와 바르다이산파 기원설

아시리아동방교회는 그 시작부터 아시아로 방향을 정하고 선교활동
을 해나갔다. 이미 3세기부터 카스피해 연안과 트란스 옥시아나에
신자들이 있었으며, 4~5세기에는 호라산과 에프탈족에게 선교하여
6세기 중반에는 그 지역에 교구가 형성되었다. 5세기 초에는 인도
남부 말라바르 해안에 도달했으며 아라비아반도에도 발판을 마련했다.
중국 선교의 시작은 공식 기록상 635년으로 되어 있으나, 그 이전에
이미 민간 차원에서 기독교가 전파되어 신앙 공동체가 있었다. 몽골제국
의 성립 전인 11세기에 아시리아동방교회가 이미 중앙아시아에 널리

---

18 서원모, "아시아교회사의 첫 장으로서 시리아 교회-역사서술의 쟁점,"「장신논
   단」46(4) (2014), 100-103; 곽계일, 『동방수도사 서유기+그리스도교 동유기
   』, 162. 서원모와 곽계일이 소개하고 정리한 이수민의 일곱 가설을 필자가 순서
   를 조금 바꾸었다.

퍼져 있었으며 신자의 대부분은 튀르크-몽골계였다. 이들이 13~14세기 몽골제국의 아시리아동방교회 신앙 공동체의 시작이었다.[19]

2) 수피즘

수피즘은 이슬람의 세속화와 정치화에 대응하여 발생한 일종의 이슬람 정화 운동이었다. 수피즘은 우마이야 왕조(Umayyad Caliphate, 661~750) 시대 무슬림 사회의 세속적이고 사치 성향에 반대하며 등장한 금욕주의에 기원을 둔다. 금욕주의는 모든 무슬림이 평등했던 초기 움마의 소박한 세계로 돌아가려는 시도이다. 수피(Sufi)라는 말은 양모 옷에서 유래했다. 양모 옷은 금욕주의자들이 금욕과 청빈의 상징으로 종종 걸쳤던 옷으로 가난한 사람들이 주로 입었고 무함마드도 같은 옷을 입었다고 한다. 하여 9세기 초까지 양모 옷이라는 용어는 압바스 시대에 점차 발전하고 있던 신비주의 운동과 동의어로 사용되었다.[20]

---

19 크리스토프 바우머/안경덕 옮김, 『실크로드 기독교: 동방교회의 역사』, 311; 안경덕, 『몽골과 그리스도교』, 115; Dietmar W. Winkler, "The 'Apostolic Church of the East'," 1; Glen L. Thompson, "Was Alopen a 'Missionary'?," Dietmar W. Winkler and Li Tang eds., *Hidden Treasures and Intercultural Encounters: in Studies on East Syriac Christianity in China and Central Asia* (Wien: Lit; Piscataway, NJ: Distributed in North America by Transaction, 2009), 271-273.

20 카렌 암스트롱/장병옥 옮김, 『이슬람』 (서울: 을유문화사, 2003, 2017), 97; 김중관, "수피이슬람의 사상과 신비주의적 교의-인식체계와 수행양식-," 「철학사상문화」 33 (2020), 276.

우마이야 왕조와 압바스제국(Abbasid Caliphate, 750~1258) 시기는 아랍의 패권이 최고의 위치에 있던 때였다. 대서양 연안에서 중앙아시아까지 광대한 지역에 이슬람이 전파되었고, 무함마드 당시의 초기 이슬람 시대와는 비교가 되지 않을 정도로 모든 분야를 망라하여 문화적, 경제적으로 융성했다. 하여, 주류 계층인 아랍 무슬림은 '아랍의 가치'를 최고선으로, 아랍문화를 삶의 모형으로 인식하고 자부하였다. 이에 대해 거부감과 비판적인 시각을 가진 비아랍인 무슬림은 진정한 이슬람의 가치를 모색하기 위해 단순하고 소박한 초기 이슬람 생활로 돌아가려는 운동을 전개하였다. 그들은 물질적 소유 금지, 예언자 무함마드와 초기 칼리파 시대의 전쟁과 역경 강조, 절제와 금욕적 생활 등을 추구하였다. 소박한 의식주와 금욕주의적 삶을 통해 영적인 깨달음을 추구하는 수피즘이 등장한 것이다.[21]

수피즘은 법률학의 발전에 대한 반작용으로 간주된다. 일부 무슬림은 법률학이 이슬람을 외적인 법률로 국한시킨다고 보았다. 수피들은 무함마드가 꾸란의 계시를 받을 수 있었던 그 마음 상태를 자신들 속에서도 재생하기를 원했다. 법의 진정한 기초는 수피의 내면적 평화이기 때문이다. 기존 이슬람이 꾸란만을 유일한 성서로, 이슬람교만을 진정한 신앙으로 보는 등 유연성을 잃어가는 상황에서 수피들은 꾸란의 정신으로 돌아가 다른 종교 전승을 이해하고자 했다.[22]

---

21 김중관, "수피이슬람의 사상과 신비주의적 교의-인식체계와 수행양식-," 278.
22 카렌 암스트롱/장병옥 옮김, 『이슬람』, 97.

신의 뜻과의 합일을 최고 목적으로 하는 수피즘은 그 목적을 이루기 위해 독자적인 수행의식을 개발하였다. 수피들은 명시적인 계율의 속박과 이슬람의 원리에서 탈피하였으며, 이슬람 이외의 다른 진리에 대해 관용하고 사상적 다양성을 존중하였다. 수피들은 꾸란(Quran)과 하디스(Ḥadīth)의 내용 중 무슬림의 검약성을 강조하는 구절을 적극 수용하여, 무슬림의 신행에서 금욕주의 가치의 근거를 마련하였다. 이에 대해 순니 울라마는 수피들의 극단적 금욕주의, 속세 이탈과 수도원 공동생활 풍조가 현실 참여를 기본으로 하는 이슬람 교의에 위배된다고 비판하였다. 현세를 부정적으로 보는 것은 이슬람 공동체의 존립 근거를 파괴하는 것이기 때문에 순니 무슬림으로서는 수용할 수 없는 사상적 불일치였던 것이다. 그러나 수피들은 꾸란과 하디스에 근거한 심신 정화가 신앙생활의 우선적 목적이라고 반박하였다.[23]

예언자가 꾸란과 순나를 통하여 움마 전체에 전했던 가르침이 정통의 내용이며 그 외 어느 특정인에게 '비전'(秘傳)을 전수했다는 사실을 인정하지 않는 순니 이슬람과 달리, 시아 이슬람은 교의적으로 '밀교적'(秘敎的) 분위기가 짙은 수피 사상을 적극적으로 수용하였다. 시아 이슬람은 알리의 비중이 절대적인 이슬람 종파이다. 시아파와 수피즘 모두 알리가 선지자로서 비전 해득 능력을 가지고 있음을 인정하지만, 수피즘은 시아파와 달리 이슬람법 체계가 없다. 이슬람의 원리는 '현재성'(顯在性, zahir)과 '내밀성'(內密性, batin)의 양면성을 지니고 있는데,

---

23 김중관, "수피이슬람의 사상과 신비주의적 교의-인식체계와 수행양식-," 276.

수피즘은 내밀성을 사상의 토대로 삼아 타 종교의 신비주의를 부수적으로 수용하고 있다. 조로아스터교, 마니교, 불교, 기독교 등에서 이슬람으로 개종한 일부 무슬림들이 기존 종교의 신비주의적 요소의 영향을 받은 것이다.[24]

수피즘과 시아 이슬람 세력이 급격히 확장되는 과정에서 움마가 분열하는 상황에 놓이자, 위기감을 느낀 순니 이슬람은 수피즘을 순니 이슬람 원리와 결합시키려는 시도가 나타나기 시작했다. 움마 중심의 순니 이슬람의 현재성과 수피즘의 내밀성을 연결하려는 논의가 9세기 중엽부터 지속적으로 이어졌다. 이슬람의 계율에 수피 의식을 추가하여 금욕주의 개념의 외형적 신행 관습을 정화했으며, 꾸란과 하디스의 문구에 매이지 않고 내적 성찰을 통해 신앙 본질의 순수성을 회복하고자 하였다.[25]

지역에 따라 수피들의 수행 양식이 다르지만, '파나' 즉 '자아멸절'을 추구한다는 공통점을 가진다. 파나를 추구하는 수행 방법은 다양한데, 우리에게 가장 잘 알려진 방법은 튀르키예의 '메브레비'(Mevlevilik 혹은 Mevleviyye) 교단에서 시작된 '세마'(sema) 의식이다. 세마 의식을 통해 수피들은 파나를 추구한다. 세마 의식 외에 파나를 추구하는 수행 방법으로 수행자가 박자에 맞춰서 호흡하며 마음 집중하기, 철야와 금식을 하며 신의 이름을 부르며 기도하고 찬양하기 등이 있다.[26]

---

24 Ibid., 281.
25 Ibid., 281-282.
26 Ibid., 282.

　　최초의 수피들은 기독교 수도원 공동체의 영향을 받은 시리아와
레바논의 무슬림들이었으나, 8세기 중반에는 이란 지역에도 저명한
수피들이 등장했다. 오늘날 모든 무슬림 사회에 수피 교단이 있지만,
수피 형제단이 최초로 현저하게 제도화된 곳은 이란 동부 지역이다.
이란 수피들은 이슬람을 인도, 중국, 남동아시아로 전파한 주도적 그룹
이었으며, 넓은 의미에서 페르시아의 이슬람화에 핵심적인 역할을
한 것으로 평가된다.[27]

4. 주요 변형의 시기 실크로드 종교들

1) 중국 불교

　　불교가 중국에 전래된 정확한 시기에 대해서는 학자마다 견해가
조금씩 다르지만, 기원전 1세기 말을 전후하여 실크로드를 따라 중앙아
시아로부터 들어왔다는 주장이 가장 설득력 있다. 전체 불교 전파사에
비추어 볼 때, 제2기에 해당한다고 하겠다. 지역적 확산으로서의 불교
전파사를 고찰할 때, 불교 전파는 기원전 3세기 마우리아 왕조 제3대
왕 아소카의 불교 포교단 파견을 시점으로 하여 1천여 년에 걸쳐 이루어
졌다. 불교의 전파 과정은 포교의 내용, 지역성, 포교의 상승성을 기준으

---

27 Richard Foltz, *Religions of Iran* (London: Oneworld Publications, 2013),
　　181.

로 크게 4기로 구분할 수 있다. 제1기는 기원전 3세기 아소카 왕이 불교 포교단을 파견한 시기이다. 제2기는 기원전 1세기경부터 서역을 거쳐 동북아시아로 확산된 시기에 해당한다. 제3기는 기원후 7~9세기 무렵 동남아시아로 전파된 시기이며, 제4기는 9세기 이후 티베트와 네팔 등 히말라야산맥 일대로 전파된 시기이다.[28]

서한(西漢) 말 동한(東漢) 초 중국에 전래된 불교는 경전 번역과 함께 뿌리내리기 시작하였다. 중국은 처음부터 불교를 중국 말과 글로 이해하려고 하였다. 진언(眞言)이나 다라니(dharani)를 제외하고는 중국에 전래된 경전을 모두 한문으로 번역하였다. 중국 불교는 불교 교리를 연구하여 한역 대장경을 만든 것이 아니라, 한역 대장경을 만든 후 이에 기초하여 불교 교리를 이해하고 불교 사상을 전개하였다. 이처럼 중국 불교는 한역 대장경을 산출한 경전 번역을 중심으로 시작되었다.[29]

중국에 전래된 불교는 불교 발상지 인도의 불교와 달랐다고 평가된다. 이는 종교학적으로 볼 때 당연한 평가이다. 어떤 종교도 본래 시작된 시대 및 지역의 모습과 동일한 상태 그대로인 종교는 없기 때문이다. 예외가 없다. 종교는 생물(生物)과 같아서 주변 환경에 조응하여 생장, 변화, 소멸한다. 전래된 지역의 문화에 영향을 주거나 그 지역의 문화에 의해 영향을 받는 습합(習合)은 거의 모든 종교의 보편적인 현상이다.

중국에 전파된 불교는 북전(北傳) 대승불교(대중부불교)라고 분류된

---

28 정수일, 『실크로드학』, 387-388.

29 계환, 『중국불교』 (서울: 민족사, 2014), 31; 김진무, 『중국불교사상사: 유불도 통섭을 통한 인도불교의 중국적 변용』 (서울: 운주사, 2015), 26.

다. 이는 남전(南傳) 상좌부불교(소승불교)와 함께 불교의 양대 그룹이다. 대승불교는 석가모니 부처의 입적 후 100년경에 있었던 2차 결집의 결정을 따르지 않은 비구들이 형성한 대중부에 기원한다. 2차 결집 후 100년 동안을 부파불교 시대라고 하는데, 대중부는 이 부파불교 시대의 부파들 중 하나이다. 2차 결집은 바이샬리 지방 비구들의 파행을 판정하기 위한 것이었지만, 동시에 석가모니 부처의 입적 직후인 1차 결집에서 형성된 경과 율을 새로이 형성하는 자리이기도 했다. 대중부는 2차 결집에서의 경과 율의 형성 결과에 문제 제기하며 등장한 그룹이며, 이 대중부가 주장한 사상이 발전하여 체계화된 것이 대승불교이다.

대승불교를 이해하는 가장 기본적인 개념은 '보살'이다. 보살은 대승불교의 이상적 존재로서, '깨달음을 본질로 하는 자'라는 뜻을 가진 산스크리트어 보리살타(菩提薩埵, bodhisattva)의 약어이다. 고통 중에 있는 중생을 돌보기 위해 자신의 열반을 미루는 보살은, 상좌부불교의 이상적 존재인 '개인적 수행을 완성한 자'라는 의미의 '아라한'과 비교된다. 엄격한 정신적 수행을 통한 개인의 해탈을 강조하는 상좌부불교와 달리, 대승불교는 보살의 자비심을 강조하며 더 나아가 보살을 신앙의 대상으로 내세우기도 한다.

키질 천불동을 보기 전까지 필자는 기존의 종교 분류에 따라 불교를 성현적(聖顯的) 종교30이며 비유신론(非有神論) 종교라고 이해했다. 그

---

30 성현적 종교(hierophany)는 인간과 우주의 이치와 법칙을 깨닫는 것을 강조하는 종교이다.

러나 키질 천불동 석굴을 보고 난 후, 그 이해에 수정이 필요했다. 왜냐하면 키질 천불동에 나타난 불교는 성현적 종교의 특성뿐만 아니라 신현적(神顯的) 종교[31]와 역현적(力顯的) 종교[32]의 특성이 혼재된 유신론 종교의 모습을 보여주기 때문이다. 또한 석굴 벽화의 신앙적 의미와 예술적 가치 그리고 석굴 봉헌자들의 사회경제적 지위에 이르기까지 다양한 측면을 알 수 있었다. 석굴의 규모가 크거나 작은, 석굴의 장식이 화려하거나 소박한, 다양한 석굴들은 석굴 봉헌자들의 각기 다른 삶의 자리와 기원의 반영이었다. 키질 천불동의 불교는 봉헌자 각자의 필요에 따라 각각의 신(부처 또는 보살)[33]을 섬기는 다신적(多神的) 유신론 종교라고 말한다면 지나친 표현일까?

필자가 중국에서 만난 불교는, 아니 엄밀하게 말하면 필자가 중국 불교에서 인상적이었던 것은 보살을 신앙의 대상으로 본다는 점이다. 중국 현지 인문 탐사를 준비하며 공부한 대승불교의 사상은 보살이 어떤 존재이며 보살이 되기 위해서는 어떤 과정(단계)을 거쳐야 하는가에 대한 것이었다. 그런데 막상 중국 현지 인문 탐사에서 목격한 불교는 신앙의 대상으로서의 보살을 보여주는 것이었다. 어떤 종교도 본래 시작된 시대 및 지역의 모습과 동일한 상태 그대로인 종교는 없으며,

---

31 신현적 종교(theophany)는 절대자에 대한 전적인 헌신과 믿음 강조하는 종교이다.
32 역현적 종교(kratophany)는 악재를 당했을 때 그것은 어떤 힘이 결핍되어서 발생한 것으로 보고, 그것을 극복할 수 있는 힘을 가진 존재에게 의존하는 종교이다.
33 부처는 '깨달은 자'를 의미하며 보살은 '깨달음을 본질로 하는 자'라는 뜻을 가진다. 둘 다 신은 아니지만, 석굴 봉헌자들은 부처와 보살을 신적인 존재로 섬기고 있는 것으로 보인다.

동시대, 같은 지역, 같은 공동체 안에서도 다양한 스펙트럼이 존재한다고 생각하며 강의했었지만, 그것이 얼마나 학자연한 태도였는지 중국 현지 인문 탐사를 통해 여실히 드러났다. 또한 특정 기준에 따라 종교를 분류하는 것은 종교에 대한 이해를 용이하게 할지는 모르지만, 평면적이고 도식적이라는 한계를 가지기 때문에, 살아 움직이는 종교의 생생함을 담아내기에는 역부족임을 새삼 깨달았다. 땅에 발 딛고 있는 종교의 다양한 양태를 외면한 채, 종교란 이런 것이라고 규정하거나 이러해야 한다고 주장하는 것은 공허하고 편협한 것일 수 있음을 말이다.

2) 경교(景敎)

(1) 경교의 명칭과 수용 배경

경교(景敎)는 중국 당나라에 수용되어 전개된 기독교를 가리키는 말이다. 수용 초기에는 파사교(波斯敎), 파사경교(波斯經敎), 메시아교(彌施訶敎) 등으로 불리다가, 현종 4년(745년) 조서에 따라 '대진 경교'(大秦景敎)로 명칭이 바뀌었다.[34]

천보 사년 아홉째 달, 파사경교는 사실 [대진]으로부터 전래되어 왔으며, 오래도록 중국에 유행하였다. 초기에 사원을 건립하고 이름을 지어 사람

---

34 황정욱, "경교 일천론 제일에 나타난 신학 사상 연구,"「신학사상」116 (2002), 218; 김호동, 『동방 기독교와 동서문명』 (서울: 까치, 2002), 127

들에게 보여주려 하였으나, 반드시 그 근본을 고쳐야 하니, 동서 두 도시 [장안과 낙양의 파사사는 마땅히 대진사로 개칭할 것이라. 천하의 여러 부군들은 이에 준하도록 하라.[35]

경교 명칭의 유래에 대한 두 가지 주장이 있다. 첫 번째 주장은 경(景)의 의미에서 경교라는 명칭이 유래한다고 본다. 경은 빛 또는 광명을 뜻하고 대(大)라는 의미를 가지며, 불교를 염두에 둔 전략적 명칭이다. 당시 장안에 유행하던 불교의 한 갈래인 대일교(大日敎)의 세력을 경교의 확장에 이용하기 위해 함축적인 명칭이 필요했다는 것이다.[36] 즉, 경(景)은 일(日)과 경(京)의 합성어이며 대(大)와 일맥상통하므로, 경교는 '커다란 태양처럼 빛나는 종교'를 의미하며[37] 'Luminous Religion'으로 번역할 수 있다.[38] 두 번째 주장은, 큰 빛 또는 태양이 오는 곳인 동방교회라는 의미를 한자로 번역한 것이 경교라고 본다.[39]

경교가 네스토리안 기독교로 불리기도 하지만 이는 오류에 기초한 잘못된 관행이다. 중국 당나라에 들어온 경교 선교사 알로펜(阿羅本)은

---

35 윙샤오쿼/임영택 옮김, 『중국어 경교 전적 해석』 (서울: 민속원, 2019), 73.
36 황정욱, "경교 일천론 제일에 나타난 신학 사상 연구," 220.
37 김호동, 『동방 기독교와 동서문명』, 127; 황정욱, "경교 일천론 제일에 나타난 신학 사상 연구," 219-220.
38 정수일, 『문명교류사 연구』 (파주: 사계절, 2002), 95; 이수연, "중국 고대기독교 경교의 『성경』 번역," 「번역학연구」 16/2 (2015), 141-142.
39 황정욱, "경교 일천론 제일에 나타난 신학 사상 연구," 220.

아시리아동방교회(Assyrian Church of the East)의 총대주교좌가 있던 셀레우키아-크테시폰(Seleucia-Ctesiphon)에서 파송한 선교사이고, 경교는 아시리아동방교회에서 기원한 기독교이다. 그렇다면 경교를 네스토리안 기독교라고 부르는 것은 아시리아동방교회가 네스토리안 기독교라는 뜻인데, 아시리아동방교회는 네스토리오스의 주장을 지지한 것이 아니었다. 사산제국에서 살아남기 위해 의심받지 않으려고 로마제국 교회의 기독론 입장인 칼케돈공의회의 결정을 수용하지 않았을 뿐이었다. 그런데도 아시리아동방교회가 네스토리안 기독교로 불리게 된 것은 네스토리안 논쟁에 대한 공의회의 결정과 그로 인한 형세 변화 때문이다.

아시리아동방교회에 '네스토리안'이라는 수식어를 연결하는 것은 오류라고 평가되는데, 다음과 같은 이유에서이다. 첫째, 428년에서 431년까지 콘스탄티노폴리스의 총대주교였던 네스토리오스는 아시리아동방교회를 세우지 않았기 때문이다. 둘째, 네스토리오스는 아시리아동방교회에서 일한 적이 없기 때문이다. 셋째, 아시리아동방교회는 네스토리오스를 교부 중의 한 명으로 인정하기는 하지만, 아시리아동방교회의 교리는 네스토리오스의 주장에 기초한 것이 아니라 타르수스의 디오도로스(Diodore of Tarsus)와 특히 몹스에스티아의 테오도로스(Theodore of Mopsuestia)의 사상에 뿌리를 두고 있기 때문이다. 이러한 이유로 아시리아동방교회는 자신들을 '네스토리안'이라고 부르는 것에 반대해 왔다.[40]

---

40 크리스토프 바우머/안경덕 옮김, 『실크로드 기독교: 동방교회의 역사』, 31-32.

로마제국의 식민지 유대-팔레스타인에서 예수 운동으로 시작된 기독교는 초기에 로마제국의 박해를 받았다. 일부 기독교인들은 로마의 박해를 피해 메소포타미아 지역으로 이주하였는데, 그 지역의 파르티아 제국(Parthia, 기원전 247~기원후 224)은 적대국 로마의 박해를 피해 이주한 기독교인들을 환영하고 신앙의 자유를 보장하였다. 이 기독교인들이 아시리아동방교회의 시작이었다.[41] 한편, 기독교를 박해하던 로마제국이 4세기 초에 기독교를 합법 종교로 인정하고 4세기 말에는 국가 종교로 공인함으로써 로마제국 교회가 탄생하였다. 로마제국 교회는 콘스탄티노폴리스 총대주교인 네스토리오스(재위 428~431) 중심의 안티오키아 학파와 알렉산드리아 대주교 키릴로스(재위 412~444) 중심의 알렉산드리아 학파가 주도했는데, 기독론과 마리아의 칭호에 대한 신학적 논쟁인 소위 '네스토리오스 논쟁'으로 인해 에페소공의회에서 네스토리오스의 해석이 이단으로 단죄되고 네스토리오스가 파문당했다. 또한 칼케돈공의회는 네스토리오스의 신학적 주장에 동의하는 네스토리오스파를 이단으로 단죄함에 따라, 네스토리오스파는 사산제국(Sassanian Persia, 224~651)으로 망명하여 아시리아동방교회와 합류하였다. 그 후 제2차 콘스탄티노폴리스공의회(553년)는 아시리아동방교회를 이단으로 단죄하였다.[42]

---

41 이수연, "중국 고대기독교 경교의 『성경』 번역," 141; 크리스토프 바우머/안경덕 옮김, 『실크로드 기독교: 동방교회의 역사』, 8-9.

42 이수연, "중국 고대기독교 경교의 『성경』 번역," 141-142; 크리스토프 바우머, 『실크로드 기독교: 동방교회의 역사』, 22.

'네스토리안'이라는 표현은 거의 모든 교회에서 부정적으로 사용되었다. 네스토리오스의 주장과 그에 동의하는 사람들이 에페소공의회(431년)와 칼케돈공의회(451년)에서 '이단'으로 정죄되었으며 네스토리오스는 '파문'당했기 때문이다.[43] 그러나 현재는 네스토리오스와 네스토리오스파에 대한 이단 낙인과 파문이 철회되었다. 네스토리오스에 대한 이단 낙인이 잘못된 것이라는 마르틴 루터의 주장을 시작으로, 아시리아동방교회와 로마가톨릭교회가 서로에 대한 파문을 철회하였다. 또한 양측 기독론을 타당한 것으로 인정하는 '그리스도론에 관한 공동선언'(1994년)에 따라, 경교는 이단 낙인과 비난으로부터 자유롭게 되었다.[44]

앞에서 논의했듯이 아시리아동방교회에 '네스토리안'이라는 표현을 연결하는 것은 세 가지 점에서 오류임에도 불구하고, 여전히 아시리아동방교회와 경교를 '네스토리안'이라는 용어와 함께 사용하는 연구자들이 있다.

에이미 추아(Amy Chua)는 당나라에 전래된 기독교를 아무런 고민도 학문적 성찰도 없이 '네스토리오스교'라고 부른다. 또한 추아는 '네스토

---

43 곽계일에 의하면, "'파문'이란 더 이상 온 교회와 더불어 성찬 교제에 참여할 수 없게 된 절교 상태"를 의미하고 "'이단'이라 파문 받아 더 이상 온 교회와 더불어 성찬 교제에 참여할 수 없는 외부자"를 뜻한다. 곽계일, 『동방수도사 서유기+그리스도교 동유기』, 120.

44 이수연, "중국 고대기독교 경교의 『성경』 번역," 143-144; 크리스토프 바우머/안경덕 옮김, 『실크로드 기독교: 동방교회의 역사』, 30; 양씨난/최수산나 옮김, "경교와 한어신학," 105.

리오스교가 기독교의 한 갈래'이며 '종교의 습합은 종교의 보편적인
현상'이라는 기본적인 이해가 부족한 것으로 보인다.

기독교와 근동의 종교들이 섞여서 만들어진 네스토리오스교 역시 태종
때 들어왔다.[45]

김상근은 16세기 후반 이전에 중앙아시아와 중국에서 종교적 생명
력을 유지했던 파사교와 경교와 에르케온을 통칭하는 용어로서 '네스토
리안'이라는 표현을 사용한다.[46] 김상근이 제시하는 논거는 다음과
같다.

"네스토리안"이란 용어를 근대 이전의 중국과 중앙아시아에서 종교적
생명력을 유지했던 소수 선교 신앙 공동체를 총괄하는 뜻으로 사용하는
이유는, 이 용어가 중국과 중앙아시아의 파사교(波斯敎)와 경교(景敎)
그리고 에르케운(也里可溫)에 대한 국제적인 통용어이기 때문이다.[47]

김상근의 주장은 중앙아시아의 파사교, 당나라의 경교, 원나라의
에르케운이 각각 가지는 독특성을 부각하기보다는 '네스토리안'이라는

---

45 에이미 추아/이순희 옮김, 『제국의 미래』 (서울: 비아북, 2008), 123.
46 김상근, "네스토리안 기독교는 왜 중국에서 사라졌는가?," 「신학논단」 43
   (2006), 730.
47 Ibid., 730-731.

용어 하나로 그 특성을 환원시킬 우려가 있다. 또한 '네스토리안'이라는 용어 대신에 '동방 기독교' 또는 '동방교회'라는 용어를 사용하지 않는 이유에 대한 논거의 설득력과 학문적 논의가 미흡하다. '네스토리안' 대신 사용할 수 있는 용어는 '동방 기독교' 또는 '동방교회'가 아니라, '아시리아동방교회'가 정확한 표현이기 때문이다.

바우머는 아시리아동방교회의 일원이자 인도의 대주교인 마르 아프렘(Mar Aprem)의 말을 논거로 채택함으로써 '네스토리안' 용어 사용의 설득력을 확보한다. 그가 논거로 채택한 마르 아프렘의 말을 들어보자.

나는 수많은 저술에서 '네스토리안'이라는 용어를 지금까지 써 왔다. 내 생각에 그런 이름을 쓰는 것에 동방교회가 꺼림칙한 느낌을 가질 필요가 없다. 왜냐하면 '네스토리안'이라는 용어는 역사적으로 명예롭지 않은 이름이 아니기 때문이다.[48]

바우머는 네스토리오스와 아시리아동방교회의 연관에 대한 학문적 논의를 충분히 하면서도 위의 논거에 기대어, '네스토리오스파 교인들'과 '네스토리안'이라는 표현을 '동시리아' 또는 '아시리아'라는 용어와 함께 사용한다. 필자는 바우머의 이러한 견해를 존중하되, '네스토리안'이라는 용어가 여전히 함의하는 획일성을 경계하여 '아시리아동방교회'라는 명칭을 사용한다.

---

48 크리스토프 바우머/안경덕 옮김, 『실크로드 기독교: 동방교회의 역사』, 33.

경교가 수용된 당나라(618~907)는 중국 역사의 황금기였다.[49] 당나라는 동쪽으로는 신라와 일본, 남쪽으로는 인도차이나와 인도네시아, 남서쪽으로는 티베트와 네팔과 인도, 서쪽으로는 소그디아와 이슬람 칼리프 왕국, 그리고 멀리는 비잔티움제국까지 300개가 넘는 주변의 모든 나라 및 지역들과 교역했다. 당 태종(재위 626~649)은 국경을 맞대고 있던 서돌궐과 동돌궐을 정복함으로써 투르키스탄을 통과하는 실크로드를 지배하고 통제하였다.[50]

실크로드 각 지역의 사람들과 물건들과 문물들이 당의 수도 장안(長安, 현재 서안)으로 들어왔다. 외국과의 교류가 활발하고 증가함에 따라, 당나라는 외래 문물이 유행했다. 그러나 외래 문물에 대한 선호와 외국인에 대한 우호적 감정이 비례하는 것은 아니었다. 이는 태종이 주도했던 야만 부족과의 동맹 정책을 유생들과 조신들이 완강하게 반대한 것을 통해 알 수 있다. 유생들과 조신들이 태종의 정책을 반대한 이유는, 중국인이 선천적으로 우월하다고 생각했기 때문이다. 이러한 중화주의 세계관이 당나라 법률에 반영되었다. 하지만 이러한 차별주의적인 법률을 당시 현실에 엄격하게 적용하지 못했다. 태종 자신부터

---

49 황정욱, 『예루살렘에서 長安까지: 그리스도교의 唐 전래와 景敎 문헌과 유물에 나타난 중국 종교의 영향에 대한 연구』 (오산: 한신대학교출판부, 2005), 66; 에이미 추아/이순희 옮김, 『제국의 미래』, 110; 크리스토프 바우머/안경덕 옮김, 『실크로드 기독교: 동방교회의 역사』, 326.

50 황정욱, 『예루살렘에서 長安까지: 그리스도교의 唐 전래와 景敎 문헌과 유물에 나타난 중국 종교의 영향에 대한 연구』, 65-66; 에이미 추아, 『제국의 미래』, 120; 크리스토프 바우머, 『실크로드 기독교: 동방교회의 역사』, 326.

중국인과 야만 부족 사이에서 태어났을 뿐만 아니라, 동맹 목적으로 초원 지대 야만 부족의 통치자 집안과의 정략 결혼이 흔하게 있었기 때문이다. 태종의 군사전략에 감화된 몽골의 돌궐족 족장들이 태종에게 '천가한'(天可汗)이라는 직위를 주었을 정도였다. 태종은 중국 최초로 초원 지대의 패권을 장악한 군주라고 평가된다.[51] 태종은 당시 중국의 세계관과 달리 외국인들과 외국인 유력자들을 우호적으로 대했다. 그 한 예로 태종은 7만 명의 신라인을 받아들이고, 중국에 정착한 신라 귀족들과 관리들에게 벼슬까지 내렸다.[52]

태종의 통치기는 중국 역사상 종교 다원주의가 융성했던 시기였다. 외래종교에 개방적이었던 태종은 불교뿐만 아니라 서역의 외국인들과 함께 들어온 낯선 종교들까지 수용하였다. 이는 고조(재위 618~626)의 친유억불 정책과 상반된 것이었다. 고조는 불교가 외래종교라는 이유로 억압하였는데, 626년 칙령을 내려 불교 승의 귀속과 장안에 있는 130여 개의 불교 및 도교 사원을 각각 3개와 1개로 감축하도록 명하였다. 그 해, 형을 살해하고 아버지 고조에게 양위를 강요하여 황제가 된 태종은 고조의 억불정책을 폐기하고 도리어 불교 사원을 건축하였으며 3천 명의 불교 승을 임명하였다. 태종 자신이 황제가 될 때 불교 승의 도움을 많이 받았기 때문이었다. 이처럼 태종은 불교와 도교에 대해

---

51 에이미 추아/이순희 옮김, 『제국의 미래』, 118-122; 크리스토프 바우머/안경덕 옮김, 『실크로드 기독교: 동방교회의 역사』, 326-327.
52 신형식, 『신라인의 실크로드』 (서울: 백산자료원, 2002), 115-136; 에이미 추아 /이순희 옮김, 『제국의 미래』, 128.

관용적이었을 뿐만 아니라, 그 부수적인 결과로 다른 외래종교에 대해서도 개방적이었다.[53]

당시 인구 100만 명이 넘었던 장안에는 여러 나라 출신의 사람들이 상인 구역을 형성하여 거주했으며, 다양한 외래종교의 사원들이 외국인 상인 구역에 세워졌다. 조로아스터교, 마니교, 유대교, 이슬람교, 경교 등 서역에서 들어온 종교들이 주로 외국인 신도 사이에서 자유롭게 신봉되었다. 외국인들이 모여 살았던 장안의 서시(西市)에는 이 종교들의 사원에서 종교의식이 거행되었다. 당나라는 여러 종교가 공존하고 다양한 신들 덕분에 나라가 풍요로워진다고 생각했지만, 외교를 관장하기도 하는 예부에서 새로운 종교를 검열하는 과정을 거친 종교에 한해서였다. 예부에서는 새로운 종교가 국가와 사회에 위험한지 여부를 심사하고 그 후 당국에서는 새 종교의 허용 범위를 결정했다. 새 종교를 나라 전체에 허용할지, 외국인 상인 구역으로 한정할지, 완전 금지할지를 결정했다는 것이다.[54] 외국인 상인 구역에 한정된 서역의 다른 종교들과 달리, 경교는 나라 전체에 허용된 것으로 보인다. <대진경교유행중국비>(이하 경교비)의 다음 내용을 통해 이를 확인할 수 있다.

만물과 사람에게 두루 유익하니 온 나라에 전파돼야 마땅할 것이니라.[55]

---

53 황정욱,『예루살렘에서 長安까지: 그리스도교의 唐 전래와 景敎 문헌과 유물에 나타난 중국 종교의 영향에 대한 연구』, 64; 에이미 추아,『제국의 미래』, 123.
54 에이미 추아/이순희 옮김,『제국의 미래』, 123; 크리스토프 바우머/안경덕 옮김, 『실크로드 기독교: 동방교회의 역사』, 327.

현종(재위 712~756)도 외국인에게 관대하고 외국의 문화와 종교에 개방적이었던 점에서 태종 못지않았다. 현종 때 장안은 다양한 문화가 어우러져 화려했으며, 문학, 예술, 역사 이론, 미학 이론 그리고 특히 시가 융성했던 그야말로 학문과 예술의 중심지였다. 아래의 글은 그러한 장안의 모습을 짐작하게 한다.

> 장안은 대제국의 훌륭한 수도를 넘어서는 공간이었다. 장안은 다양한 인종이 모여 있는 세계적인 도시이자, 세계에서 가장 큰 도시였다. 장안은 동아시아 전역으로 문명을 전파시키는 중추적인 도시였다.[56]

관대하고 개방적인 현종의 태도를 보여주는 일화가 있다. 우마이야 왕조의 칼리프 왈리드가 당의 군사적 원조를 얻으려고 파견한 외교 사절단이 종교적인 이유로 중국의 황실 예법을 거부했는데, 그에 대해 현종은 크게 문제 삼지 않았다는 것이다. 이는 당나라와 동시대 제국이었던 우마이야 왕조와 비잔티움제국이 종교적으로 편협했던 것에 비해 당이 관용적이었다고 평가되는 이유이다.[57]

경교는 이렇게 개방적이고 관용적인 당나라에 수용되었다. 아시리아동방교회에서 파송한 선교사 알로펜과 그 일행은 정관 9년(635년) 장안에 도착했으며 태종의 선교 허가와 지원 아래 활동을 시작하였다.

---

55 크리스토프 바우머/안경덕 옮김, 『실크로드 기독교: 동방교회의 역사』, 329
56 에이미 추아/이순희 옮김, 『제국의 미래』, 128.
57 에이미 추아/이순희 옮김, 『제국의 미래』, 128-129.

태종은 정관 12년(638년)에 장안 의녕방(義寧坊)에 경교 예배당인 대진사를 세우도록 하고, 알로펜과 그 일행에게 성직자의 신분을 법적으로 부여하여 대진사를 중심으로 선교활동을 하도록 허가하고 지원하였다.

> 페르시아의 주교 알로펜은 중국에 성군이 나실 것을 예측하고 성경을 지니고 중국을 향해 험난한 길을 달려서 정관 9년(635)에 수도 장안에 도착했다. 황제께서는 재상 방현령에게 의장대와 궁중의 호위 군사들을 딸려 보내어 장안 서쪽 교외에서 손님을 맞게 해 궁으로 들게 하셨다. 황궁에서 경서를 번역하게 하시고 황제께서 직접 복음에 대해 물으셨다. 복음이 바르고 참되다는 것을 아시고는 (경교를) 전파할 것을 명하셨다. … 이에 해당 관서에서는 장안 의녕방에 경교 예배당 한 곳을 짓고 선교사 21명을 두게 했다.[58]

태종에 이어 고종(재위 649~683)도 경교의 선교활동을 적극 지원하였다.

> 고종 황제(649~683)께서 공경하는 마음으로 열조의 예를 따랐다. 참 종교인 경교가 더욱 빛을 내도록 도우셔서 고을마다 경교 예배당을 하나씩 세우고 알로펜에게 '진국대법주'(鎭國大法主)의 칭호를 내려 그를 아끼셨다. 경교의 가르침이 온 나라에 퍼졌고, 나라는 부강하고 백성들은 안락함을 누렸으며, 수도원(예배당)이 없는 곳이 없었고 가정마다

---

58 크리스토프 바우머, 『실크로드 기독교: 동방교회의 역사』, 328-329.

경교의 구원의 은혜가 차고 넘쳤다.[59]

경교의 이러한 수용과정은 당시의 시대적 배경과 관련된다. 이에 관한 논의[60]를 다음과 같이 정리할 수 있다. 첫째, 알로펜과 그 일행이 장안에 도착하기 이전에 이미 경교가 중국에 알려져 있었다. 이는 알로펜 일행을 맞이하는 태종의 조치와 태도를 통해 짐작된다. 사산제국에 속해 있던 아시리아동방교회는 사산제국의 대내외적인 위기에 대응하여 당나라에 선교 거점을 확보하기 위해 알로펜 선교사 일행을 파송했으며, 태종은 알로펜 일행을 외교사절로 대우하여 맞이한 점을 볼 때, 그 이전에 비공식적으로 어떤 형태로든지 접촉이 있었을 것으로 추정되기 때문이다. 둘째, 당 황실이 경교의 수용 초기부터 경교를 우대한 것은 당의 대외정책의 일환이었다. 당나라는 중앙아시아의 정세 변화에 대한 정보를 경교로부터 얻을 수 있을 뿐만 아니라, 셀레우키아 크테시폰의 총대주교 중심의 체계적인 교단 조직을 통해 서아시아와 교류하고 있던 경교가 외교적으로 유효한 기능을 담당하리라 기대했기 때문이다. 셋째, 경교는 수용 초기부터 당 황실에 의존했으며, 사산제국의 유민과 당나라 사이를 중계하는 역할을 담당했다. 이는 경교 교세의 확장과 보존 그리고 경교의 입지를 공고히 하기 위한 전략이었다.

경교의 수용과정에 대한 이상의 논의를 종합해 볼 때, 동시대 다른

---

59 앞의 책, 330-331.
60 조성우, "唐代 景教 敎團의 活動과 그 性格: 外來 宗敎에 대한 唐의 태도와 관련하여," 「위진수당사연구」 4 (1998), 187-212.

제국과 비교하면 당나라는 외국인과 외래종교에 대해 개방적이고 관용적이었다. 그러나 그 이면에는 외래종교를 종교 그 자체만으로 바라보지 않고 대외정책과 재정적인 측면에서 인식하는 현실적인 이해관계가 있었던 것으로 보인다.[61] 또한 경교도 경교를 우대한 당 황실의 의도와 목적을 간파하였으며, 그것을 이용하여 당 황실의 환심을 사고자 하였다. 이렇게 볼 때 경교비는 당 황실과 경교 양쪽의 암묵적인 이해관계가 맞물려서 탄생한 것으로 볼 수 있다. 그러나 경교비에는 이러한 이면적 이해관계가 나타나지 않는다. 태종이 경교를 승인한 이유에 대해 경교비는 다음과 같이 기록하고 있다.

그 가르침을 자세히 살펴보니 깊고 오묘하고 꾸밈이 없으며, 그 근본 교리를 고찰해 보니 모든 것을 다 갖췄고 그 요지가 분명하다. 가르치는 문구에 번잡한 주장이 없고 이치는 문구를 떠나 내적인 깨달음을 준다. 만물과 사람에게 두루 유익하니 온 나라에 전파돼야 마땅할 것이니라. 주(周) 왕조가 덕을 잃자, 노자는 검은 소가 끄는 수레를 몰고 서쪽으로 가버렸고, 세월이 흘러 위대한 당 왕조가 빛을 발하자, 경교의 바람이 되돌아 동쪽을 향해 불게 됐다.[62]

경교비에 따르면 태종은 경교의 가르침과 교리가 당 황실과 사회에

61 Ibid., 208-209.
62 크리스토프 바우머/안경덕 옮김, 『실크로드 기독교: 동방교회의 역사』, 329.

위협이 되지 않고 나라 전체에 허용될 정도로 유익하기에 경교를 승인했다. 또한 경교비에는 경교를 도교와 연관 지어 이해함으로써 당 황실의 종교적 권위를 높이고자 하는 의도가 담겨있다.[63] 이 의도는 당 황실과 경교의 이해관계가 맞닿은 지점이다. 경교비 건립을 허락한 것은 당 황실과 조정이었지만, 경교비의 내용을 작성한 것은 경교 사제 경정이었다. 그러므로 당 황실이 경교를 도교와 연관하여 이해한 것으로 표현된 내용은 당 황실의 종교적 권위를 세워줌과 동시에, 경교의 입장에서는 이를 통해 당 황실의 관심과 호의를 얻으려고 한 것이다. 경교를 승인하기 한 해 전인 정관 11년(637년)에 태종이 승니(僧尼)를 도사(道士)와 여관(女冠)보다 하위에 두는 도교존숭(道敎尊崇)의 명령을 내렸다. 태종의 이러한 동향을 파악한 경교 측은 경교를 도교적 색채로 소개함으로써 당 황실의 지원을 받아 교세를 확장하고자 했던 것으로 보인다.[64]

(2) 경교와 당 황실의 관계

경교는 수용 초기부터 당 황실 및 조정과 긴밀한 관계 속에서 당 황실의 공인과 지원을 받으며 선교활동을 전개했다. 역대 황제에 대한 송덕의 내용을 담고 있는 송덕비 성격의 경교비가 이를 단적으로 보여준다. 경교는 당나라 내부의 토착 기반이 미약한 데다가 경교의 본산인 사산제국이 망하여 교단 차원의 후원을 전혀 기대할 수 없는

---

63 김호동, 『동방 기독교와 동서문명』, 130.

64 조성우, "唐代 景教 敎團의 活動과 그 性格: 外來 宗敎에 대한 唐의 태도와 관련하여," 196.

상황에서, 살아남기 위한 전략으로 정교유착을 선택한 것이다. 중국에서는 전통적으로 외래종교를 받아들이되 그 외래종교가 황실을 위협해서는 안 된다는 금기가 있었기 때문에, 외래종교인 경교는 생존을 위해 불가피하게 황실과 관계를 돈독히 할 수밖에 없었을 것이다.[65] 경교비에 의하면 경교는 황실의 승인과 보호 아래 수용되었음을 알 수 있다.

> 진리에는 일정한 명칭이 없고, (진리를 설파한) 성인도 고정된 형상도 없으시다. 지역에 따라 종교를 세우고 중생을 널리 구원하신다. 멀리 '대진'(大秦: 동쪽에 위치한 지중해 지역, 로마제국)의 '대덕'(大德) (주교) 알로펜이 수도 장안에 와서 지니고 온 성경과 성상을 짐에게 바쳤다. 그 가르침을 자세히 살펴보니 깊고 오묘하고 꾸밈이 없으며, 그 근본 교리를 고찰해 보니 모든 것을 다 갖췄고 그 요지가 분명하다. 가르치는 문구에 번잡한 주장이 없고 이치는 문구를 떠나 내적인 깨달음을 준다. 만물과 사람에게 두루 유익하니 온 나라에 전파돼야 마땅할 것이니라. 이에 해당 관서에서는 장안 의녕방에 경교 예배당 한 곳을 짓고 선교사 21명을 두게 했다.[66]

당 황실과 긴밀하게 유착되어 있었던 경교는 예배당에 황제의 초상

---

65 이현모, "경교는 실패한 모델인가?: 현대 상황화 개념에 따른 재평가," 「복음과 실천」 43 (2009), 319.
66 크리스토프 바우머/안경덕 옮김, 『실크로드 기독교: 동방교회의 역사』, 329.

화를 걸어놓았으며,[67] 황실의 재정적 지원을 받아 예배당을 세웠고,[68] 경교 성직자 이사(伊斯)는 고관의 직위에 올랐다.[69] 경교비는 경교의 수용부터 경교비의 건립까지 경교를 보호하고 장려했던 역대 황제들의 치적을 아래와 같이 예찬한다.[70]

고종(高宗) 대제(大帝)는 조종(祖宗)의 황통(皇統)을 고스란히 계승하여 이 참종교(眞宗)를 윤택하게 하시었고 모든 주(州)에 가각 경교사(景教 寺)를 두도록 하고 아라본을 진국대법주(鎭國大法主)로 모시도록 하시니 경교(法)는 십도(十道)에 퍼지고 나라는 부유해지고 백성은 편안해졌으며 사원은 수많은 성읍에 충만하여 가가호호는 큰 복이 은성(殷盛)하였다.

현종(玄宗) 황제는 영국(寧國) 등 오왕(五王)들에게 명하여 행복의 집(福宇)에 친히 왕림하시어 제단을 세우도록 하시니 잠시 휘어졌던 법의 기둥은 더 높이 솟았고 일시 기울어졌던 도의 초석은 다시 바로 놓이게 되었다. … 3년(天寶) 대진국 승 길화(佶和)는 별을 우러러 북상(北上)하고 해를

---

67 "유사에게 명하여 황제의 사진을 그려 사원 벽에 걸어놓으니." 정수일, 『문명교류사 연구』, 101.

68 "고종 황제(649~683)께서 공경하는 마음으로 열조의 예를 따랐다. 참 종교인 경교가 더욱 빛을 내도록 도우셔서 고을마다 경교 예배당을 하나씩 세우고." 크리스토프 바우머/안경덕 옮김, 『실크로드 기독교: 동방교회의 역사』, 330-331.

69 "대시주금자광록대부이며 동삭방절도부사이고 시전중감이며 자색가사를 하사받은 승 이사는." 정수일, 『문명교류사 연구』, 103.

70 앞의 책, 100-103.

바라보며 지존을 따랐다. 승 나함과 승 보론(普論) 등 17명에게 조서를 보내 대덕 길화와 함께 흥경궁(興慶宮)에서 공덕을 연수케 하고는 사(寺)의 제명(題銘)을 친히 쓰시어 정문에 걸어놓고 보옥(寶玉)으로 장식하니 붉은 노을처럼 작열하고 성왕의 명찰(名札)이 하늘 높이 걸려 있으니 빛남이 밝은 해를 능가한다. 황제의 성덕은 남산(南山)보다 높고 넘쳐 흐르는 덕택은 동해와 같이 깊다. 무릇 도에는 불가함이 없으니 그 가(可)함으로 이름 지어질 것이고, 성왕은 하지 못하심이 없으니 그 하심이 기록될 것이다.

글에 밝으신 **숙종(肅宗)** 황제께서는 영무(靈武) 등 5군에 경교 사원을 더 지으시니 원래의 착함[善]이 더 쌓여서 복문(福門)이 열리고 큰 경사를 맞이하시어 마침내 황제의 위업이 달성되었다.

문무를 겸비하신 **대종(代宗)** 황제께서는 성운(聖運)이 널리 퍼지어 만사가 형통하시었다. 해마다 성탄절에는 향품(香品)을 하사하시어 성공을 기렸고 어찬(魚饌)을 베풀어 경교도들을 환대하시었다.

현 건중(建中) 문무를 겸비하신 **성신황제(聖神皇帝, 德宗)**께서 8수(修)의 선정(善政)을 펴시어 암우(暗愚)와 현명(賢命)을 가려내시고 9조(條)의 법규를 천명하시어 경교의 사명[惟新景命]을 새로이 하시고 현묘한 도리에 통달하시어 비행(非行)을 근절하시었다. 그의 마음은 크면서도 겸허하고 고요하면서도 너그러워 넓은 자비로 고생하는 중생을 구제하

시니[廣慈救衆苦] 백성에게 선덕을 베푸는 것은 수행의 대도(大道, 大
犬)이며 그들을 인도하는 한 단계(段階, 階漸)다.

황실의 승인을 받아 선교활동을 했던 경교가 경교비와 같은 큰
비를 세우기 위해서는 관의 허가를 받아야 했을 것이므로 황제에 대한
예찬이 필수였을 것이다. 경교비에 나타난 황제 예찬은, 경교가 선교
전략상 황제 숭배를 도입한 것으로 보인다.[71]
경교 문헌 『서청미시소경』(序聽迷詩所經)에 언급된 열 가지 덕목인
'십원'(十願)도 황제 숭배로 해석될 수 있는 또 다른 근거이다. 열 가지
덕목은 아래와 같다.[72]

1. 천존(天尊)을 섬겨라

2. 성상(聖上)을 섬겨라

3. 부모를 섬겨라

4. 남에게 선을 행하고 악한 마음을 품지 말라

5. 살생하지 말고, 남에게도 살생하도록 권하지 말라

---

71 반면, 당시의 정치적 상황으로 볼 때 황제 숭배로까지 보기는 어려울 것 같다는
　　견해도 있다. 이현모, "경교는 실패한 모델인가?: 현대 상황화 개념에 따른 재평
　　가," 319; 황정욱, 『예루살렘에서 長安까지: 그리스도교의 唐 전래와 景敎 문헌과
　　유물에 나타난 중국 종교의 영향에 대한 연구』, 192, 196.
72 황정욱, 『예루살렘에서 長安까지: 그리스도교의 唐 전래와 景敎 문헌과 유물에
　　나타난 중국 종교의 영향에 대한 연구』, 78-86; 김호동, 『동방 기독교와 동서문
　　명』, 139.

6. 남의 아내와 간통하지 말라

7. 도적질하지 말라

8. 남의 부귀와 밭과 집과 노비를 탐내지 말라

9. 처자와 좋은 집을 가진 경우 거짓 문서로 남을 모해하지 말라

10. 남의 물건을 받거나 비용을 취하지 말라

열 가지 덕목 중 두 번째 덕목인 '성상을 섬겨라'가 황제 숭배로
해석될 수 있겠다. 이 또한 "당 황제의 공인을 얻기 위한 선교상의
고육지책"[73]이었으며, "포교 전도의 방편으로 봉건사회 통치 계급에
복무했던 '尊君'(존군)의 유가 사상을 접수하여 천주교의 교황지상주의
를 대체"[74]한 것이었다.

(3) 경교와 타 종교의 관계

경교는 의료선교와 문서선교의 방법으로 선교했다. 약리학의 축적
된 지식으로 질병을 진단하고 처방하는 의료선교는 단기간의 가시적
성과를 거둘 수 있었던 반면, 성경 번역 위주의 문서선교는 경교 선교사
들이 중국 문화와 언어에 익숙하지 않았기 때문에 노력 대비 성과가
그리 빨리 나타나지 않았다.[75]

---

73 황정욱, 『예루살렘에서 長安까지: 그리스도교의 唐 전래와 景敎 문헌과 유물에
    나타난 중국 종교의 영향에 대한 연구』, 81.
74 이경규, "경교비에 나타난 경교사상에 관하여," 92.
75 이수연, "중국 고대기독교 경교의 성경 번역," 145.

경교는 도교의 용어를 사용하고 불교 경전의 형식을 모방하며 유교의 충효 사상을 강조하는 방식으로 문서선교를 전개하였다.[76] 경교는 토착화를 위한 효과적인 방법 중 특히 불교를 근본 체제로 수용하였다. 그 이유는 첫째, 불교는 외래종교로서 줄곧 중국 바깥의 종교문화 교류를 주도했으며, 당나라 때도 주변국과의 대규모 교류를 하고 있었기 때문이다. 둘째, 이미 중국의 주요 종교가 된 불교는 계급을 망라한 모든 사람의 관심과 존중을 받았으며 그만큼 영향력이 컸기 때문이다. 셋째, 불교의 체계가 넓고 깊으며 그 내용이 광범위하여 개방적이고 포용적이었기 때문이다.[77]

경교의 성경 번역은 경교 선교사들이 가지고 온 고대 시리아어 성경인 『페쉬타』(Peshitta)의 원문을 그대로 번역한 축자 번역이 아니라 기독교의 핵심 진리를 발췌하여 번역한 편역이었다. 또한 경교의 성경 번역은 중국적 가치 및 전통과 충돌되는 성경 내용은 배제하고, 중국에 수용 가능한 기독교 교리만 불교와 도교의 개념 및 용어를 차용하여 번역한 격의(格義) 번역이었다. 경교비와 경교 문헌은 경교의 교리적 개념들을 불교, 유교, 도교의 대응 술어로 표현한다. 이는 유불도 세 종교가 중국에 뿌리내려서 중국 문화의 토양으로 작용하고 있었기 때문에 기독교를 효과적으로 전달하려는 방법이었다.[78]

---

76 이경규, "경교비에 나타난 경교사상에 관하여," 15.
77 이경규, "경교의 토착화에 대한 일고," 「대구사학」 70 (2003), 115.
78 정수일, 『문명교류사 연구』, 96; 이수연, "중국 고대기독교 경교의 『성경』 번역," 145, 156.

격의란 "불교가 중국에 전래된 동한(東漢)시대에 유가와 도가의 철학적 용어를 차용하여 불교 교리를 소개했던 방법"[79]을 말한다. 불교의 '공'(空) 사상을 설명할 때 도가의 '무'(無) 개념을 차용하여 소개하는 것이 격의의 대표적 사례에 해당한다. 경교는 중국인 독자들에게 경교를 효과적이고 알기 쉽게 소개하기 위하여 불교 유입 과정 때 사용되었던 격의 번역의 방법을 채택하였다. 경교의 교리적 개념들을 불교, 유교, 도교의 대응 술어로 표현한 대표적 예는 다음과 같다.[80]

경교의 교리적 개념과 유불도의 대응 술어[81]

경교의 교리적 개념	유불도의 대응 술어
삼위일체(三位一體)	삼일묘신(三一妙身)
천사(天使)	신천(神天)
육신강림(肉身降臨)	동인출대(同人出代)·분신출대(分身出代)
동정녀(童貞女)	실녀(室女)
팔복(八福)	팔경(八境)
부활승천(復活昇天)	정오승진(亭午昇眞)
구원(救援)	제도(濟度)
종교(宗敎, 景敎)	법(法)
주교(主敎)·감독(監督)	법주(法主)
하느님	건(乾)
사원(寺院)	법당(法堂)
천지(天地)	육합(六合)
신(信)·망(望)·애(愛)	삼상(三常)
칠일예배(七日禮拜)	칠일일천(七日一薦)

---

79 이수연, "중국 고대기독교 경교의 『성경』 번역," 156.
80 정수일, 『문명교류사 연구』, 95.

경교는 유불도 삼교의 용어 중에서 특히 불교 용어를 가장 많이 차용했는데, 『서청미시소경』은 45종, 『일신론』은 54종, 『지현안락경』은 82종을 차용하였다고 한다. 예를 들어, '하나님'을 '천존'(天尊), '일신'(一神), '불'(佛), '법황'(法皇), '원존'(元尊) 등으로, '예수님'을 '세존'(世尊), '도'(道), '대사'(大師), '무상일존'(無上一尊), '경통법왕'(景通法王), '대성법주'(大聖法主) 등으로 표현하였다.[82]

다음은 경교비를 포함하여 경교 문헌 중 진품으로 인정된 문서들이다.[83]

경교 진품 문헌

제목	저자/편역자	발굴 장소
『서청미시소경(序聽迷詩所經)』	알로펜(Alopen)	둔황
『일신론(一神論)』	알로펜(Alopen)	둔황
『지현안락경(至玄安樂經)』	경정(景淨)	둔황
『대진경교선원본경(大秦景教宣元本經)』 『대진경교선원지본경(大秦景教宣元至本經)』	경정(景淨)	둔황, 낙양
대진경교유행중국비(大秦景教流行中國碑)	경정(景淨)	시안 부근
『대진경교삼위몽도찬(大秦景教三威蒙度讚)』	경정(景淨)	둔황
『존경(尊經)』	미상	둔황

---

81 정수일이 제시한 예들을 표로 정리한 것이다.

82 이수연, "중국 고대기독교 경교의 『성경』 번역," 157.

83 이수연, "중국 고대기독교 경교의 『성경』 번역," 147-156; 크리스토프 바우머/안경덕 옮김, 『실크로드 기독교: 동방교회의 역사』, 340-341. 진품 문헌의 목록에 대해서는 이수연과 바우머 둘 다 일치하지만, 각 문헌의 저자에 대해서는 의견이 다르다. 필자는 이수연의 연구 결과에 따라 저자와 발굴 장소를 명기했다. 웡샤오췐은 진품 여부에 대해서는 말하지 않고 『대성통진귀법찬(大聖通眞歸法贊)』을 경교 문헌에 포함한다. 웡샤오췐/임영택 옮김, 『중국어 경교 전적 해석』, 18.

『서청미시소경』에는 경교의 메시지가 유교 및 불교와 부합되게 번역되어 있다. 모세의 십계명이, 황제와 부모와 조상을 섬기는 유교 윤리 및 살생을 금지하는 불교 윤리에 모순되지 않게 나타난다. 즉, '천존(天尊)을 섬겨라', '성상(聖上)을 섬겨라', '부모를 섬겨라' 등의 계명은 유교의 가치관을 반영한 것이며, '살생하지 말고, 남에게도 살생하도록 권하지 말라'는 계명은 불교의 가르침을 수용한 것이다.[84] 『일신론』의 두 번째 부분인 일천론(一天論)에서 알로펜은 신의 불가시성을 불교의 '허공'(虛空) 개념을 차용하여 설명한다. 여기서 공(空)은 무(無)가 아니다. 공은 모든 술어나 속성으로부터 자유로운 절대적 존재 방식이요, 궁극적인 실재를 가리키는 것으로 사용되었다. 이러한 방식의 설명은 경교를 모르는 사람에게 불가시적인 신, 우주의 혼으로서의 신을 이해하는 데 도움이 된다.[85]

『지현안락경』은 석가모니와 수제자 아난다의 문답식 대화 형식을 차용하여 시몬 베드로와 그를 가르치는 예수를 그리고 있는데, 이러한 방식은 불경에서 흔히 볼 수 있는 형식이다. 예수는 구원의 길을 묻는 베드로에게 욕심과 행동을 자제하는 것을 첫 단계로 제시한다. 이는 도교의 '무위'(無爲) 개념과 일치되는 것으로 해석된다.[86] 『대진경교선원본경』, 『대진경교선원지본경』에는 예수의 산상수훈이 소개되어 있

---

84 크리스토프 바우머/안경덕 옮김, 『실크로드 기독교: 동방교회의 역사』, 342.

85 황정욱, "경교 일천론 제일에 나타난 신학 사상 연구," 229.

86 크리스토프 바우머/안경덕 옮김, 『실크로드 기독교: 동방교회의 역사』, 348; 이수연, "중국 고대기독교 경교의 『성경』 번역," 149-150.

는데, 도가의 용어를 차용함으로써 중국의 윤리적 가치관과 충돌하지 않도록 번역되어 있는 것으로 평가된다.[87] 앞에서 논의한 것처럼 경교비는 외관부터 불교와 도교의 양식을 반영한 모습이다. 경교비문에서 특히 주목할 점은 경정이 죄의 개념을 불교와 도교의 '무욕' 개념으로 접근한 것이다. 경정은 죄를 '우선순위를 잘못 둔 착각'이라고 해석하였다.[88] 유불도의 용어를 많이 차용한 『대진경교삼위몽도찬』은 중국 최초의 성가라는 위상을 가지며, 당나라 시기에 유행했던 칠언시 형식을 빌어 압운 처리를 한 점이 돋보인다고 평가된다.[89] 경교에서 살아있는 자의 평안과 죽은 자의 명복을 빌 때 사용하는 위패였던 『존경』은 삼위일체 신에 대한 경의로 시작하여 과거 예언자와 고승의 이름을 나열하고 그들의 명복을 빌고 있다.[90] 죽은 자의 명복을 비는 의례는 유교의 조상숭배에 해당한다.

경교비와 경교 문헌에서 타 종교의 용어와 개념을 차용한 격의 번역의 사례들을 살펴본 결과, 경교와 타 종교의 관계는 '문화의 그리스도' 유형에 해당한다. 경교를 중국인들이 효과적으로 이해하도록 유불도 세 종교의 용어와 개념 중 경교의 교리와 개념에 근사(近似)한 용어로 번역하는 격의 번역은, 그리스도(경교)와 문화(유불도 세 종교) 사이에 합의점이 있다고 보았기 때문이다.

---

87 이수연, "중국 고대기독교 경교의 『성경』 번역," 151.
88 크리스토프 바우머/안경덕 옮김, 『실크로드 기독교: 동방교회의 역사』, 345.
89 이수연, "중국 고대기독교 경교의 『성경』 번역," 153-154.
90 김호동, 『동방 기독교와 동서문명』, 146-147.

경교는 경교 교리를 전달하기 위해 신조어를 만들기도 했다. 경교의 개념과 용어에 상응하는 중국어 표현이 없는 경우에는 격의 번역을 할 수 없었기 때문이다. 어휘의 음역으로서의 신조어, 의미를 부연 설명할 수 있는 번역어로서의 신조어, 그리고 모방을 통해 생성된 신조어에 이르기까지 다양한 방법으로 신조어를 창제하였다.[91] 한편, 격의 번역하는 과정에서 기존 어휘의 의미가 확장되기도 했는데, 그 한 예로 도교 개념인 '도'(道)가 처음에는 기독교의 '말씀'(Logos)을 격의 번역한 차용어로 사용되었지만, 점차 기독교 어휘로 자리 잡아서 현재까지 중국어 번역 성경의 핵심적 어휘의 위치를 차지하고 있는 것을 들 수 있다. 그런데 경교가 도교의 용어와 형식을 많이 차용하기는 했지만, 도교의 영향을 일방적으로 받기만 하지 않고 경교가 도교의 어휘와 주제와 서사 방식에 영향을 주기도 했다는 연구 결과가 있다.[92] 이는 경교와 도교 사이에 습합(褶合)이 있었음을 뒷받침하는 근거가 된다.

경교 문헌의 번역 과정에서 나타난 신조어 창제, 기존 어휘의 의미 확장, 경교와 도교의 습합은 '문화 위의 그리스도' 유형으로 분류할 수 있다. 종합적 유형이라고 불리는 이 유형은 기존 문화(유불도 세 종교)와 그리스도(경교) 사이에 합의점이 있을 뿐만 아니라, 그 합의점에 기초하여 그리스도(경교)가 문화(유불도 세 종교)를 종합하고 완성한다고

---

91 이수연, "중국 고대기독교 경교의 『성경』 번역," 157.
92 Ibid., 158.

보기 때문이다.

이상과 같이 경교와 당 황실의 관계, 경교와 타 종교의 관계를 논의하고 니버의 유형론으로 분석한 결과, '문화와 대립하는 그리스도 유형'과 '문화를 변혁하는 그리스도 유형'은 좀처럼 찾아볼 수 없었다. 외래종교인 경교가 당나라에 전래되었을 때는 이미 유불도 세 종교가 사회 전체에 뿌리내려서 거대 문화와 세력으로 자리 잡고 있었기 때문에,[93] 그것에 대립하거나 변혁하기는 힘들었던 것으로 판단된다. 경교의 전개 양상은 주로 '문화의 그리스도' 유형, '문화 위의 그리스도' 유형, 그리고 부수적이고 암묵적으로 '문화와 역설적 관계에 있는 그리스도' 유형으로 나타난다. 문화와 역설적 관계에 있는 그리스도 유형이 부수적이고 암묵적으로 나타난다는 말은, '문화와 대립하는 그리스도' 유형 및 '문화를 변혁하는 그리스도' 유형을 거의 찾아볼 수 없는 상황에서 문화의 그리스도 유형과 문화 위의 그리스도 유형이 주로 나타날 때, 문화와 역설적 관계에 있는 그리스도 유형은 그에 따라 부수적으로 나타난다는 의미이다. 또한 정교일치 사회가 아니라면 어느 사회든지, 문화와 역설적 관계에 있는 그리스도 유형이 암묵적으로 존재한다는 뜻이다. 왜냐하면 그리스도와 문화의 이원성과 권위를 인정하는 동시에

---

93 "유교는 국가 이데올로기를 제공하고 사회 조직을 구성했으며, 도교는 사람들의 자아개념에 파고들면서 당나라 초기에는 황제들의 후원을 받고 있었다. 또 불교는 나름대로 알로펜보다 500년이나 앞서 장안에 들어와, 도교의 요소들을 받아들인 결과 중국에서 급속하게 퍼지고 있었다." 크리스토프 바우머/안경덕 옮김, 『실크로드 기독교: 동방교회의 역사』, 339-340; 이경규, "경교비에 나타난 경교 사상에 관하여," 97.

둘 사이의 대립도 받아들이는 이 유형은, 서로 일치하지 않고 대립하는
두 세계의 권위에 순종해야 할 때 발생하는 긴장을 항상 가지고 살
수밖에 없기 때문이다.

(4) 경교와 신라

300여 나라 또는 지역들과 교류했던 당나라의 수도 장안은 전
세계에서 인구가 가장 많고 가장 다양한 인종이 모여드는 곳이었다.
신라의 사신, 구법승, 유학생, 상인들도 장안을 자주 왕래하였다. 당
왕조 시기(618~907)에 많은 나라들이 당에 사절단을 파견하였는데,
그 중 단일 왕조로서 가장 빈번하고 지속적으로 사절단을 파견한 나라는
신라였다. 현존하는 문헌 기록상, 진평왕 43년(621)에 처음 견당사를
보낸 이후로 280여 년 동안 178차례에 걸쳐 사절단을 파견하였다.
당에 파견된 견당사를 직능별 네 그룹으로 분류된다. 그 네 그룹은
관인계층(官人階層), 선박의 운항을 전담하는 기술직 계층, 사절단의
안전을 담당하던 궁사집단(弓士集團), 부정기적으로 참여하던 구법승과
유학생이었다.[94] 장안을 오갔던 신라인들은 경교를 알았을 것이다.
또한 자연스럽게 경교가 신라에 전래되었을 것이다. 그러나 그들이
신자로서 포교 활동을 했다기보다는 새로운 종교와 사상의 존재를
견문하여 소개하는 정도였을 것으로 보인다.

---

94 전영준, "신라사회에 유입된 서역 문물과 多文化的 요소의 검토," 「신라사학보」
  15 (2009), 170-171.

중국에서는 한(漢)나라 이래로 주변 왕국의 왕자들이 숙위(宿衛)로 와 있었다. 숙위로 온 각국의 왕자들은 당 조정에서 일종의 의장대 또는 사신으로서 상호 교류했던 것으로 보인다. 당나라 때에는 태종이 국학(國學)을 설치하여 유학생을 유치하자 각국에서는 유학생들을 경쟁적으로 파견하였으며, 그 유학생들이 숙위의 역할을 대신하였다. 신라도 640년에 처음으로 왕족을 파견하여 국학에서 공부하도록 하였다. 한동안 당과의 관계가 소강상태였다가 성덕왕 12년(713)부터 대당 관계가 정상화되면서 당과의 국가 교역이 활발해지고, 도당 유학생도 다시 파견하였다.[95]

도당유학이 본격적으로 성행한 것은 821년에 신라인 최초로 김운경이 당의 과거시험인 빈공과에 급제하여 관직을 제수받은 무렵부터였다. 신라 문성왕 2년(840년) 때에는 당에 숙위와 숙위학생 중 10년 기한이 넘은 105명이 귀국 조치될 정도로 신라 도당 유학생들이 많았다. 도당 유학생 중 일부는 빈공과에 합격하여 당의 관리로 일하거나 귀국해서 신라의 관리가 되기도 하였다.[96] 당과 신라 간의 이러한 교류로 미루어 볼 때, 장안을 다녀온 도당 유학생들이 경교의 존재를 알았을 것이다.

장안을 오갔던 신라 구법승들도 경교의 존재를 모르지 않았을 것으

---

95 윤완, "통일신라시대 견당유학생(遣唐留學生) 연구,"「교육학연구」 42/4 (2004), 87; 김창석, "8~10세기 이슬람 제종족의 신라 來往과 그 배경,"「한국고대사연구」 44 (2006), 103; 강나리, "新羅 下代 渡唐留學의 성행과 그 배경,"「한국고대사연구」 9 (2018), 165-166.

96 신형식,『신라인의 실크로드』, 128-129; 윤완, "통일신라시대 견당유학생(遣唐留學生) 연구," 87; 강나리, "新羅 下代 渡唐留學의 성행과 그 배경," 165.

로 짐작된다. 7~9세기 말 신라와 당은 불교 교류가 활발하였는데, 7세기 초 신라의 구법승은 당 태종이 후원한 현장(玄奘) 법사의 불경 번역 사업에 참여하여 불교 종파의 발전과 교의 전파에 공헌한 것으로 알려졌다. 8~9세기 신라의 일부 승려들은 당을 중간 기점으로 삼아 인도로 구법 여행을 떠났고, 일부는 중국의 명승(名僧) 대덕(大德) 아래에서 경론을 연구한 후 신라로 돌아와 신라 구산선문(九山禪門)의 기초를 놓았으며, 일부는 당에서 생을 마쳤다.[97] 장안의 사찰에 있던 신라 구법승들을 가리키는 '제사신라승등'(諸寺新羅僧等)이라는 표현이 있을 정도로 장안에는 신라 구법승들이 많았다.[98] 그 많은 신라 구법승이 경교의 존재를 모를 리가 없다고 하겠다.

또한 회창법란(會昌法亂)으로 신라 구법승들이 대거 신라로 추방되었을 때, 그들은 당시 함께 탄압받은 경교의 존재를 알았을 것이다. 회창법란은 845년에 무종(840~846)이 시행한 폐불 정책이다. 무종은 대부분의 사찰을 폐쇄하고 승려들을 강제 환속시키면서 경교, 마니교, 조로아스터교에 대해서도 금지령을 내리고 외국인 승려들에게는 추방령을 내렸다.[99]

경교가 신라에 전래되었을 가능성의 또 다른 근거는 소그드 상인의 역할이다. 소그드 상인은 기원전 2세기에서 당나라 말기인 10세기경까

---

97 拜根興, "입당구법(入唐求法): 당과 신라 간에 불교문화 교류의 다리를 놓다 -입당구법 승려를 중심으로-,"「불교연구」29 (2008), 101.
98 변인석, "唐 長安 都城안의 寺刹과 新羅僧侶,"「정토학연구」2 (1999), 158.
99 크리스토프 바우머/안경덕 옮김, 『실크로드 기독교: 동방교회의 역사』, 337-338.

지 실크로드의 실질적인 주역이었다.[100] 소그드인들의 등장은 아케메네스페르시아제국의 다리우스 1세가 통치했던 기원전 6~5세기로 거슬러 올라간다. 소그드인은 소그디아나 지역의 원주민들과 여러 가지 이유로 그 외 지역에서 이주민으로 살았던 이들을 모두 포함한다.

소그드인들은 농사를 짓기도 했지만 '소그드 상인'이라는 말이 있을 정도로 상업 활동으로 더 유명하다. 소그드 상인들은 글을 읽고 쓰는 능력뿐만 아니라 각 지역의 정보에도 두루 밝았는데, 이러한 능력은 그들의 직업적 특성에서 비롯된 것이라 하겠다. 소그드 문자는 고대 서아시아의 국제 공용어였던 아람어 문자의 영향을 받았는데, 아람어는 실크로드 지역의 사실상 국제어였다. 소그드 상인들은 사람과 물자와 문명의 교통로였던 실크로드에서 각 지역 간에 대표적인 매개자 역할을 했다.[101]

소그드 상인들은 실크로드를 통해 중국에 불교, 조로아스터교, 마니교, 경교 등 여러 종교를 전파하는 데에 핵심적인 역할을 담당하였다. 소그드 상인들의 주된 종교는 조로아스터교였지만, 그들은 조로아스터교 외에 다른 종교들에 대해서도 개방적이었으며, 경교가 중국에 전래되는 과정에도 그들의 역할이 컸던 것으로 평가된다. 이러한 이유로 아시리아동방교회는 사마르칸트(Samarkand)에 대주교구를 설치하여

---

100 허남결, "실크로드의 호상 소그드 상인들의 재조명," 금강대학교 불교문화연구소 편, 『종교와 역사의 교차점, 실크로드』 (서울: 민족사, 2014), 303; 김호동, 『동방 기독교와 동서문명』, 118.
101 허남결, "실크로드의 호상 소그드 상인들의 재조명," 300-312.

소그드인들의 개종과 선교활동을 지원하였다.[102]

'상호'(商胡), '흥호'(興胡)로 불렸던 소그드 상인들은 조공 및 호시(互市) 교역에 종사했으며, 당나라의 전성기인 8세기에는 호풍(胡風)이 유행할 정도로 당나라 중심까지 진출하여 활동하였다. 8세기는 신라의 대당 관계가 정상화되어 당과의 교류가 활발해진 시기였으므로 신라에도 호풍의 영향이 미쳤으리라 볼 수 있다.[103] 그 한 예로 신라 원성왕(재위 785~798)의 왕릉(괘릉)에 있는 서역인 외모의 무인석상을 들 수 있다. 당시 유행하던 호풍이 반영되었기 때문이다.[104] 무인석상의 제작 배경에 대한 두 가지 견해가 있다. 하나는, 당나라 군대에 있던 서역인 부대의 용맹성이 널리 알려지면서 서역인 얼굴의 무인도용이 많이 만들어졌는데 그 영향을 받은 신라가[105], 당나라의 정형화된 '서역인

---

102 Ibid., 312-315. 사마르칸트에 대주교구를 설치한 시기는 아무리 늦게 잡아도 9세기 중반 이전으로 보인다. 이는 아시리아동방교회 총대주교 테오도시우스 (Theodosius, 재위 853~858)가 6세기 이후부터 있던 사마르칸트의 기존 교구를 대교구로 승격시킨 것에 근거한다. 사마르칸트의 대주교는 총대주교 선출권이 없었다. 아시리아동방교회는 대주교구를 두 범주로 구분했는데, 총대주교가 있는 대주교구를 포함한 아시리아동방교회 내지의 대주교구와 외지의 대주교구로 나누었다. 내지의 대주교구는 총대주교 선출권이 있었지만, 외지의 대주교구는 총대주교 선출권이 없었다. 사마르칸트 대주교구는 외지 대주교구 였기 때문에 총대주교 선출권이 없었던 것이다. 크리스토프 바우머/안경덕 옮김, 『실크로드 기독교: 동방교회의 역사』, 156-157, 311.

103 김창석, "8~10세기 이슬람 제종족의 신라 來往과 그 배경," 106; 강나리, "新羅 下代 渡唐留學의 성행과 그 배경," 166.

104 권영필, "신라문화 속에 남아있는 서역요소." 신형식 외, 『신라인의 실크로드』 (서울: 백산자료원, 2002), 111.

105 김원룡, 『한국미술사연구』 (서울: 일지사, 1987), 66.

이미지'에 기초한 석상을 제작했다는 것이다.[106] 다른 하나는, 소그드인이 직접 신라에 왔을 가능성을 염두에 둔 주장이다. 당나라에서 유행했던 도용을 그대로 모방한 것이 아니라, 신라에 왔던 서역인 가운데 소그드인을 직접 보고 만들었다는 것이다.[107]

호풍의 이국 산물이 신라에서 유행하기는 했지만, 소그드인들을 문화적 존숭의 대상으로도 외교 관계의 대상으로도 인식하지 않았던 것으로 보인다. 더구나 그들을 통해 당나라와 교역할 상황이 아니었다. 8세기 전반까지는 국가 간의 조공과 책봉 관계에 기초하여 공무역의 형태인 관무역의 성격이 강했고 당과 신라는 이러한 무역 형태를 통하여 필요한 물품을 교환하였기에, 소그드 상인들이 독자적으로 신라에 와서 직접 교역 활동을 할 가능성은 낮았기 때문이다. 그러나 8세기 후반에는 당과 신라 사이에 민간 상인 주도의 교역이 시작되어 당에 진출해 있던 소그드인들이 신라로 진출할 수 있는 여건이 마련되었다. 또한 소그드인 혈통의 안녹산이 일으킨 안사의 난(755년) 전개 과정에서 소그드 사회가 영향을 받게 되어 소그드인들은 새로운 교역 대상지를 찾아 신라까지 오게 되었다. 소그드인들이 취급한 약재, 향료, 공예품 등 희귀 상품이 신라 왕족과 귀족의 필수품이 되면서 원활한 공급을 위해 일부 상인들이 신라에 정착했다. 이처럼 당의 정세와 교역 환경의

---

106 임영애, "'서역인'인가 '서역인 이미지'인가: 통일신라미술속의 서역인식,"「미술사학연구」236 (2002), 64-65.

107 권영필, "慶州 掛陵人物石像 再考: 이란系 武人-위구르系文人石像,"「미술자료」50 (1992), 71; 권영필, "신라문화 속에 남아있는 서역요소," 111.

변화에 따라 신라에 오게 된 소그드인들 중 일부는 신라에 정착하기도 했지만, 당에서처럼 활동 범위가 넓지는 않았다.[108] 이렇게 소그드인들이 신라에 와서 그들 중 일부는 정착했다면, 교역품뿐만 아니라 경교도 소개되지 않았을까?

지금까지 논의한 근거들은 경교가 신라에 전해졌을 가능성을 시사한다. 그런데 이때 말하는 전래 가능성이란 경교가 신라에서 본격적인 선교활동을 했다기보다는, 신라 유학생들과 구법승들이 장안에서 보고 들은 경교를 언급하거나 신라에 다녀가고 정착했던 소그드 상인들을 통해서 경교의 존재가 알려졌을 가능성을 의미한다. 경교의 신라 전래는 정수일이 말한 종교의 전파 과정[109]에 비추어 볼 때 사전(私傳) 또는 초전(初傳)에 해당한다. 종교의 전파는 '전달'(transmission)로서의 초전과 '변용'(metamorphosis)을 수반하는 공전이라는 두 단계를 거친다. 변용이란 종교가 전파되어 피전파 지역 문화와의 접변이 일어나는 것을 가리키는데, 이러한 변용은 국가가 새로운 종교를 공식적으로 수용할 때 가능하다. 국가의 공식적인 수용, 즉 공인(公認)이 공전의 기점이며 변용의 시작이기 때문이다.

3) 비잔틴 기독교

비잔틴 기독교란 비잔티움제국의 기독교를 가리키며, 서방 헬라

---

108 김창석, "8~10세기 이슬람 제종족의 신라 來往과 그 배경," 93-123.
109 정수일, 『실크로드학』, 377-380.

기독교 그룹에 속한다. 비잔티움제국과 비잔틴 기독교는 서방 라틴 기독교 국가 중심의 서구 역사에서 정당한 평가를 받지 못했다. 오스만제국에 의해 정복되면서 비잔티움제국과 비잔틴 기독교가 기독교 세계에서 받아야 할 평가와 위상이 서유럽과 서방 라틴 기독교 그룹으로 넘어갔기 때문이다. 비잔티움제국은 서방 라틴 기독교 국가들과 아랍 이슬람 사이에서 그 둘 간의 직접적인 충돌을 완충하는 역할을 하였다. 아랍 이슬람의 군사·정치적 위협과 종교문화적 문제 제기에 대응해야 했으며, 라틴계 기독교 국가들과는 기독교 패권 장악을 놓고 세력 다툼을 해야 했다. 세력 다툼이라기보다는 비잔티움제국의 번성에 대한 라틴계 기독교 국가들의 일방적인 선망과 시기심의 표출이라고 보는 것이 적합할 것 같다. 만일 비잔티움제국이 오스만제국에게 정복되지 않았다면, 비잔티움제국과 비잔틴 기독교에 대한 평가가 달라졌을 것이다. 이런 이유로 비잔틴 기독교는 주요 변형의 시기 기독교 중에서 저평가된 기독교라 하겠다.

앞에서 언급했듯이, 비잔틴 기독교는 성상 파괴 논쟁을 둘러싼 공방과 재해석을 통해 형성되었다. 성상 파괴 논쟁은 아랍 이슬람의 군사 정치적 위협과 종교문화적 문제 제기(오리엔트 유형 신)에 대응하여, 고대 그리스·로마의 이교적 배경의 성상 숭배(그리스 유형 신)를 비잔틴 기독교의 고유한 의식으로 재해석(두 유형의 절충)함으로써, 비잔틴 기독교의 독자적인 문화를 구성하는 데에 핵심적인 역할을 담당했기 때문이다.

4) 이란 이슬람

이란 이슬람교는 사산제국이 아랍 무슬림 군대에 의해 정복되면서 시작되었다. 사산제국의 국교였던 조로아스터교는 사산제국 황실과 밀착되고 예속되어 있었기 때문에 사산제국의 멸망과 함께 힘을 잃고 이슬람교에 자리를 내어주게 되었다. 나라의 멸망과 함께 이슬람교가 들어왔지만, 이란은 기원전 6세기 페르시아제국부터 파르티아제국을 거쳐 사산제국에 이르는 1,200년 간의 페르시아 문화에 기초하여 이슬람교를 문화적으로 발전시켰고, 이슬람 세계에 새로운 정치적 전기를 열었다고 평가된다.[110]

이란은 시아 이슬람의 종주국으로 알려져 있다. 이란의 모든 시스템의 근간은 시아 이슬람이며, 이란 이슬람의 역사는 이란 시아 이슬람 역사라고 해도 과언이 아니다. 그러나 이란 이슬람 확장 초기에는 이란의 대부분 지역이 순니파 이슬람 지역이었다. 시아 이슬람은 콤, 레이, 카샨, 호라산 지역에 국한되었었다. 이란의 시아 이슬람화가 시작된 것은 부와이 왕조(Buwayhid, 945~1055) 때부터였다. 시아 이슬람을 왕국의 종교로 정하고 압바스제국의 바그다드를 점령하면서 이란의 시아 이슬람화가 시작되었다. 부와이예 왕조 때 시작된 이란의 시아 이슬람화가 완성된 것은 사파비 왕조 때였다. 사파비 왕조는 시아 이슬람을 국교로 삼았으며, 시아파 신학교를 세우고 외국에서 시아파

---

110 이희수, 『인류 본사』, 278-279.

신학자를 초빙하는 등 이란의 시아 이슬람화에 박차를 가했다. 시아파 신학교에서 교육을 받은 시아파 성직자들은 교육자와 법관으로 채용되어 활동하였으며, 이에 따라 그들의 사회적 영향력이 증가하고 시아파가 민간에 뿌리내리게 되었다.[111]

예언자 무함마드 사후 이슬람은 무함마드의 사촌이자 사위인 알리만을 이슬람 공동체의 지도자로 인정하는 시아파와 순나에 따라 선출된 지도자를 인정하는 순니파로 갈라졌다. 이러한 차이를 순니파와 시아파의 신앙고백에서 확인할 수 있다. 순니파가 '알라 외에 다른 신은 없고 무함마드는 그의 예언자이다'라고 고백한다면, 시아파는 그 고백에 추가적으로 '알리는 알라의 뜻을 행하는 실행자이다'라고 고백한다.[112] 순니파는 현재 전 세계 무슬림의 85~90%를 차지하는 다수파이며 시아파는 10~15%의 소수파이다.

순니파와 시아파가 처음에 정치적인 이유로 분열되었기 때문에 이 두 그룹을 '종파'(宗派)라기보다는 '정파'(政派)라고 부르기도 한다. 두 그룹의 정치적 입장의 차이는 점차 종교적인 면으로도 차이가 확대되었다. 정파로 시작한 순니파와 시아파가 종파로 불리게 된 것은 카르발라 사건(680년) 이후부터이다. 시아파 3대 이맘인 후사인과 그 추종자들이 카르발라에서 우마이야 왕조의 칼리프 야지드 군대에 의해 살해된 이후, 시아파는 순니파에 대한 저항을 기존의 정치적, 군사적 저항에서

---

111 유홍태, 『시아 이슬람』, 32, 64-65; 카렌 암스트롱/장병옥 옮김, 『이슬람』, 143-144.
112 유홍태, 『시아 이슬람』, 19-23.

종교적, 도덕적 저항으로 방향을 선회하고 시아로서의 정체성을 확고하게 가지게 되었으며 이를 종교적 교리로 구체화하기 시작하였다.[113]

시아 이슬람의 대표적인 분파로는 이마미파(Imamiyyah, 열두 이맘파), 자이드파(Zaidiyyah, 다섯 이맘파), 이스마일파(Ismailis, 일곱 이맘파)가 있다. 이 분파들은 정치적 노선의 차이뿐만 아니라 알리의 가계에서 몇 대까지 신성한 이맘으로 인정할 것인가에 대해 의견을 달리한다. 열두 이맘파는 알리부터 12대를 거치는 이맘의 가계를 모두 인정하고, 다섯 이맘파는 열두 이맘파가 인정하는 12대 이맘 중 5대 이맘부터 다른 인물을 이맘으로 인정하며, 일곱 이맘파는 7대 이맘부터 다른 인물을 이맘으로 추대한다. 시아 이슬람의 가장 큰 분파는 열두 이맘파로 시아파 전체의 85%를 차지하고 있으며, 이란 인구의 90%가 이 분파이다. 열두 이맘파의 가장 큰 특징은 12대 이맘의 재림과 심판을 믿는다는 것이다. 어릴 때 사라진 12대 이맘 마흐디가 마지막 심판의 날에 다시 나타나서 세상을 심판한다는 '마흐디즘'이 열두 이맘파의 핵심 사상이다.[114]

이란 이슬람과 시아 이슬람은 불가분의 관계가 아닐 수 없다. 시아 이슬람이 이란에서 시작된 것은 아니지만, 이란에서 꽃피었고 번성했으며, 현재 시아 이슬람의 종주국이기 때문이다. 소위 '이란의 시아 이슬람

---

113 유흥태, 『시아 이슬람』, 19; 카렌 암스트롱/장병옥 옮김, 『이슬람』, 60; 박현도, 『이슬람교를 위한 변명』 (서울: 불광출판사, 2024), 100; 황병하, "쉬아파 기원과 사상적 특성 연구," 「한국이슬람학회논총」 4/1 (1994), 92; 정세현, "시아파의 기원과 핵심사상 그리고 선교적 함의," 「선교와 신학」 41 (2017), 481.
114 유흥태, 『시아 이슬람』, 37-47.

화' 또는 '시아 이슬람의 이란화'의 배경에 페르시아 문명과 조로아스터교의 영향을 빼놓을 수가 없겠다. 시아 이슬람이 분포된 대부분의 지역이 조로아스터교를 국교로 삼았던 사산제국의 패권하에 있었던 곳이라는 점을 주목할 필요가 있다. 이런 이유로 시아 이슬람을 페르시아 이슬람으로 부르기도 한다.[115] 그런데 이란이 현재 시아 이슬람의 종주국이라고 해서 "시아 이슬람을 아랍인 중심 이슬람에 저항한 페르시아인들의 민족 운동으로 오해해서는 안 될 것"이다. 시아파가 존숭하는 종교적 인물은 알리를 포함해 모두 아랍어권의 아랍인이고 아랍인이 시아 운동을 시작했기 때문이다.[116]

5) 중국 이슬람

전통적으로 이슬람 문화권은 여섯 개 문화권으로 분류된다.[117] 여섯 개 문화권은 아랍어권, 페르시아어권, 튀르크어권, 인도 대륙, 사하라 이남 아프리카, 동남아시아이다. 첫 번째 문화권인 아랍어권은 이슬람교가 탄생한 지역으로 동쪽의 이라크와 페르시아만 지역에서 서쪽의 아프리카 모리타니아까지 이르는 지역으로 4억 2,000만 명의 무슬림이

---

115 앞의 책, 104-105; Richard Foltz, *Religions of Iran*, 192.
116 박현도, 『이슬람교를 위한 변명』, 95.
117 아르빈드 샤르마 외/이명권 외 옮김, 『우리 인간의 종교들』(서울: 소나무, 2013), 755-760; 주원준, 박태식, 박현도, 『신학의 식탁: 세 종교학자가 말하는 유다교, 이슬람교, 그리스도교』(파주: 들녘, 2019), 252-255.

살고 있다. 둘째, 페르시아어권은 7세기 아랍 무슬림의 페르시아제국 정복 이후로 지금까지 이슬람 문화와 예술을 대표하는 문화권이다. '종교로서의 이슬람은 아라비아에서 시작되었지만, 이슬람이 예술적, 문화적으로 꽃 핀 곳은 페르시아다'라는 말이 있을 정도이다. 이란, 아프가니스탄, 타지키스탄, 우즈베키스탄 일부를 아우르는 지역에 약 1억 2,000만 명의 무슬림이 존재한다. 셋째, 튀르크어권은 튀르키예를 중심으로 아제르바이잔, 우즈베키스탄, 카자흐스탄, 키르키즈스탄, 투르크메니스탄, 체첸, 신장웨이우얼 등이 이 문화권이다. 무슬림 인구는 1억 6,000만 명이다. 네 번째 문화권은 인도 대륙이다. 무슬림 인구가 5억 명으로 가장 많은 문화권이다. 파키스탄, 방글라데시, 인도, 네팔, 스리랑카를 아우르는 문화권이다. 다섯째, 사하라 이남 아프리카에는 약 2억 5,000만 명의 무슬림이 살고 있다. 서사하라, 말리, 소말리아, 에티오피아, 세네갈 등이 이 문화권에 해당한다. 여섯 번째 문화권은 동남아시아 지역으로 무슬림 인구는 약 2억 5,000만 명이다. 단일 국가로는 무슬림 인구가 가장 많은 인도네시아를 비롯하여 말레이시아, 브루네이, 태국, 필리핀, 캄보디아, 베트남 등에 무슬림이 분포되어 있다.

무슬림 인구가 2,500만 명이라 다른 문화권에 비해 수적으로 적기 때문에 전통적인 이슬람 문화권으로 분류되지는 않지만, 필자는 중국 이슬람도 별도의 이슬람 문화권으로 분류해야 한다고 생각한다. 유학의 언어와 사상 체계를 통해 이슬람을 변증하고 발전시킨 유교적 무슬림 학자 회유와 이슬람 문헌 장르인 한 키타브 그리고 지금도 이슬람 신앙을 가지고 생활하는 회족의 존재는 중국 이슬람을 독자적인 이슬람 문화권으로 평가할 만하기 때문이다.[118]

(1) '중국의 이슬람'(Islam in China)과 '중국화한 이슬람'(Sino- Islam)

'중국 이슬람'은 '중국의 이슬람'과 '중국화한 이슬람'을 한데 아우르는 표현이다. 중국 이슬람은 중국에 이슬람이 전파되고 수용되어 전개되는 과정과 양상을 의미하기 때문이다. '중국의 이슬람'이란 중국에 들어와 정착한 외국인 무슬림과 그 후손 및 중국인 무슬림을 포함하여 중국 영토 내 무슬림들의 신앙 및 실천 모두를 가리킨다. '중국화한 이슬람'은 중국에 전래되어 수용된 이슬람이 중국 역대 왕조의 변화와 통치 정책에 따라 중국의 문화와 사상에 동화되거나 변용되어 전개된 이슬람을 말한다.

당나라와 송나라 때 중국 이슬람은 소수의 외국인 무슬림으로 구성되어 있었으며, 중국 사회로부터 고립된 체류자에 불과했다. 원나라 시기에는 무슬림의 대규모 이주로 인해 새로운 이슬람 공동체든 기존 이슬람 공동체든 무슬림 인구가 현저하게 증가하였다. 사회의 여러 분야에 외국인 무슬림 등용이 등용되어 후에 이슬람 학습의 센터가 될 새로운 분야의 기초가 놓였다. 무슬림의 지위가 한족보다 우위에

---

118 박현도도 유교적 이슬람 학자인 회유의 존재를 거론하며 중국 이슬람을 독창적인 문화로 평가한다. 주원준·박태식·박현도, 『신학의 식탁: 세 종교학자가 말하는 유다교, 이슬람교, 그리스도교』, 255-256; 박현도, 『이슬람교를 위한 변명』, 381-383.

있었지만, 중국 문화에 동화되지 않은 채 다민족 사회의 한 그룹일
뿐이었다.

명나라 때 무슬림은 중국 사회 및 문화에 동화되기 시작하였다.
황제의 법에 의해 무슬림은 중국인과 결혼해야 했으며, 중국식 이름,
중국식 의복, 중국식 건축, 중국식 문화 관습 따라야 했다. 공무 외에
개인의 해외여행이 금지되면서, 중국 무슬림들은 해외 무슬림으로부터
고립되고 중국 무슬림의 아랍어와 페르시아어 사용이 감소하며, 황제의
후원으로 세워진 모스크에서 관습적인 이슬람 지식만 되뇔 뿐 전통적인
이슬람 지식을 공부한 학자들을 배출할 수 없게 되었다. 이러한 고립과
통합 정책은 무슬림들에게 중국 사회에 동화되게 하고 중국 언어와
문화를 채택하도록 했다. 이슬람 지식에 대한 이해가 쇠퇴함에 따라
중국 무슬림은 이슬람 전통을 보존할 새로운 방법을 모색하게 되었다.
이는 '경당 교육'과 '漢 키타브'를 가능하게 한 직접적인 동기였다.

청나라 시기에는 명나라의 제한 규정이 대부분 유지되었으며, 패권
확장과 식민 정책으로 인해 무슬림과 통치자 사이의 긴장이 증가되고
무슬림과 비무슬림의 구분이 강화되었다. 그러나 중국인 무슬림에게
해외여행이 허용됨으로써 중국 북서 지역 무슬림 수피형 제단과 연결되
었으며, 윈난 지역에서는 중국 무슬림들이 동남아시아와의 경제 사회
활동의 주도권을 다시 가지게 되었다. 중국 무슬림은 해외여행과 유학을
통해 전 세계 무슬림 공동체의 동향을 직접 보고 이슬람에 대한 그들의
이해와 해석을 전달함으로써 중국화한 이슬람(Sino-Islam)의 사상과
실천을 재정립할 수 있었다.

(2) 이슬람의 중국 전래와 수용

중국에 이슬람이 처음 전래된 시기는 당대(唐代)이다. 이슬람의 중국 전래 시기에 대해 두 가지 견해가 있다. 구전 자료와 역사 문헌 자료에 따른 각각의 견해이다. 구전 자료에 의하면, 이슬람의 창시자인 무함마드의 외숙부 사드 빈 아부 와카스(Sa'd Bin Abu Wakkas)가 이슬람을 620년경 중국에 최초로 전래했다고 한다. 이에 대한 근거로 명말 청초의 무슬림 학자인 유지(劉智)의 『天方至聖實錄』(천방지성실록)과 무함마드의 언행록인 하디스를 들 수 있다. 유지에 의하면 와카스가 611년과 632년에 각각 다른 사절단과 함께 두 차례 중국에 와서 이슬람 포교 활동을 했으며 광주(廣州)에서 사망했다는 것이다. 또한 하디스의 "지식이 저 멀리 중국에 있어도, 중국에까지 가서 지식을 찾아라"라는 기록에 근거하여, 아랍 대상이었던 무함마드 역시 중국을 이미 알고 있었으며, 중국의 문물을 이미 경험했다는 것과 중국이 문명국가라는 사실 역시 인지하고 있었음을 짐작할 수 있다.[119]

이슬람의 중국 첫 전래를 620년경으로 보는 구전 자료와 달리, 역사 자료를 따라 당나라 고종(高宗) 영휘(永徽) 2년인 651년으로 보는 것이 학자들 사이에서 가장 설득력 있는 주장이다. 『구당서』(舊唐書) '대식전'(大食傳)과 『신당서』(新唐書) '대식전'(大食傳)은 아랍 무슬림의 중국 첫 방문을 다음과 같이 각각 기록하고 있다. "이 해에 대식(大食)왕이

---

119 이희수, "이슬람의 중국 전입과 회족 공동체의 태동," 「민족과 문화」 5 (1997), 90; 주성일, "중국 이슬람의 확산과 이슬람의 중국화," 「아랍과 이슬람 세계」 8 (2021), 109-112.

당조(唐朝)에 최초로 사신을 보내, 대식왕조(大食王朝)가 34년간 세 왕에 의해 통치되고 있음을 알리다", "영휘 2년 651년에 대식(아라비아) 왕이 당에 사신을 보내 황제를 알현하고, 스스로를 대식왕이라고 칭하였고, 건국하고 34년이 지났고, 두 명의 왕이 교체되었다고 알렸다."[120]

아랍 이슬람제국 사신들의 당나라 방문은 당나라 사신의 아랍 방문에 대한 답방 차원이었다. 당시 아랍의 패권을 장악한 아랍–이슬람군은 영토 확장을 목적으로 사산제국을 침공하여 사산제국은 637년과 642년 두 차례 전쟁에서 아랍–이슬람군에게 대패했다. 이에 당시 사산제국의 왕자 피루즈(Firuz)가 급히 당을 방문하여 군사 지원 요청을 했다. 당으로서는 아랍 이슬림제국의 실체를 알 수 없는 데다가 아랍–이슬람군이 당의 직접적인 위협이 될 수 없다는 판단하에 사산제국의 지원 요청을 거절했다. 이후 오히려 당은 아랍제국에 사신을 파견하여 당과 우호 협력할 것을 요청하는 한편, 아랍 내부의 실상을 파악하도록 했다. 이러한 중국 사신의 아랍제국 방문에 대해 아랍제국이 답방의 의미로 당에 사신을 보낸 것이다. 651년 아랍 사절단의 중국 첫 공식 방문 이후 798년까지 약 150여 년간 아랍 사절단의 중국 방문 횟수는 무려 37차례였다.[121]

사신들의 왕래 이후 당 왕조가 시행한 대외 무역 개방 정책으로 이슬람 상인들의 무역 활동이 활발해졌다. 이슬람의 중국 왕래 경로가

---

120 이희수, "이슬람의 중국 전입과 회족 공동체의 태동," 88.
121 주성일, "중국 이슬람의 확산과 이슬람의 중국화," 113-114.

초기에는 주로 육로에 국한되었으나, 항해술과 나침반의 발달로 해로가
개발되었다. 해로를 통해 아랍과 페르시아 지역에서 중국을 왕래하는
빈도가 급격히 증가하면서, 왕래하는 상인의 수가 증가하고 무역량과
무역 품목도 증대되었다. 왕래하는 민족도 다양해져서, 초기에는 아랍
인이 주를 이루다가 점점 페르시아인과 중앙아시아의 투르크인들도
빈번하게 왕래했다. 무역차 중국에 입국한 아랍, 페르시아, 중앙아시아
지역의 상인들이 연안 도시와 서안에 정착하면서 집성촌이 형성되고
그 안에서 자연스럽게 이슬람 문화가 형성되었다. 이처럼 중국의 초기
이슬람은 이슬람 상인들의 무역 활동을 통해 수용되었다.[122]

이슬람 상인들의 무역 활동으로 인한 이슬람 전래와 수용 외에,
중국에 이슬람이 수용되어 정착하게 된 또 다른 요인을 들 수 있다.
'탈라스(Talaz)전투'(751)와 '안록산(安祿山)의 난'(755~757)이 바로 그것
이다. 탈라스전투는 탈라스 평원에서 압바스제국(Abbasid Caliphate,
750~1258)과 당제국이 맞붙은 고대 최대 규모의 세계대전이다. 탈라스전
투는 당나라의 서역 정벌에 위협을 느낀 서투르키스탄이 압바스제국에
게 지원을 요청하고, 동진을 통해 제국을 확장하려는 압바스제국이
이 요청에 응하면서, 압바스제국 군대와 고선지가 이끄는 당나라 군대가
탈라스에서 벌인 전투이다. 압바스 군대가 승리한 이 전투는 중국
및 중앙아시아의 이슬람 전래와 수용에 중요한 의미가 있는 것으로
평가된다. 탈라스전투로 당의 포로가 된 무슬림 군인들은 장안으로

---

122 Ibid., 114-115.

압송되었는데, 당시 관습법에 따라 자유의사로 장안에 살면서 기존 아랍인과 동화되거나, 중국인과 결혼하여 중국 사회에 적응함으로써 중국에 이슬람이 수용되어 정착하는 요인이 되었다. 또한 당나라의 패배로 중앙아시아 지역의 패권이 이슬람 왕조인 압바스제국에게 넘어가면서 중앙아시아 지역은 급속도로 이슬람화되었으며, 이후 중앙아시아의 투르크 민족을 최초로 통일한 카라한 왕조가 이슬람화하는 데에도 영향을 미쳤다.[123]

안록산(安祿山)의 난(亂)은 페르시아(이란)계 아버지와 돌궐계 어머니를 둔 안록산이 당 현종 때 일으킨 반란이다. 현종에 이어 왕위에 오른 숙종이 반란을 진압하기 위해 압바스제국과 위구르 왕조에게 긴급 지원을 요청했다. 이 요청에 따라 파견된 지원군의 도움으로 안록산의 난이 진압되었다. 진압이 끝난 후 본국으로 돌아가려는 무슬림 군인들이 티베트에서 토번족 봉기로 인해 귀환길이 막혔는데, 당 조정의 호의로 무슬림 군인들은 장안으로 와서 정착하게 되었다. 이들은 낙양과 장안에서 중국인과 결혼하여 정착하였으며 중국 내륙 지방 무슬림들의 선조가 되었다.[124]

송나라 시기는 이슬람의 정착기로 평가되며, 원나라 때에 이슬람이

---

123 이희수, "이슬람의 중국 전입과 회족 공동체의 태동," 94; 황병하, "위구르족회족 무슬림의 정체성과 문화접변 양상 연구,"「한국중동학회논총」30/3 (2010), 231-232; 주성일, "중국 이슬람의 확산과 이슬람의 중국화," 114-116.
124 이희수, "이슬람의 중국 전입과 회족 공동체의 태동," 95; 주성일, "중국 이슬람의 확산과 이슬람의 중국화," 115-117.

발전하고 확산되었다. 명·청조 시기에 이슬람은 핍박을 받았으며, 그런 수난 상황에 대처하는 과정에서 이슬람의 중국화가 나타나게 되었다.[125]

(3) 중국 이슬람의 전개 양상

당나라 때 처음 전래된 이슬람은 당·송대를 거치면서 무슬림이 많이 유입되었다. 해로를 통해 유입된 무슬림들은 중국 동남부 해안 도시에 형성된 번방(番坊)을 중심으로 활발하게 활동하였다. 번방은 아랍·페르시아 상인을 위한 특수 거주지로서 당나라 시기에는 동남부 해안 도시를 중심으로 광주(廣州), 천주(泉州), 항주(杭州), 명주(明州)에 설치되기 시작하여 청나라 때는 상해와 북경 등에도 설치되었다. 번방은 외국인 자치 구역의 성격을 가진다. 번방에서 외국인 무슬림들은 중국 국내법이나 중국인과 연관된 문제가 아닌 한 중국 정부의 간섭을 받지 않고 이슬람 율법에 따라 생활하였다. 번방의 외국인 무슬림들은 자신들의 지도자(재판관과 종교 지도자)를 스스로 선출하였으며, 중국 정부는 선출된 이 지도자들을 임명하여 경범죄에 대한 재판권을 위임하였다. 당나라 때는 도번장(都番長), 송나라 때는 번장(番長)으로 불린 지도자들은 번장사(番長司)에서 일반 행정, 조세 징수, 무역 사무와 함께 종교적 업무도 담당하였다. 이렇게 볼 때 번방은 중국 거주 아랍·페르시아 무슬림을 위한 일종의 "정교(政教)합일의 공동체"였다고 할 수 있다.[126]

---

125 주성일, "중국 이슬람의 확산과 이슬람의 중국화," 109.
126 이희수, "이슬람의 중국 전입과 회족 공동체의 태동," 95-99; 주성일, "중국 이슬람의 확산과 이슬람의 중국화," 114-120.

원대(元代)는 중국 역사상 이슬람의 최고 전성기라고 평가된다. 원제국을 세운 쿠빌라이칸은 다수 세력인 한족을 다스리기 위해 이민족들을 등용하여 몽골족과 이민족들이 한족을 다스리는 정책을 시행하였다. 당시 대거 등용된 이민족들은 중국인이 아닌 중앙아시아인, 페르시아인, 아랍인이 대부분이었으며 이들을 가리켜 색목인이라고 불렀다. 색목인은 중국 인구 대부분인 한족을 몽골 통치자들이 다스리는 데에 최고의 조력자였다고 평가된다. 색목인은 풍부한 국제교역 경험과 아랍의 선진 문화적 배경을 가지고 있었기 때문이다. 색목인들은 지방 통치관으로 임명되거나 조세 징수, 화폐 정책, 경제 활성화의 업무를 담당하는 등 정치와 경제 분야에 고루 등용되었다.[127]

색목인들은 종교의 자유를 보장받았으며, 외국인 자치 구역인 번방에서는 원의 법률과 관계없이 이슬람법과 규율에 따라 번방 내 문제들을 해결하였다. 무슬림들이 많아지고 지위가 상승하자 황제가 내리는 법령이나 칙령들이 무슬림의 언어로 번역되어 전달되었다.[128] 이처럼 원대에 무슬림이 주류 사회로 진입하면서 무슬림과 한족의 통혼이 빈번해졌으며, 중국 전역으로 이러한 경향이 확대되었다.[129] 이때 중국 각지에

---

127 주성일, "중국 이슬람의 확산과 이슬람의 중국화," 121.

128 원제국은 몽골어, 중국어, 페르시아어의 세 언어를 공식 언어로 지정하였다. 중국어와 페르시아어는 역사 문서와 정부 행정의 가장 중요한 언어였으며, 페르시아어는 중국 무슬림들의 국제 공용어였다. Kristian Petersen, *Interpreting Islam in China Pilgrimage, Scripture, and Language in the Han Kitab* (New York: Oxford University Press, 2017), 40.

129 주성일, "중국 이슬람의 확산과 이슬람의 중국화," 122.

흩어져 있던 무슬림들이 중국 농촌사회에 융화되는 과정에서 등급과 빈부격차가 발생하였다. 이에 대한 대안적 해결책으로 종교적 거주 환경 개선과 민족 융합을 위한 제도인 교방제(敎坊制)가 시작되었다. 교방은 청진사를 중심으로 하는 무슬림 거주지역으로서 하나의 독립된 지역적 이슬람 조직이었다. 각 사방(寺坊)의 관리 방식은 지역에 따라 교장(敎長)제를 실시하는 곳도 있었고 이사회(董事會)제를 실시하는 곳도 있었다. 교방제는 중국 농촌사회에서 나타난 특수한 현상으로, 이슬람교와 중국 봉건제도가 서로 결합한 특이한 산물이라고 평가된다. 청대에는 교방제의 기초 위에 문환(門宦) 제도가 결합되어 서북 일대에서 나타났다. 문환의 최고 영수인 교주는 청진사 혹은 교방을 관할함으로써 종교와 세속 영역의 권력을 가졌으며 그 지위와 신분이 세습되었다.[130]

원대의 무슬림은 세 그룹으로 분류할 수 있다. 첫 번째 그룹은 원나라 이전부터 중국에 정착한 외국인 무슬림이다. 탈라스전투의 아랍 무슬림 포로, 안록산의 난 진압을 위해 파견된 무슬림 군인, 그리고 당·송대의 무슬림 무역상이 바로 그들이다. 두 번째 그룹은 몽골의 이슬람 지역 정벌 때 포로로 잡혀 온 무슬림들로서 조세 징수와 재무 담당자, 행정 전문가, 기술자, 장인, 예술가, 건축가, 과학자, 의사 등이다. 그들은 원제국의 정치·경제·문화 등 여러 분야에 등용되었다. 세 번째

---

130 김시내, "동서 문명 교류의 동맥 실크로드-종교의 전파와 수용-," 순천향대학교 인문학진흥원 편, 『동아시아와 문명: 지역공동체 지평의 인문실크로드』 (고양: 동과서, 2020), 308-309; 한용수, "중국인 삶에서의 외래종교: 기독교와 이슬람 문화를 중심으로," 「중국학보」 53 (2006), 489.

그룹은 몽골의 실크로드 확장으로 원나라 등장 이후 중앙아시아나 페르시아에서 유입되어 중국에 이주한 무슬림 무역상이다.[131]

이처럼 원대에는 기존 그룹이든 새로운 그룹이든 무슬림이 증가하고, 사회의 여러 분야에 외국인 무슬림이 등용되었으며, 무슬림의 지위가 한족보다 우위에 있었다. 그러나 원나라는 이슬람 관용 정책뿐만 아니라 이슬람 억제 정책도 동시에 시행하였다. 중앙아시아 무슬림을 관리하기 위해 비무슬림 외국인을 파견하여 무슬림의 세력을 약화시켰다. 반무슬림 법과 반무슬림 세무법을 제정하여, 할랄 도살을 금지하고 몽골식 도살을 명령했으며, 유교적 결혼 방식을 강요하고, 무슬림에 대한 세제 혜택을 폐지했다.[132] 원대의 무슬림은 그 이전 시대보다 사회적 지위가 상승하여 한족보다 우위에 놓였지만, 이것은 결국 무슬림과 한족이 접촉할 수 없게 만들었다. 원대 무슬림은 다민족 사회의 한 그룹일 뿐 중국의 주류 문화와 종교에 비하면 여전히 격차가 컸다고 하겠다. 원대까지도 대다수의 무슬림은 아랍, 페르시아, 중앙아시아에서 온 무슬림과 그 자손들이었기 때문이다.[133]

한족이 세운 명나라는 초기에는 개국의 공을 세운 무슬림들에게 관용 정책을 펼쳤지만, 당나라 말기부터 형성되어 원대를 거치면서

---

131 황병하, "중국 무슬림의 종교적 정체성과 인권 침해," 「한국중동학회논총」 33/3 (2013), 141.

132 주성일, "중국 이슬람의 확산과 이슬람의 중국화," 125-126.

133 Kristian Petersen, *Interpreting Islam in China Pilgrimage, Scripture, and Language in the Han Kitab,* 37-41; 주성일, "중국 이슬람의 확산과 이슬람의 중국화," 122.

극대화된 한족의 오랜 무슬림 혐오의 영향으로 이슬람 억압정책이 시행되었다. 명대에 무슬림들은 황제의 법에 의해 중국 사회 및 문화에 동화되기 시작하였다. 무슬림은 중국인과 결혼해야 하는 법이 제정되었으며, 이로 인해 그 가정의 후손들이 증가하였다. 또한 이 법은 무슬림들에게 중국식 이름으로 바꾸고, 중국식 의복을 입고, 중국식 건축으로 집과 건물을 짓고, 중국식 문화 관습을 따라야 할 것을 규정하였다. 이 법이 시행되어 2세기가 지나면서부터, 중국 전역에 중국인 외모와 중국어를 말하는 중국화한 무슬림들이 증가하기 시작했으며, 그 추세는 명대 말기까지 지속되었다. 황제의 법에 의해 무슬림의 중국화가 진행되면서 중국어가 무슬림들의 모국어(공용어)가 된 반면, 아랍어와 페르시아어는 모스크에서 종교적인 목적을 위해서만 사용되는 외국어가 되었다. 이는 원나라 때 페르시아어가 중국 무슬림들의 공용어였던 사실이 무색해지는 상황이 아닐 수 없다. 더구나 명나라와 청나라 초기 황제들은 중앙아시아와 접한 북서 지역뿐만 아니라 해상 실크로드와 연결되는 중국 해안을 봉쇄하였으며, 특히 명대에는 공무 외에 개인의 해외여행이 금지되면서, 중국 무슬림들은 해외 무슬림들로부터 고립되었다. 이로 인해 중국 무슬림의 아랍어와 페르시아어 사용이 더욱 감소하였다.[134]

---

134 Kristian Petersen, *Interpreting Islam in China Pilgrimage, Scripture, and Language in the Han Kitab*, 41-43; Qing Lai, "The Making of Sino Muslim Identity: Han Kitab in the Chinese Xidaotang," *Chinese Sociological Review* 52/2 (2020), 169; Wei Wang, "On the Historical Background and Ideological Resources of the Confluence of Islam and Confucianism," *Religions* 13 (2022), 753.

비록 황제의 후원으로 모스크가 세워졌으나 그곳에서는 일상의 관습적인 이슬람 지식만 되뇔 뿐 이슬람 전통 지식을 공부한 학자들을 배출할 수 없었다. 아랍어와 페르시아어로 기록된 꾸란과 이슬람 경전을 읽을 수 있는 이슬람 지도자가 점점 감소하였다. 중국어를 말하는 무슬림들이 증가함에 따라 아이러니하게도 중국 무슬림은 정체성의 위기를 맞이하게 된 것이다. 이슬람 전통 지식에 대한 이해의 쇠퇴로 무슬림으로서의 정체성 위기에 봉착한 중국 무슬림들은 이슬람 전통을 보존할 새로운 방법을 모색하지 않을 수 없었다.[135]

중국 무슬림들이 이슬람 전통을 보존하기 위해 창안한 새로운 방법은 '경당 교육'(經堂教育, scripture hall education)과 '漢 키타브'(Han Kitab)였다. 경당 교육은 중국의 전통적 교육 방법을 도입하여 만든 교육제도인 동시에 교육 운동이었다. 경당 교육은 사원 교육 혹은 아랍어(回文) 대학으로 불렸다. 경당 교육의 창시자 호등주(1522~1597)는 섬서성 시안 외곽 도시 위(魏) 출신으로, 그 당시 중국 무슬림들처럼 유학 고전 교육을 받았으며 자기 고향 모스크에서 이슬람 교육도 꾸준히 받았다. 그는 모스크에 상주하는 종교 지도자의 교육 방법으로는 이슬람 경전의 의미와 이슬람교에 대한 진정한 이해에 도달할 수 없다고 판단하여 해외 유학을 떠났다. 중앙아시아와 메카에서 여러 해 동안 수학하고 귀국하여 좀 더 많은 중국 무슬림이 이슬람 고전을 접할 수 있도록 새로운 교육

---

135 Kristian Petersen, *Interpreting Islam in China Pilgrimage, Scripture, and Language in the Han Kitab*, 41-43.

운동을 시작하였다. 이슬람 텍스트를 구하기 힘들었던 당시 중국 무슬림들을 위해 귀국길에 수많은 이슬람 책을 구입해 들여왔으며, 그 책의 지식을 이해하기 위한 체계적이고 용이한 프로그램을 만들었다. 호등주는 자신이 방문했던 해외 여러 무슬림 공동체의 마드라사의 교육 구조를 도입하여 커리큘럼 확립, 재정 지원, 학습 자료 등을 경당 교육에 반영하였다. 경당 교육에서 특히 주목할 점은 아랍어와 페르시아어책 외에 중국어책을 교육과정에 포함시킨 것이었다.[136]

경당 교육을 통해 '경당어'라는 독특한 언어가 만들어졌는데, 이는 아랍어, 페르시아어, 중국어가 섞인 것으로 그중 일부 어휘는 유교·불교·도교 경전 혹은 일상 중국어에서 온 것이었다. 경당어는 중국어를 사용하는 무슬림이 보편적으로 사용하면서 중국 이슬람교의 발전을 촉진시켰을 뿐만 아니라 중국어 어휘도 풍부하게 하였다.[137]

체계적인 학습 프로그램뿐만 아니라 언어적 융통성 덕분에 경당 교육은 무슬림들이 밀집한 주요 도시로 퍼져나갔으며, 섬서(陝西) 학파, 산동(山東) 학파, 금릉(金陵) 학파, 운남(雲南) 학파, 난주(蘭州) 학파, 하주(河州) 학파, 동남(東南) 학파 등이 형성되었다. 그중에서도 금릉

---

136 Ibid., 43-44; Qing Lai, "The Making of Sino Muslim Identity: Han Kitab in the Chinese Xidaotang," 169; Wei Wang, "On the Historical Background and Ideological Resources of the Confluence of Islam and Confucianism," 754; 김시내, "동서 문명 교류의 동맥 실크로드-종교의 전파와 수용-," 309.

137 김시내, "동서 문명 교류의 동맥 실크로드-종교의 전파와 수용-," 309; Wei Wang, "On the Historical Background and Ideological Resources of the Confluence of Islam and Confucianism," 755.

학파의 중심 도시인 난징은 선생의 명성, 학생 수, 저술 작품 등의 측면에서 경당 교육이 가장 번성했다고 평가된다. 난징은 진사 급제생들과 부유한 지식층 무슬림이 많은 탁월한 학자 문화 도시로서 지성과 상업의 중심지였다. 난징의 무슬림 선생들은 이슬람과 전통 중국 철학의 유사성을 강조하고 가르쳤으며, 이러한 해석이 지속적으로 반복되고 작품을 통해 재생산되었다.[138]

'한 키타브'는 이러한 지적 환경에서 형성되었다. 한 키타브란 중국어로 쓴 이슬람 텍스트 장르를 가리킨다. 경당 교육이 발전하면서 번역과 저작 활동이 활발해진 것이다. 한 키타브의 저자들과 작품들은 형식, 문체, 주제 면에서 공통점을 가지고 있다. 중국어와 중국의 전통적 교육 방법을 수용하여 이슬람 지식을 교육하고 이슬람 텍스트를 저술한 이러한 지성적 전통은 명대 중기에 시작하여 청나라 때 최전성기를 맞이했다.[139]

비(非)한족인 만주족이 세운 청나라도 무슬림에 대해 적대적이었다.

---

138 Kristian Petersen, *Interpreting Islam in China Pilgrimage, Scripture, and Language in the Han Kitab*, 45; Qing Lai, "The Making of Sino Muslim Identity: Han Kitab in the Chinese Xidaotang," 170; 김시내, "동서 문명 교류의 동맥 실크로드-종교의 전파와 수용-," 309; 박종우, 『중국 종교의 역사: 도교에서 파룬궁까지』 (서울: 살림, 2006).

139 Kristian Petersen, *Interpreting Islam in China Pilgrimage, Scripture, and Language in the Han Kitab*, 6, 43-44; 김시내, "동서 문명 교류의 동맥 실크로드-종교의 전파와 수용-," 309; Wei Wang, "On the Historical Background and Ideological Resources of the Confluence of Islam and Confucianism," 755.

명대의 제한 규정 대부분이 유지되었다. 무슬림들을 핍박하고 억압하는 청 조정의 강경책으로 무슬림들은 존립 자체를 위협받았다.[140] 그러나 다른 한편으로는 무슬림에게 해외여행이 허용되었다. 해외여행과 유학을 통해 전 세계 무슬림 공동체의 동향을 직접 보고 이슬람에 대한 그들의 이해와 해석을 전달함으로써 중국 이슬람(Sino-Islam)의 사상과 실천을 재정립할 수 있었다. 당시 해외여행과 유학을 다녀온 마덕신은 무슬림 공동체라는 글로벌 비전을 추구하는 동시에 중국 이슬람 전통의 권위를 인정함으로써 전통과 현대를 교차시켰다.[141]

이러한 역사를 가진 중국 이슬람의 전개 양상은 중국 역대 왕조의 변화와 통치 정책에 따른 대응, 중국 바깥 이슬람 세계의 변화와 새로운 사조의 유입에 따른 영향 등을 기준으로 다양하게 나타난다.

고우(高宇)는 중국 역대 왕조의 변화와 통치 정책에 따른 대응의 측면에서 중국 이슬람의 전개를 다음과 같이 크게 두 단계로 나눈다.[142] 첫째 단계는 당, 송, 원 시기이다. 이슬람교가 중국에 들어온 초기인 당·송대는 이슬람교가 중국 전통문화에 적응하는 시기였으며, 원나라 시기는 이슬람이 중국에서 보편적으로 전파되고 발전한 첫 번성기라 할 수 있다. 하지만 경제, 정치, 지역적 원인의 영향으로 여전히 원대에도

---

140 주성일, "중국 이슬람의 확산과 이슬람의 중국화," 128-129.

141 Kristian Petersen, *Interpreting Islam in China Pilgrimage, Scripture, and Language in the Han Kitab*, 45-49.

142 高宇, "명-청 시대 유학을 통한 이슬람교의 중국화에 대한 연구,"「儒教思想文化研究」82 (2020), 290.

주류 종교에 비해 격차가 컸다. 원대에는 종교적 거주 환경의 개선과 민족 융합을 위한 제도인 교방제(敎坊制)가 시작되었다. 중국 각지에 흩어져 있던 무슬림들이 중국 농촌사회에 융화되는 과정에서 등급과 빈부격차가 발생했는데, 교방제는 이에 대한 대안적 해결책이었다. 교방이란 청진사를 중심으로 하는 무슬림 거주지역으로서 하나의 독립된 지역적 이슬람 조직이었다. 각 사방(寺坊)의 관리 방식은 지역에 따라 교장(敎長)제를 실시하는 곳도 있었고 이사회(董事會)제를 실시하는 곳도 있었다. 교방제는 중국 농촌사회에서 나타난 특수한 현상으로, 이슬람교와 중국 봉건제도가 서로 결합한 특이한 산물이라고 평가된다. 청대에는 교방제의 기초 위에 문환(門宦) 제도가 결합된 형태가 서북 일대에서 나타났다. 문환의 최고 영수는 교주로 청진사 혹은 교방을 관할함으로써 종교와 세속 영역의 권력을 가졌으며 그 지위와 신분이 세습되었다.[143] 이 단계는 중국에서 이슬람교가 살아남기 위해 객관적인 변화에 적응하는 수동적인 발전 단계라고 평가된다.

두 번째 단계는 이슬람교를 유학의 시각으로 해석한 명·청대이다. 명의 강제적인 통합과 고립 정책, 청의 탄압과 개방 정책은 이슬람교가 수동적인 초기 단계를 벗어나서 중국 주류 문화와 융합하는 새로운 단계로 나아가도록 하는 계기가 되었다. 이 단계는 외부의 도전과 내부의 위기의식이 결합하여 이슬람교가 스스로 찾아낸 새로운 발전 방식이자 능동적인 발전 단계라고 할 수 있다.

---

143 김시내, "동서 문명 교류의 동맥 실크로드-종교의 전파와 수용-," 308-309.

또한 고우는 이슬람교의 중국 전파경로와 중국 문화와의 관계라는 견지에서 중국 이슬람의 전개 양상이 두 가지 방식으로 나타난다고 본다.144 하나는 무슬림들이 상업 무역, 조공(朝貢), 벼슬 등 여러 가지 이유에서 새로운 문화 환경으로 이주하여 종교적 커뮤니티를 만들고 점차 다수의 문화를 받아들이는 방식이다. 주로 중국 내륙의 이슬람교에 해당된다. 다른 하나는 선교, 교육, 군사 정복 등을 통해 현지인들에게 이슬람 신앙을 전파함으로써 새로운 집단 속에 퍼져나가 이 집단의 정체성을 형성하는 방식이다. 이러한 방식은 중국 서북 지역의 이슬람교에서 볼 수 있다.

글래드니(Dru C. Gladney)는 중국 바깥 이슬람 세계의 변화와 새로운 사조의 유입에 따른 영향이라는 관점에서 중국 이슬람의 전개 과정을 '중국 이슬람의 네 흐름'으로 나누어 역사적으로 고찰한다.145 첫 번째 흐름은 게디무(Gedimu)라 불리는 전통적인 중국 이슬람이다. 7세기부터 14세기까지 중국 남동부 해안과 북서부 지역에 크고 작은 규모로 정착한 아랍, 페르시아, 중앙아시아, 몽골 출신의 무슬림 상인, 군인, 관리들의 후손들이 첫 번째 흐름에 해당한다. 두 번째 흐름은 수피 공동체와 전국적 네트워크이다. 이 흐름은 17세기 후반부터 나타난 중국의 수피 운동을 가리킨다. 이 운동은 초기 수피 성인 지도자들의

---

144 高宇, "명·청 시대 유학을 통한 이슬람교의 중국화에 대한 연구," 302-303.
145 Dru C. Gladney, *Muslim Chinese: ethnic nationalism in the People's Republic* (Cambridge, Mass.: Council on East Asian Studies, Harvard University and distributed by Harvard University Press, 1996), 1-64.

후손들이 설립한 학파들이 중심이 되어 전개되었으며, '문환'(門宦)이라
는 사회경제적, 종교정치적 제도로 구체화 되어 나타났다. 세 번째
흐름은 청나라 말기에 나타난 경전주의적 관심과 근대주의적 개혁이다.
이 시기는 중국과 외부 세계 간의 교류가 가속화되었으며, 중국 무슬림의
지적, 조직적 활동이 활발하게 전개되었다. 중국의 많은 무슬림이 중동
을 여행하면서 중동과 접촉이 증가했으며, 이슬람의 전통적 개념을
재평가하기 시작했다. 네 번째 흐름은 무슬림 개인이 인식한 정체성과
중국의 민족 정책이 규정한 민족성과의 괴리로 인해 나타난 흐름으로
20세기 초중반부터 시작되었다.

(4) 중국 무슬림

중국에는 공식적으로 55개 소수 민족이 있으며, 그중 회족(回族),
위구르족, 타타르족, 키르기스족, 카자흐족, 우즈벡족, 타지크족, 둥샹족
(東鄕族), 살라족(撒拉族), 바오안족(保安族) 등 10개 소수 민족이 이슬람
교를 믿고 있다.[146] 특히 회족 무슬림과 위구르족 무슬림은 중국 이슬람
을 주도하는 그룹으로 알려져 있다. 배건준은 중국 소수 민족 구분법에
따른 회족 무슬림과 위구르족 무슬림의 기존 구분 대신에, 주요 분포
지역에 따라 '내지 이슬람'과 '신장 이슬람'으로 구분할 것을 주장한다.
기존 구분이 신장 지역에는 타당하지만, 중국 전역의 토착화한 무슬림을

---

146 황병하, "중국 무슬림의 종교적 정체성과 인권 침해," 136-137; 김진식, "변화하
　　는 중국 무슬림 민족의 이해와 선교적 고찰," *Muslim-Christian Encounter*
　　10/2 (2017), 116.

고려하지 않기에 중국 내 무슬림에 대한 일반적 구분법으로는 한계가 있다는 것이다.[147] 신태수는 지역, 문화적 특성, 민족 등을 기준으로 하여 중국의 이슬람 문화를 회족으로 대표되는 '내지 이슬람 문화'와 위구르족으로 대표되는 '신장 이슬람 문화'로 구분한다.[148]

이 두 그룹은 중국 이슬람 초기부터 구분된 것이 아니다. 청나라 이전까지는 두 그룹을 구분하는 것이 별 의미가 없었다. 그러다가 청나라가 19세기 말 위구르족 거주지역을 중국 영토로 편입할 때 위구르 지역 주변의 회족 무슬림을 활용하면서부터 위구르족 무슬림과 회족 무슬림이 구분되기 시작하였다. 즉 두 그룹이 중국 정부에 의해 구분되기 시작한 시점은 위구르 지역이 중국으로 편입되어 신장으로 개칭된 1884년이며, 1949년 중국공산당 정권이 수립되고 한족의 신장 지역 이주 정책이 본격적으로 추진되면서 위구르 무슬림에 대한 차별이 더 심화되었다.[149]

위구르족 무슬림의 민족적 정체성은 위구르 왕국들로부터 유래하고 종교적 정체성의 기원은 카라한조에서 시작된다.[150] 위구르족은 시기에 따라 그 범주에 포함되는 구성원이 조금씩 달랐다. 위구르제국 시기

---

147 배건준, "중국 정부의 신장사(新疆史) 인식과 이슬람 상대화―신장 관련 정부백서(政府白皮書)를 중심으로―,"「서강인문논총」 62 (2021), 34-35.

148 신태수,『위구르와 중국 이슬람』(대전: 종려나무, 2009), 14.

149 황병하, "위구르족·회족 무슬림의 정체성과 문화접변 양상 연구," 240; 황병하, "중국 무슬림의 종교적 정체성과 인권 침해," 135.

150 제임스 A. 밀워드/김찬영·이광태 옮김,『신장의 역사: 유라시아의 교차로』(파주: 사계절, 2013), 101.

(744~840)인 초기의 위구르족은 몽골 지역의 투르크족, 스텝 지역의 정착민, 샤머니즘과 마니교를 믿는 유목민 집단을 모두 지칭했다. 844~932년에 위구르족은 투루판 지역을 중심으로 불교, 마니교, 네스토리오스 기독교를 믿는 오아시스 정착민을 가리키는 용어로 사용되었다. 위구리스탄(Uyghuristan)으로 불렸던 시기(932~1450)에는 투루판 오아시스 지역에 정착했던 불교인 투르크족을 지칭했으며, 이후 투르크계 유목민들이 대거 이슬람으로 개종하면서부터는 인종적으로 투르크계 위구르족, 종교적으로 위구르족 무슬림을 가리키는 용어로 위구르가 사용되기 시작했다. 밀워드에 따르면, 위구르족이 거주하는 신장 지역의 이슬람화는 10세기 사투크 부그라 칸(Satuq Bughra Khan)과 '20만 장(帳)의 투르크인'들의 개종에서 시작되어 17세기에 비로소 완성되었다.[151]

위구르족 무슬림은 이슬람교, 투르크 언어와 문화, 중앙아시아 투르크 역사를 공유하지만, 중국의 한족 문화에는 동화되지 않은 무슬림 그룹이다.[152] 회족 무슬림은 중국어를 사용하고 한족 문화에 동화되었다는 점에서 위구르족 무슬림과 구별된다. 회족 무슬림은 중국 이슬람 역사 초기에 아랍과 페르시아 등으로부터 유입된 외국인 무슬림에서 시작되었다.[153]

민족으로서의 회족 개념은 중국공산당 정부가 민족 식별을 시행하면서 나타났다고 볼 수 있다. 1950년대에 중국공산당 정부는 스탈린이

---

151 앞의 책, 137-138.
152 황병하, "위구르족회족 무슬림의 정체성과 문화접변 양상 연구," 233-240.
153 Ibid., 239.

규정한 민족 형성의 네 가지 요건을 참고하여, 같은 민족으로 분류되기 위해서는 '같은 지역, 같은 언어, 같은 경제생활, 같은 정서'를 갖춰야 한다는 기준을 채택하였다. 이 기준에 따라 중국 정부는 '민족 식별'을 시행하였다. 민족 식별이란 중국 내에 거주하는 개인과 집단의 민족 성분을 판별하고 분류하여 민족 명칭을 부여한 작업이다. 세 단계에 걸쳐 민족 식별을 시행한 결과, 중국 정부는 한족 외에 55개 소수 민족을 공식적으로 인정하고 명명하였다.[154]

그런데 민족 식별의 네 가지 기준이 한족과 소수 민족에게 동일하게 적용된 것이 아니었다. 한족의 경우 한나라 이후로 수천 년 동안 가져왔던 개념을 그대로 유지하여 만리장성 이남에 거주하는 주류 사회의 모든 사람을 한족으로 규정함으로써 네 가지 기준을 유명무실하게 만들었다. 한족으로 포함된 사람들의 경우, 다양한 방언과 다양한 종교 사상과 다양한 풍속 등 수많은 차이가 있음에도 한족으로 묶였던 것이다. 반면에, 소수 민족의 경우에는 네 가지 기준 외에도 종교적 요소와 혈통적 요소를 추가하여 적용하였다. 민족 식별의 1단계와 2단계 시기인 1950년대에는 복건성의 일부 회족을 한족에 포함시켰다가, 3단계 시기인 1979년에 다시 회족으로 분류한 사례가 이에 해당한다. 처음에는 당시 그들이 무슬림이 아니었기 때문에 한족으로 분류했지만, 나중에는 혈통상 무슬림의 후손이기 때문에 다시 회족으로 규정한 것이다.[155]

---

154 공봉진, "동아시아 민족문제와 중국 민족 식별의 관계 연구: 한국과 중국을 중심으로," 「동북아연구」 10 (2005), 45-48; 김진식, "변화하는 중국 무슬림 민족의 이해와 선교적 고찰," 118-119.

한족에게는 적용하지 않았던 종교적 기준을 회족에게는 시기별로 각각 다르게 적용하고 거기에 혈통적 기준을 추가로 적용한 이 사례는 '회족을 과연 민족으로 볼 수 있는가?'라는 의문을 품게 한다.

중국 정부의 회족 개념 기준뿐만 아니라, 회족 개념의 등장 시기와 범위에 대한 학자들의 견해도 다양해서 하나로 확정하기 힘들다. 정수일은 회족이 민족을 가리키는 용어가 아니었으며 민족으로 볼 수도 없다고 주장한다. '회회' 개념을 민족사적으로 고찰해 볼 때 회족이라는 용어는 시대에 따라 서역의 여러 부족, 이슬람교를 믿는 여러 서역 부족들, 중국 전역에 정착한 무슬림들을 통칭하는 말이었기 때문이다.[156] 이희수는 회족과 회족 공동체를 구분한다. 이희수에 의하면 회족은 "漢化된 중국 무슬림들" 또는 "중국 서북 지역에 집거하면서 이슬람교를 믿고 있는 민족 집단에 대한 총칭"을 가리키고, 회족 공동체는 "중국 내 이슬람교도"를 의미한다.[157] 황병하는 회족이 "초기[중국 이슬람 초기] 아랍인과 페르시아인의 후손들로서 이슬람 문화와 교역을 바탕으로 형성되어 중국의 한족 문화로 동화된 집단"이라고 말한다.[158] 라피두스 (Ira M. Lapidus)는 "명대에 중국으로 귀화한 무슬림과 이슬람으로 개종

---

155 김진식, "변화하는 중국 무슬림 민족의 이해와 선교적 고찰," 119-120.

156 정수일, 『신라서역교류사』 (서울: 단국대학교출판부, 1992), 102-119.

157 이희수, "이슬람의 중국 전입과 회족 공동체의 태동." 「민족과 문화」 5 (1997), 86. 이희수는 중국 내 이슬람교도를 나타낼 때는 '회족 공동체'로, 중국 서북 지역에 모여 살면서 이슬람교를 믿고 있는 민족 집단을 총칭할 때는 '회족'으로 표현한다.

158 황병하, "위구르족회족 무슬림의 정체성과 문화접변 양상 연구," 239.

한 중국인"을 가리켜 회족으로 불렀다고 주장한다.[159] 웨인(Alexander Wain)에 의하면 회족 개념이 처음 등장한 것은 원대 말기 또는 명대 초기이며 회족은 중국화한 무슬림을 가리킨다.[160] 주성일은 중국 내 새로운 소수 민족으로서의 회족 개념이 원대에 생성되었다고 주장한다.[161] 이처럼 표현과 초점이 조금씩 다른 학자들의 견해를 정리해 보면, 회족은 '중국 내 무슬림'이라는 의미와 '중국으로 귀화한 아랍·페르시아계 무슬림, 이슬람으로 개종한 중국인, 한화된 중국 무슬림'이라는 특정한 그룹을 가리키는 의미 둘 다 가지며, 회족이라는 개념이 등장한 시기는 원대와 명대이다.[162]

중국 정부의 회족 개념 기준과 학자들의 회족 개념에 대한 주장을 살펴본 결과, "회족은 민족 그룹이 아니라 문화적 소수자이며 회족을 한족과 구별 짓게 하는 것은 민족성이 아니라 종교다"[163]라는 베흘리(Jean A. Berlie)의 주장이 새삼 설득력 있게 다가온다. 이렇게 본다면 회족 무슬림이라는 말은 동어반복이 아닐까? 회족 무슬림은 중국 문화 속에서 이슬람 신앙과 실천을 전개해 왔다. 그것은 불교와 도교의

---

159 아이라 M. 라피두스/신연성 옮김, 『이슬람의 세계사』 (서울: 이산, 2008), 284.
160 Alexander Wain, "Islam in China: The Hān Kitāb Tradition in the Writings of Wang Daiyu, Ma Zhu and Liu Zhi, with a Note on Their Relevance for Contemporary Islam," *Islam & Civilisational Renewal* 7/1 (2016), 42.
161 주성일, "중국 이슬람의 확산과 이슬람의 중국화," 122.
162 Kristian Petersen, *Interpreting Islam in China Pilgrimage, Scripture, and Language in the Han Kitab*, 1.
163 Jean A. Berlie, *Islam in China: Hui and Uyghurs between Modernization and Sinicization* (Bangkok: White Lotus, 2004).

종교철학적 렌즈와 유교적 용어를 통해 이슬람 신앙을 재해석하는 양상으로도 나타났다.

2장_ 동일성, 유사성, 상이성

1. 종교의 정체성 형성 과정

실크로드 종교들의 동일성, 유사성, 상이성을 알기 위해서는 원종교와 전파종교, 전파종교와 피전파 지역 종교를 비교 대상으로 삼아서 각각 그 둘 간에 어떤 동일성과 유사성과 상이성이 있는지를 분석하는 작업이 필요하다. 원종교와 전파종교의 추상적 차원 및 외형적 차원, 전파종교와 피전파 지역 종교(사상)의 추상적 차원 및 외형적 차원을 비교하여 원종교와 전파종교 간에 어떤 동일성, 유사성, 상이성이 있는지, 전파종교와 피전파 지역 종교(사상) 간에는 어떤 동일성, 유사성, 상이성이 있는지 분석한다는 것이다. 그러므로 실크로드 종교들의 동일성, 유사성, 상이성을 구성하는 내용은 원종교와 전파종교 간의 동일성·유사성·상이성 및 전파종교와 피전파 지역 종교 간의 동일성·유사성·상이성이다.

‘동일성’은 ‘하나 됨’(unity)을 가리킨다. ‘하나 됨’이란 동일 종교임을 나타내는 ‘고유성’(particularity)[164]이며 시공간의 변화에 따른 다양성을 포함한다. 하나 됨은 ‘획일성’(uniformity)과는 다르다. 획일성은 시공간의 변화를 반영하지도, 허용하지도 않는다. 이는 현실적으로 불가하고 존재하지도 않는다.

종교의 동일성, 유사성, 상이성은 종교가 정체성을 형성하는 과정에서 드러난다. 어떤 종교가 자신의 정체성을 형성한다는 것은 둘 이상의 종교가 존재하는 다종교 상황에 놓여 있다는 것을 전제하며, 내부의 결속을 다지고 외부를 향해 자신의 종교를 변증하기 위한 목적을 가진다. 다종교 상황이란 두 개 이상의 서로 다른 종교가 존재하는 상황뿐만 아니라 동일 종교 내의 다양한 입장들이 존재하는 상황도 해당한다. 동일 종교 내에서는 신학적, 교리적 입장의 차이로 논쟁하고 파문하는 과정을 통해 정체성이 형성된다. 서로 다른 종교들과의 관계에서는 종교들 간의 세력 균형 지형에 따라 다양한 양태로 나타난다. 다음과 같이 몇 가지 범주로 구분할 수 있다.

첫째, 오랜 기간 자리잡은 종교지만 정치적으로 피지배 그룹의 약자일 경우, 적응과 저항이라는 이중적 변증의 양태로 나타난다. 그 과정에서 융합이라는 창조적 양태가 나타나기도 한다. 사산제국의 기독교, 아랍 이슬람 세계의 기독교, 명·청대 이슬람 등이 이 범주에 해당한다.

파르티아제국 때부터 메소포타미아 지역에서 자리 잡아 온 기독교는 파르티아제국을 멸망시킨 사산제국에서 자신을 끊임없이 변증해야

---

164 제니퍼 하우 피스, "종교적 자아, 종교적 타자: 함께 형성(coformation) 종교 간 교육 모델,"; 나지바 사이드·하이디 하셀 편저/김성래·이정철·한가람 옮김, 『종교란 무엇인가: 함께-형성을 위한 '종교 간 교육'』(서울: 동연, 2024), 207.

했다. 조로아스터교가 국교인 사산제국에서 기독교는 조로아스터교의 사상 체계로 자신의 신앙을 변증함으로써 적응하고 저항해야 했으며, 사산제국의 적대국인 로마제국의 기독교와 다르다는 것을 증명함으로써 살아남을 수 있었다. 사산제국의 기독교는 동방 시리아 기독교인데, 서방 기독교(서방 헬라 기독교와 서방 라틴 기독교)로부터 독립하여 독자적인 조직과 신앙 정식을 형성하였다. 아랍 이슬람 군대가 서아시아를 정복하기 전부터 기독교는 그 지역에서 자리 잡고 있었지만, 아랍 이슬람의 정복으로 인해 정치적 피지배 그룹의 약자가 되었다. 이슬람 정복 초기에는 기독교가 기존 언어인 시리아어로 자신의 신앙과 신학을 전개했지만, 아랍 이슬람 세력이 뿌리를 내리면서부터는 아랍어로 기독교를 변증하게 되었다. 대내적으로는 이슬람으로의 개종을 막고 대외적으로는 이슬람에 대해 기독교의 신앙과 신학의 우월성을 증명했다. 중국에서 이슬람교는 당나라 때 유입되어 통치 세력의 변화와 정책에 따라 부침을 겪으면서 오랜 세월 존속해 왔다. 명말 청초 시기에 이슬람교는 이슬람 고유의 전통을 재현하고 유학의 공격에 대항하기 위해 유학의 언어와 사상을 통해 이슬람교를 변증해야 했다. 그 과정에서 유학과 이슬람교를 융합하여 키타브라는 장르를 형성한 유교적 무슬림이 등장하였다.

둘째, 수적으로도 소수이고 새로운 유입 종교이지만 정치적으로 지배 권력일 경우, 초기에는 기존 종교와의 관계에서 적응의 양태로 나타났다가 어느 정도 세력을 구축한 이후에는 자기 종교를 기준으로 타 종교를 탄압, 차별, 관용하는 모습으로 나타난다. 비아랍 지역을 정복한 아랍 이슬람이 이 범주의 대표적 사례에 해당한다.

이슬람의 비아라비아 반도 지역 정복 이후 이슬람 문화와 권력의 중심이 아라비아 외부 지역으로 이동하였다. 처음에는 시리아의 다마스쿠스(우마이야 왕조)였다가, 나중에는 이라크의 바그다드(압바스제국)가 건설되면서 바그다드가 이슬람의 중심이 되었다. 그러나 이러한 광대한 지역을 무슬림이 장악하고 통치했지만, 7세기 중엽부터 11세기 말까지 첫 4세기 동안 그 지역에서 무슬림은 다수가 아니었다. 오히려 기독교인이 다수를 차지하고 있었고 유대교인도 있었다.[165]

어떠한 종교도 다수 종교 또는 주류 종교가 아닌 이런 상황을 가리켜 '종파적 환경'(the sectarian milieu)이라고 하는데,[166] 무슬림은 정복지의 종파적 환경에서 공적 영역을 확보하기 위한 운동을 8세기에 시작했다. 이슬람 사상가들은 기독교 사상가들과 유대교 사상가들이 제기하는 종교적 도전에 대해 이슬람만의 독특한 주장을 펼치기 위해 노력하였다. 이들의 작업은 두 가지 차원으로 전개되었다. 하나는 경전 주석의 경우 꾸란의 인물이나 무함마드 전기의 등장 요소에 대한 해설을 성경화하는 것이었고, 다른 하나는 성경의 주제나 인물들을 이슬람화하는 것이었다. 이슬람 사상가들은 그리스어나 시리아어나 아랍어로 기록된 기독교 사상가들의 담론 속에서 종교적 주제와 주석적 전승을 수용하여

---

165 시드니 H. 그리피스/서원모 옮김, 『이슬람 세계 속 기독교: 초기 아랍 그리스도교 변증가들의 역사 이야기』 (서울: 새물결플러스, 2019), 34-35.

166 John E. Wansbrough, *The Sectarian Milieu: Content and Composition of Islamic Salvation History* (Oxford: Oxford University Press, 1978).

이슬람 교리를 제시하기 위해 변형시켰다. 이슬람 사상가들의 이러한 작업을 통해 이슬람의 독특한 추론적 담론인 '일름 알-칼람'('ilm al-kalām)[167] 이 기원하고 만개하였으며 초기 이슬람 사상이 발전하였다.[168]

셋째, 수적으로도 소수이고 새로운 유입 종교이며 정치적으로 약자일 경우, 대체로 기존 종교나 사상에 동화되거나 융화의 양태로 나타난다. 분수령이 될 만한 특별한 계기가 없다면 그 종교는 활력을 잃고 지속되지 못할 수 있다. 대표적인 사례로 경교를 들 수 있다. 당나라에 수용된 경교는 중국의 기존 종교사상인 유불도의 언어와 사상체계를 통해 경교의 가르침과 사상을 번역하고 설파했지만, 동화와 융화의 단계에 머물렀다. 경교 선교사를 당나라에 파송한 아시리아동방교회와 사산제국의 정치적 상황이 기울고, 당나라 내부적으로 외래종교를 거부하고 척결하는 사건들이 발생하면서 경교는 정치적으로도 종교적으로도 약자의 지위를 벗어나지 못했다. 일반적으로 세력이 대등한 주체 간에 이루어지는 융합을 경교가 이룰 수 없었던 이유이다.

넷째, 오랜 기간 자리 잡고 있고 정치적으로 지배 권력이거나 사회적으로 주류인 종교가 새로운 유입 종교와 만날 경우, 탄압, 배제, 차별, 관용, 융화의 양태로 나타난다. 사산제국의 국교인 조로아스터교의 경우가 이 범주에 해당한다. 사산제국을 세운 아르다시르 1세는 제국을

---

167 일름 알-칼람이란 '종교적 세계관의 중요한 주제에 대한 추론적 담론'을 말한다. 시드니 H. 그리피스/서원모 옮김, 『이슬람 세계 속 기독교: 초기 아랍 그리스도교 변증가들의 역사 이야기』, 47.
168 앞의 책, 46-47, 82-83.

하나로 결속하고 중앙집권화를 위해 조로아스터교를 국교로 삼아 정교일치 체제를 지향했다. 사산제국을 세운 사산 가문이 이스타흐르의 사원을 돌보는 사제 계급 출신이었기 때문에 종교적인 영향도 있었다. 파르스 지역의 아케메네스페르시아제국 황제들의 무덤인 낙쉐로스탐(Naqsh-e Rostam)과 근처의 나크시에라잡(Naqshi-e Rajab)에 아르다시르 1세가 조로아스터교의 최고신 아후라 마즈다에 의해 '왕 중의 왕'(샤한샤)으로 선택되는 모습이 새겨져 있다. 왕권은 사람이 세운 것이 아니라 신이 선택하고 세웠다는 왕권신수설을 나타낸다. 이를 통해 자신의 통치가 신에 근거하고, 종교와 정부가 하나임을 강조함으로써 "정교일치의 중앙 집권화된 제국"을 지향하고 있다고 하겠다.[169]

아르다시르 1세는 조로아스터교의 발전을 위해 조로아스터교의 경전인 아베스타(Avesta)를 모아 편집하도록 했으며, 개인적으로 신실한 조로아스터교 신앙인이었지만 다른 종교에 대해서도 관용적이었다. 자신이 아케메네스페르시아제국의 키루스 대제를 계승한다고 생각했기에, 키루스 대제의 제국 운영 정책을 수용했던 것이다. 이후 사산제국의 황제들은 국교인 조로아스터교를 여전히 제국 운영의 구심점으로 삼되, 조로아스터교의 세력이 비대해지는 것을 견제하기 위해 다른 종교들을 이용하기도 했다. 샤푸르 1세와 마니교의 친화적 관계, 샤푸르 2세의 초기 친기독교 정책과 후기의 기독교 억압정책 등은 그러한

---

169 압돌 호세인 자린쿠·루즈베 자린쿠/태일 옮김,『페르시아 사산제국 정치사』 (서울: 예영커뮤니케이션, 2011), 43-45.

상황을 반영한다. 사산제국의 조로아스터교는 국교로서의 기득권에 기초하여 자신의 지위를 넘보거나 위협하는 종교를 탄압하고 배척했다. 그로 인해 사산제국의 마니교인들과 기독교인들이 가까이는 로마제국으로 멀리는 사신제국 바깥 트란스옥시아나 지역으로 피난해야 했다.[170]

다섯째, 동일 종교이지만 신학적, 교리적 입장이 다른 경우, 논쟁과 파문의 양태로 나타난다. 로마제국의 국교인 기독교가 로마제국의 입장을 따르는 그룹(서방 헬라 기독교와 서방 라틴 기독교)과 따르지 않는 그룹(동방 시리아 기독교)으로 갈라져서 서로 논쟁하고 파문하고 이단으로 정죄한 사례가 이 범주에 해당한다. 로마제국(그리고 비잔티움제국까지)은 불법 종교였던 기독교를 합법화하고, 더 나아가서 로마제국의 국교로 채택했다. 로마제국의 황제들은 기독교 내의 다양한 주장들이 분열하고 서로 공방하는 것은 국가 통치와 운영 그리고 황제 자신의 권력 유지에 걸림돌이 된다고 보았다. 이에 로마 황제들은 공의회를 소집하여 자신의 의도에 따라 공의회의 결론이 나도록 유도하고 뒤에서는 위협하였다. 또한 교회의 주교들도 국가와 교회 관계의 주도권이 황제(국가)에게 있다는 현실을 인식하고 그 역학관계를 이용하여, 정치적 반대 세력을 파문하고 이단으로 정죄함으로써 자신들의 기득권을 유지하였다.

로마제국의 입장을 따르는 그룹인 서방 헬라 기독교와 서방 라틴 기독교뿐만 아니라, 로마제국의 입장을 따르지 않는 동방 시리아 기독교도 서방 헬라 기독교나 서방 라틴 기독교 못지않게 이단 색출과 파문에

---

170 앞의 책, 52-75.

열심이었다. 사산제국에서 살아남기 위해서는 로마제국 교회와의 상이성을 지속적으로 증명해야 했기 때문일까? 동방 시리아 기독교의 한 그룹인 아시리아동방교회는 로마제국 교회의 칼케돈 신앙 정식을 따르거나 유사한 입장을 가진 사람들을 색출하고 논쟁하며 파문하는 과정에서 자신들의 신앙을 정식화함으로써 기독교의 다른 그룹들과 구별되는 정체성을 형성해 나갔다.[171]

그런데 이렇게 구별되는 정체성, 즉 상이성을 가졌지만, 이는 기독교라는 동일 종교로서의 고유성에 기초한 것이다. 기독교의 다양한 그룹들 간의 상이성은 각 그룹이 처한 구체적인 삶의 자리를 반영한 결과이다. 한 종교의 동일성은 동일 종교임을 나타내는 정체성으로서, 상황의 차이에 따른 다양성을 포함한다. 획일성으로서의 동일성이 아니라 하나 됨으로서의 동일성이라고 하겠다.

2. 실크로드 종교들의 동일성, 유사성, 상이성

1) 원종교와 전파종교의 동일성

여기서는 원종교와 전파종교의 동일성을 보여주는 대표적인 사례로 <대진경교유행중국비>의 신앙생활 규정을 다루고자 한다. 그 규정은 격목(擊木), 동례(東禮), 존수(存鬚), 삭정(削頂), 칠시예찬(七時禮讚) 등이

---

171 곽계일, 『동방수도사 서유기+그리스도교 동유기』, 203-238.

다. 격목이란 '목판을 두드리는' 행위를 가리키며, 경교비는 그 이유를 "자비와 은혜의 소리를 울려 퍼지게"(震仁惠之音) 하기 위해서라고 기록하고 있다. 목판을 두드리는 전통은 아시리아동방교회에서 오랫동안 지속된 관습으로, 격목이라는 표현은 아시리아동방교회의 기록 중 매우 이른 시기의 기록에 해당한다.[172] '동쪽을 향해 기도하다', '동쪽을 향해 예배드리다'라는 뜻의 동례는 아시리아동방교회와 여러 전통의 교회에서 일반적으로 행하는 관습이었다. 4세기의 『사도교훈』(『사도들의 가르침』, Didascalia Apostolorum)에는 시리아어 성경에 근거하여 "너는 동쪽을 향해 기도해야 한다"고 되어 있다. 이는 동례가 아시리아동방교회의 관습임을 보여준다.[173]

존수는 '수염을 기르다', 삭정은 '머리를 깎아 버리다, 정수리를 밀다'라는 뜻이다. 경교 수도사는 면도칼을 절대 사용하지 않으며, 경교 수도사의 수염을 제거하는 것은 옷을 벗기는 것과 같은 행위로 인식되었다. 수염을 기르고 정수리를 미는 모습은 모두 아시리아동방교회 수도사인 '이히다예'(이히다이야)가 지켜야 할 규정이었다. 사산 제국령 니시비스신학교의 학생들도 정수리 부분을 삭발한 머리 모양, 즉 '수파라' 머리를 한 수도사들(이히다이야, 이히다예)이었다. 니시비스신학교는 아시리아동방교회 소속으로 신학교인 동시에 수도원이었으며, 졸업생 대다수가

---

172 윙샤오줸/임영택 옮김, 『중국어 경교 전적 해석』, 82; 이환진, "『대진경교유행중국비』의 경교인들의 신앙생활 모습," 「신학과 세계」 100 (2021), 17-21.
173 윙샤오줸/임영택 옮김, 『중국어 경교 전적 해석』, 82; 이환진, "『대진경교유행중국비』의 경교인들의 신앙생활 모습," 14-17.

예비 성직자와 예비 수도사들이었다.[174] 칠시예찬은 '매일 일곱 번 예배 찬양하다'라는 뜻으로, 카슈카르의 아브라함(Abraham of Kashkar)이 만든 기도 규정에 똑같은 표현이 나온다. 카슈카르의 아브라함은 6세기 아시리아동방교회의 수도원 운동을 주도했던 인물이다. 이처럼 칠시예찬은 아시리아동방교회의 초기 전통을 보여준다.[175]

이상과 같이 경교비에 기록된 격목(擊木), 동례(東禮), 존수(存鬚), 삭정(削頂), 칠시예찬(七時禮讚) 등은 아시리아동방교회 수도사들의 모습을 잘 반영한 표현으로 시리아어 성경에 근거하여 실천했던 것들이다. 또한 경교비의 이 표현들이 후대의 문헌에도 등장하는 것으로 볼 때, 경교비가 아시리아동방교회의 신앙생활 규정을 잘 보존하고 있는 이른 시기의 문헌임을 시사한다.[176] 이처럼 아시리아동방교회(원종교)와 경교(전파종교)는 신앙생활 양식에서 동일성을 가진다고 하겠다.

2) 원종교와 전파종교의 동일성·상이성 및 전파종교와 피전파 지역 종교문화의 동일성·상이성 공존

중국 시안에 있는 청진대사(淸眞大寺)는 건물 방향과 건축양식의

---

174 웡샤오쿼/임영택 옮김, 『중국어 경교 전적 해석』, 83; 이환진, "『대진경교유행중국비』의 경교인들의 신앙생활 모습," 21-29; 곽계일, 『동방수도사 서유기+그리스도교 동유기』, 223-224.

175 웡샤오쿼/임영택 옮김, 『중국어 경교 전적 해석』, 83; 이환진, "『대진경교유행중국비』의 경교인들의 신앙생활 모습," 29-31.

176 이환진, "『대진경교유행중국비』의 경교인들의 신앙생활 모습," 31-32.

측면에서 접근할 때, 원종교와 전파종교의 동일성·상이성 및 전파종교
와 피전파 지역 종교문화의 동일성·상이성이 공존한다. 중국 무슬림
소수 민족인 회족들이 생활하는 공간이자 관광객들로 붐비는 시안
회족 거리의 어느 골목길을 꼬불꼬불 따라가다 보면 이슬람 사원인
청진사를 만날 수 있다. 청진대사는 그중에서 가장 큰 규모의 이슬람
사원이다. 그랜드 모스크인 셈이다. 필자가 실크로드 현지 인문 탐사
지역인 중국 시안을 갔을 때 가이드 선생에게 회족 거리를 방문하게
하게 되면 이슬람 사원을 꼭 안내해 달라고 했다. 상인들과 주민들과
관광객들로 북적이는 회족 거리에서 낯선 이방인이 이슬람 사원을
찾기란 여간 어려운 일이 아닐 것이기 때문이다. 그러던 차였다. 탐사대
원들이 삼삼오오 흩어져서 회족 거리를 걸어가는데 바로 앞에 있던
가이드 선생이 "청진사 가실 분"하고 외치는 소리에 필자는 주저 없이
손을 들었다. 바로 옆에 있던 탐사대원 몇 명이 가이드 선생을 따라
미로 같은 골목길을 헤치고 달려서 청진사 앞에 도착했다. 그곳은
청진대사였다. 매표소에서 입장권을 구입하고 청진사 경내로 들어섰는
데, 청진사가 이슬람 사원이라는 전이해가 없었다면 그리고 가이드
선생의 안내가 없었다면, 필자는 청진사를 영락없이 불교 사찰 또는
도교 사원으로 알았을 것이다. 청진대사가 처음 세워진 것은 당 현종
때인 742년이며, 이후 역대 왕조의 여러 차례 보수 공사를 거쳐서
현재에 이르렀으니, 무려 1,300년의 긴 역사를 가진 이슬람 사원이다.
청진대사는 입구에서부터 예배 장소까지 기다란 직사각형 형태로 되어
있다. 마침 예배 시간이라 예배 중인 회족들의 뒷모습을 볼 수 있었다.

통상 이슬람 모스크에서 볼 수 있는 미흐랍과 미나렛을 찾았으나, 중국 건축양식의 불교 사찰과 흡사했기에 여의찮았다. 나중에 사진을 확인하면서 카메라 렌즈에 포착된 예배 장소 안의 미흐랍을 발견하였고, 나오는 길에 안내도를 보고서야 '성심루'(省心樓)가 미나렛이라는 걸 알았다. 예배를 마치고 우산을 지팡이 삼아 집으로 돌아가는 회족 노인의 뒷모습이 지금도 눈에 선하다.

건물 외양만으로는 청진대사가 이슬람 사원이라는 것을 알 수 없었다. 청진대사는 통상적으로 알고 있는 모스크의 모습과 달랐기 때문이다. 물론 지역과 시대마다 모스크의 형태와 건축양식이 조금씩 차이가 있지만, 가시적인 형태만 보고 모스크라고 인식할 수 있는 일반적인 모스크의 모습은 우마이야 왕조와 압바스제국 시기에 이슬람이 광범위하게 전파되고 비잔틴 건축양식을 만나면서 형성된 것이다. 전형적인 모스크의 구성요소라고 알려져 있는 요소로 끼블라, 미흐랍, 민바르, 미나렛, 하람, 돔형 지붕 등이 있는데, 시안의 청진대사에서는 민바르와 돔형 지붕을 찾아볼 수 없었다. 미나렛도 일반적인 첨탑의 모습이 아니어서 건물 안내도를 확인하지 않았다면 미나렛이 없다고 판단했을 것이다. 일종의 설교단인 민바르도 필자가 청진대사에 방문했을 때는 예배 중이라 하람(예배장소)을 들여다 볼 수 없어서 나중에 관련 논문을 통해 청진대사에는 없다고 확인했다. 예배 인도자가 계단 형태의 민바르에 올라가서 설교하는 것이 아니라 마이크를 사용한다고 한다. 돔형 지붕도 청진대사에 없는데, 이는 돔형 지붕이 모스크에 도입되기 시작한 시기가 우마이야 왕조(661~750) 말기인 점과 청진대사가 처음 건립된 시기에 비추어 본다면 납득할 만하다. 또한 청진대사의 초기 건립 이후 보수 공사를 할 때도 돔형 지붕을 만들지 않고 중국 전통 건축양식인 기와지붕을 유지했기 때문이다. 전형적인 이슬람 모스크의 구성요소 중 키블라와 미흐랍은 확인할 수 있었다. 키블라는 메카 방향을 가리키는 사각형 형태의 벽이며, 미흐랍은 키블라 정중앙을 오목하게 도려낸 부분이다. 무슬림들은 키블라를 향해 일렬로 서서 예배하고 기도한다. 키블라와 미흐랍의 존재 외에 청진대사가 통상적인 모스크와 동일한 점은 청진대사의 방향이 메카를 향한 서쪽이라는 사실이다. 이는 당시 중국의 대부분 건축물이 남쪽을 향하고 있는 것과 다르며, 대부분의 이슬람 사원이 메카를 향하고 있다는 점에서[177] 청진대사는 원종교인 이슬람교와 전파종교인 중국 이슬람의 동일성을 보여준다.

3) 전파종교와 피전파 지역 종교의 유사성

중국 초기 불교인 격의불교, 중국 당나라에 수용된 기독교인 경교의 문헌, 그리고 중국의 유교적 무슬림 학자인 회유의 한 키타브에서는 전파종교와 피전파 지역 종교의 유사성을 발견할 수 있다. 먼저, 격의불교란 불교 경전을 중국어로 번역할 때 중국인들에게 익숙한 도가의 용어를 빌려와서 불교를 이해하기 쉽도록 번역한 불교를 가리킨다.

---

177 강민구 외, "이슬람 문화와 중국 문화의 만남: 시안 회민거리와 청진사의 건축양식을 중심으로," 「지리학논총」 65 (2019), 93-97.

예를 들어, 불교 개념인 진여(眞如)를 도가의 언어인 본무(本無)로, 불교의 열반(涅槃)을 도가의 무위(無爲)로 번역하는 것이다. 이러한 격의불교는 불교의 생소한 개념을 도가의 익숙한 언어로 번역함으로써 대중들의 불교 진입 장벽을 낮추고자 했던 것으로 평가된다. 그러나 불교의 고유 개념과 일치하는 않는 도교 용어로 증가하면서 불교 사상의 수준이 발전되지 않는 한계에 부딪히게 되었다. 이에 승려 도안은 중국 불교가 격의불교의 단계에서 벗어나야 한다고 주장하였다.[178] 격의불교는 도교의 용어를 차용하여 번역된 불교라는 점에서 전파종교와 피전파 지역의 유사성을 보여준다. 이후 중국 불교는 격의불교에서 벗어나 구마라집과 현장의 번역에 힘입어 불교 고유의 사상을 전달하면서도 독자적인 중국 불교를 형성할 수 있게 되었다.

경교 문헌은 형식과 내용의 두 가지 기준으로 분류할 수 있다. 형식적 측면에서는 경문(經文)과 송문(頌文)으로, 내용적 측면에서는 아라본(알로펜) 문헌과 경정 문헌으로 나눌 수 있다. 경문에 해당하는 문헌은 『서청미시소경』, 『일신론』, 『대진경교선원지본경』, 『지현안락경』이고, 송문에 속하는 문헌은 <대진경교유행중국비>, 『대진경교삼위몽도찬』, 『존경』, 『대성통진귀법찬』이다. 내용적 측면에서 분류한 아라본 문헌과 경정 문헌은 둘 다 불교와 도교의 언어를 차용하여 서술한 문헌이다. 그러나 아라본 문헌은 기독교의 본래 모습과 사상에 좀 더 충실한 것으로 평가된다.[179]

---

178 자현, 『자현 스님이 들려주는 불교사 100장면』, 208-209.

윙샤오쥔은 아라본 문헌에 나타나는 서술적 특징을 세 가지로 정리하고 평가한다. 첫째, 기독교 신학의 핵심 용어들을 사용하고 있는데, 비록 불교와 도교의 용어로 번역했지만, 기독교 교리의 원래 의미를 잘 재현했다고 평가한다. 둘째, 교의를 번역하고 서술한 것이 복음을 번역하고 서술한 것보다 우수하다고 본다. 셋째, 신학과 윤리학 부분의 번역과 서술이 우주론과 영혼설에 관한 내용의 번역과 서술보다 우수하다고 말한다. 경정 문헌에 대해서는 문법적인 측면에서 세 가지 특징을 정리하고 평가한다. 첫째, 문체가 화려하고 눈부시다고 평가한다. 특히 경정 문헌의 하나인 『지현안락경』은 경교 문헌 중 문체가 가장 아름다운 글이라고 한다. 그러나 문체만 아름다울 뿐 그 내용이 독자들에게 잘 전달되지 않아서 당 덕종은 '이치가 어둡고 말이 생소하다'라고 평가했다. 둘째, 중요한 용어들을 경교에서 사용하는 의미로 번역하고 서술한 것이 아니라 도교와 불교에서 사용하는 의미로 번역 서술했다. 셋째, 형식의 측면에서 도교의 경서와 불교의 경전을 모방했다고 평가한다. 윙샤오쥔에 따르면, 아라본 문헌과 경정 문헌 모두 불교와 도교의 용어를 차용하기는 했지만, 아라본 문헌은 내용적으로는 기독교의 주제와 사상과 교의를 번역하고 서술했다면, 경정 문헌은 형식과 내용 모든 측면에서 도교와 불교에 동화되었다는 것이다.[180] 아라본 문헌은 전파종교와 피전파 지역 종교의 유사성을 보여준다면, 경정 문헌은

---

179 윙샤오쥔/임영택 옮김, 『중국어 경교 전적 해석』, 18-54.
180 앞의 책, 65-67.

전파종교와 피전파 지역 종교의 대등함에 기초한 유사성이 아니라 피전파 지역의 종교에 종속되어 동화된 모습을 보여준다.

　중국의 유교적 무슬림 학자들, 즉 회유들은 중국어로 이슬람 사상을 저술하였다. 중국어로 저술한 이슬람 텍스트인 한 키타브는 경당 교육의 결과였다. 경당 교육은 중국의 전통적 교육 방법을 도입하여 만든 이슬람 교육제도이다. 경당 교육의 커리큘럼에는 아랍어 책과 페르시아어 책뿐만 아니라 중국어 책도 포함되어 있었다. 이를 통해 경당어라는 언어가 생겨났는데, 이는 아랍어, 페르시아어, 중국어가 섞이고 그중 일부 어휘는 유불도의 경전이나 일상 중국어에서 온 것도 있었다. 이렇듯 경당 교육을 받고 경당어를 구사하는 회유들은 한 키타브 장르를 통해 자신들의 종교인 이슬람 사상을 발전시키고 이슬람의 수준을 얕보고 무시하는 유학자들에게 유학의 언어로 이슬람을 변증할 수 있었다. 회유의 한 키타브는 유학과 유교 사상의 언어로 이슬람교의 종교적 고유성과 사상을 재현하고 있다고 하겠다. 전파종교인 중국 이슬람교가 피전파 지역의 종교 사상인 유학과 유교의 언어를 사용하여 이슬람 사상을 중국 무슬림들에게 교육하고 중국 유학자들에게 변증하는 이중 작업을 한 것이다. 이러한 작업은 형식적으로는 전파종교와 피전파 지역 종교의 유사성을 나타내는 한편, 원종교인 이슬람교와 전파종교인 중국 이슬람의 동일성을 여전히 유지하기 위한 것이라고 평가할 수 있겠다.

실크로드 에토스
— 다종교 감수성에서 상호종교 감수성으로

이란 이스파한의 '시오세 폴'(Si-o-seh pol)은 자얀데 강(자얀데루드, Zayanderud)을 가로지르는 11개의 다리 중 하나입니다. 시오세 폴의 '시오세'는 '33'을 뜻하고 '폴'은 '다리'를 의미합니다. 실제로 시오세 폴은 33개의 아치형 교각으로 이루어진 다리입니다. 건축된 초기에는 이 다리가 아르메니안 자치구인 남부의 졸파(Jolfa) 지역과 북부 무슬림 지역을 연결한다는 의미에서 '졸파 다리'라고 불린 적이 있다고 합니다. '졸파' 지구는 사파비제국(Safavid, 1501~1736)의 압바스 1세(Abbas I, 재위 1588~1629)가 아르메니아인들을 이주시키면서 조성한 상업 지구이 자 아르메니안 자치 구역입니다. 원래 졸파는 이란 북서쪽 아제르바이잔 의 나흐치반(Naktchivan) 부근 도시이며, 이스파한의 졸파 지구는 그 지명을 따라 붙인 것입니다. 엄밀히 말해 이스파한의 졸파는 新졸파 (New Jolfa)인 셈이지요.

다리 밑을 흐르는 자얀데 강은 페르시아어로 '자얀데루드'라고 하는데, '생명을 주다'라는 뜻의 동사 '저이단'에서 파생된 형용사 '자얀데'와 '강'을 의미하는 '루드'의 합성어로서 '생명을 주는 강'이라는 뜻입니다. 말 그대로 자얀데 강은 이스파한에 생명을 주는 강입니다. 이란을 남북으로 관통하는 자그로스 산맥에서 발원하여 흐르는 자얀데 강은 이스파한의 녹색 생명력의 원천입니다. 그런데 필자가 갔을 때는 아쉽게도 다리 밑에 물이 거의 없었습니다. 상류 댐이 완공되었기 때문이라고 합니다.

다리는 물리적으로 떨어져 있는 두 지역 사이를 이어주는 존재입니다. 다리를 통해 양 지역의 사람들과 물자들이 오가면서 마음의 교류도 당연히 일어날 터이지요. 그 옛날 시오세 폴이 졸파 지구와 무슬림 지역을 연결한 것처럼, 오늘 필자에게 시오세 폴은 필자를 이란과 이어주는 다리가 되었습니다. 시오세 폴을 천천히 걸으며 만난 이란 사람들은 필자에게 말을 걸어오고 만남을 기념하는 사진도 함께 찍으면서 그렇게 서서히 필자의 마음속에 자리 잡았습니다.

필자는 실크로드 현지 인문 탐사를 하면서 니니안 스마트가 말한 '감정이입'(공감)을 이렇게 비로소 시작하게 되었습니다. 실크로드 지역의 종교들과 사람들을 만나면서 그들의 존재만으로 그리고 그들의 입장이 되어 그들의 내면에 있는 감정을 느끼고자 그들의 삶 속에 상상력을 가지고 참여했던 것이지요. 시오세 폴에서 만난 이란 사람들뿐만 아니라, 키루스 대제의 무덤 앞에서 페르시아의 옛 영화와 대비되는 현실의 답답함에 눈물 흘리던 이란 청년들, 후량에 17년간 억류되어 자신의 천재성을 발휘할 기회를 차단당한 채 하릴없이 중국어와 한문만 공부하며 기약 없는 세월을 보냈던 쿠차국 승려 구마라집, 자국 이민자 기독교인들을 보살펴 달라는 사산제국 황제의 청원서를 당 황제에게 전달했으나 당에 도착한 지 3년이 지나도록 선교 허가를 받지 못해 전전긍긍했을 아시리아동방교회 수도사 알로펜, 이슬람 정복 세력과 함께 유입된 이슬람교와 아랍어 사용 환경에서 기독교 신앙과 신학을 아랍어로 변증하며 때론 적응하고 때론 저항했던 시리아어권 기독교학 자들, 명말 청초 이슬람 사상과 유학을 결합하여 이슬람 전통을 새롭게 재현함으로써 중국 무슬림에게는 무슬림으로서의 정체성을 잊지 않게 하고 중국 유학자들에게는 이슬람의 깊이 있는 사상을 변증했던 회유(回 儒) 등 필자가 감정이입한 실크로드 사람들은 한둘이 아니었습니다.

감정이입(공감)이란, 실질적인 비교 작업을 통해 산출된 정보와 지식 에 근거하여 다른 사람의 세계관 구조와 신념 구조를 이해하는 것입니다. 여기서 말하는 '이해'는 '동의'와는 다른 개념입니다. '인정'과 '존중'의 의미에 가깝습니다. 자신의 신념에 기초하여 판단해서 동의하는 것이 아니라, 자신의 신념과 세계관을 잠시 접어두고 다른 사람, 다른 종교를 판단하지 않고 존재 그 자체를 인정하고 존중하는 것이기 때문입니다. 니니안 스마트가 감정이입(공감)과 함께 '판단 중지'를 말한 이유가 바로 이것입니다.

필자는 니니안 스마트의 판단 중지와 감정이입(공감)에서 시작하여 한 걸음 더 나아가고자 했습니다. '정보에 근거하여 지식을 갖춘 감정이 입(공감)'과 '구조화된 감정이입(공감)'은 다종교 감수성 및 종교 문해력과 일맥상통합니다. 이 책의 서두에서 논의했듯이, 다종교 감수성이란 "다양한 종교가 공존하거나 병존하는 다종교 사회에서 종교 다양성과 차이를 인정하고 존중하는 태도"입니다. 이러한 다종교 감수성은 종교에 관한 지식을 기반으로 형성되는데, 종교 다양성과 차이를 인정하기 위해서는 종교 다양성과 차이가 무엇인지 아는 것이 먼저이며, 종교 다양성과 차이를 알기 위해서는 종교에 관한 지식이 필요하기 때문입니다. 그러므로 다종교 감수성을 키우기 위해서는 종교 문해력이 필요합니다.[1] 이 책에서 정의한 것처럼, 종교 문해력은 "종교가 사회, 정치, 문화와 근본적으로 연관되어 있다는 것을 여러 각도에서 분별하고 분석할 수 있는 능력"입니다. 이는 "전 세계 종교의 역사와 주요 문서와 신조와 종교의식과 현재 모습은 구체적인 사회적, 역사적, 문화적 콘텍스트에서 형성되었고 계속 형성되어갈 것이라는 기본적인 이해"와 "모든 시공간의 정치적, 사회적, 문화적 표현에 존재하는 종교적 차원을 분별하고 탐구할 수 있는 능력"을 포함합니다.[2]

실크로드 종교들과 실크로드 사람들은 '자발적으로든 비자발적으로든' 다문화·다종교 상황에 놓여 있었으며 다종교 감수성을 요청받았습니다. 종교들 간의 세력 균형 지형, 사회적 지위 등에 따라 정도의

---

1 이인경, "다종교 사회에서 기독교(개신교) 대학 기독교교양 교과목의 상호종교교육 가능성," 「교양교육연구」 15/3 (2021) 66, 70.

2 Diane L. Moore, "Diminishing religious literacy: methodological assumptions and analytical frameworks for promoting the public understanding of religion," Adam Dinham & Matthew Francis eds., *Religious Literacy in Policy and Practice* (Bristol: Policy Press, 2015), 27-38.

차이는 있었지만 말입니다. 그리고 그 과정에서 실크로드 종교들과 실크로드 사람들은 '의도적이든 비의도적이든' '상호종교 감수성'(interreligious sensitivity)을 형성하기도 했습니다. 상호종교 감수성이란 "서로 다른 종교적 배경을 지닌 사회 구성원들이 종교 간에 서로 배우고 상호 작용하려는 태도"입니다. 상호종교 감수성은 다종교 감수성을 기초로 하되, 다종교 감수성을 넘어섭니다. 다종교 감수성이 일방향적 이해라면 상호종교 감수성은 쌍방향적 상호 작용이기 때문입니다.[3]

필자는 바로 여기에 주목하고자 했습니다. 실크로드 종교들과 실크로드 사람들이 실크로드에서 종교들을 만나는 방식 및 전개 양상에 관한 고찰과 분석을 통해 내린 잠정적 결론은, 종교 다양성과 차이를 인정하고 존중하는 다종교 감수성은 종교 간 대화와 교류를 통해 서로 배우고 상호 작용하려는 상호종교 감수성의 기본전제가 되며, 일방향적 이해의 다종교 감수성은 쌍방향적 상호 작용의 상호종교 감수성으로 전환될 수 있다는 것입니다.

상호종교 감수성이 바로 필자가 실크로드에서 발견한 '실크로드 에토스'입니다. '에토스'란 도덕과 윤리 둘 다를 가리키는 말입니다. 본래 그리스어 '에토스'(ethos)는 익숙한 곳, 거주하는 곳, 고향으로 여기는 장소를 뜻하며, 습관, 관습, 도덕이라는 의미로 사용됩니다. 에토스가 '도덕'을 가리키는 의미로 사용될 때, 도덕은 '사람들이 거주하

---

3 이인경, "다종교 사회에서 기독교(개신교) 대학 기독교교양 교과목의 상호종교교육 가능성," 66, 79.

는 곳에서 습관과 관습을 통하여 발전된 것' 즉 '관습에 따른 행위'를 가리킵니다. 한편, 에토스는 '관습에 따른 행위'라는 본래적 의미를 넘어서, '자신의 이성적 통찰에 근거하고 자신의 성향과 합치하기 때문에 마땅히 행해야 하는 것'이라는 파생적 의미도 가집니다. 이 파생적 의미가 '윤리'입니다. 윤리란 '사람들이 살면서 익숙해지는 어떤 요구가 아니라 습관화된 것에서 벗어나고, 관습적인 것에 맞서기도 하면서 새로운 행위와 행동을 하도록 도전하는 요구'입니다.[4]

필자가 상호종교 감수성을 실크로드 에토스라고 주장하는 이유는 이렇습니다. 실크로드 종교들과 실크로드 사람들은 자신들의 삶에 주어진 정치적 상황과 사회 문화적 환경에 적응하고 저항하는 과정에서 상호종교 감수성을 형성했습니다. 살아남기 위해 그리고 살아가기 위해 그랬던 것이지요. 그런데 실크로스 종교들과 실크로드 사람들에게 적응과 저항은 동전의 양면과 같은 것이었습니다. 살아남기 위함과 살아가기 위함도 마찬가지입니다. 적응하다 보니 저항이 되기도 하고, 저항하기 위해서는 적응해야 했기 때문입니다. 살아남다 보니 살아가게 되었고, 살아가기 위해서는 살아남아야 했기 때문입니다. 하여, 상호종교 감수성은 실크로드 종교들과 실크로드 사람들의 도덕이요, 윤리였습니다. 상호종교 감수성이 실크로드 에토스인 이유입니다.

이 책의 초점은 특정 종교의 고정불변한 독자성과 배타적 우월성이

---

4 폴 테일러/김영진 옮김, 『윤리학의 기본원리』(서울: 서광사, 1985), 13-15; 아르투르 리히/강원돈 옮김, 『경제윤리 Ⅰ: 신학적 관점에서 본 경제윤리의 원리』(서울: 한국신학연구소, 1993), 23-25.

아니라, 구체적인 삶의 자리에서 교류하고 적응하며 변화하는 관계망 속에 있는 실크로드 종교들의 모습입니다. 실크로드 종교들과 실크로드 사람들은 '실크로드를 따라 종교 교류를 통해 상호 영향을 주고받으면서 형성된 종교 간 관계망', 즉 '실크로드 종교 네트워크' 가운데서 상호종교 감수성을 형성했습니다. 실크로드 종교 네트워크는 상호종교 감수성이 형성되는 장(場)이었습니다. 필자는 실크로드 현지 인문 탐사를 통해서 그리고 이 책을 쓰면서 그 마당을 경험했습니다. 그 경험을 독자들과 나누고 싶습니다. 실크로드 종교들과 실크로드 사람들뿐만 아니라, 필자와 이 책을 읽는 독자도 실크로드 종교들을 만나는 주체이기 때문입니다.

참고문헌

강나리. "新羅 하대 渡唐留學의 성행과 그 배경." 「한국고대사연구」 9 (2018): 161-193.

강민구 외. "이슬람 문화와 중국 문화의 만남: 시안 회민거리와 청진사의 건축양식을 중심으로." 「지리학논총」 65 (2019): 87-98.

강승일. "유대 문헌에 네부카드네자르로 나타난 나보니두스의 전승." 「인문과학연구」 45 (2015): 201-220.

강훈 · 임상규. "동방정교회 아야소피아사원이 오스만 제국시대 이슬람교 사원에 미친 건축적 영향에 관한 연구." 「대한건축학회연합논문집」 52 (2012): 41-50.

계명대학교 실크로드연구원 편. 『위대한 유산 아제르바이잔』. 대구: 계명대학교 출판부, 2024.

계명대학교 실크로드 중앙아시아연구원. 『위대한 유산 아나톨리아』. 서울: 청아출판사, 2021.

계환. 『중국불교』. 서울: 민족사, 2014.

고병철. "국가 교육과정 내의 다문화교육과 '종교'교과교육: 다문화사회와 다종교 사회의 연관성과 함의를 중심으로." 「종교연구」 61 (2010): 99-130.

고일홍 외. 『동서양의 접점: 이스탄불과 아나톨리아』. 서울: 서울대학교출판문화원, 2017.

골든, 피터 B./이주엽 옮김. 『중앙아시아사』. 서울: 책과함께, 2021.

공봉진. "동아시아 민족문제와 중국 민족 식별의 관계 연구: 한국과 중국을 중심으로." 「동북아연구」 10 (2005): 33-63.

곽계일. 『동방수도사 서유기+그리스도교 동유기』. 서울: 감은사, 2021.

권상우. "마덕신(馬德新)의 유학에 대한 이슬람적 해석-알라와 天을 중심으로." 「철학논총」 108/2 (2022): 307-329.

______. "馬德新의 이슬람 補儒論-유학의 生死觀과 後世復生." 「철학논총」 106

(2021): 51-72.

______. "유학과 이슬람의 융합-유지(劉智)의 도덕적 종교."「동아인문학」38 (2017): 347-384.

______. "유학과 이슬람의 만남: 도덕적 종교-金天柱의『淸眞釋義』를 중심으로."「儒學研究」34 (2016): 295-321.

권영필.『실크로드의 에토스: 선하고 신나는 기풍』. 서울: 학연문화사, 2017.

______. "신라문화 속에 남아있는 서역요소" 신형식 외.『신라인의 실크로드』. 서울: 백산자료원, 2002.

______. "慶州 掛陵人物石像 再考: 이란系 武人 · 위구르系文人石像."「미술자료」50 (1992): 64-83.

권영훈. "동방정교회와 이콘."「아세아연구」161 (2015): 278-306.

그리피스, 시드니 H./서원모 옮김.『이슬람 세계 속 기독교: 초기 아랍 그리스도교 변증가들의 역사 이야기』. 서울: 새물결플러스, 2019.

금강대학교 불교문화연구소『종교와 역사의 교차점 실크로드』. 서울: 민족사, 2014.

김경현.『콘스탄티누스 황제와 기독교』. 서울: 세창출판사, 2017.

김래용. "에스라서 1-6장의 아람어 서신들의 특징과 역할."「신학사상」148 (2010): 7-40.

김명실. "정교회의 예배이콘에 대한 한국개신교의 편견을 극복하기 위한 연구: 이콘 논쟁의 간단한 역사와 그 신학적 담론들을 중심으로."「신학과 실천」56 (2017): 37-73.

김상근. "네스토리안 기독교는 왜 중국에서 사라졌는가?"「신학논단」43 (2006): 727-763.

김시내. "동서문명교류의 동맥 실크로드 —종교의 전파와 수용—." 순천향대학교 인문학진흥원 편.『동아시아와 문명: 지역공동체 지평의 인문실크로드』. 고양: 동과서, 2020.

김원룡.『한국미술사연구』. 서울: 일지사, 1987.

김윤성. "니니안 스마트의 비교종교학."「한신인문학연구」6 (2005): 221-245.

김영종.『실크로드, 길 위의 역사와 사람들』. 파주: 사계절, 2004, 2009.

김영진. "포로기와 포로기 이후의 신학사상."「구약논단」 21 (2006): 33-50.

김은규. "페르시아제국 시대에 구약성서의 오경(五經)은 신권정치의 관변 경전인가?"「종교연구」 68 (2012): 169-194.

김은정. "唐代 譯經事業과 監護."「역사문화연구」 76 (2020): 161-197.

김중관. "수피이슬람의 사상과 신비주의적 교의: 인식체계와 수행양식."「철학사상문화」 33 (2020): 274-297.

김진무.『중국불교사상사: 유불도 통섭을 통한 인도불교의 중국적 변용』. 서울: 운주사, 2015.

김진식. "변화하는 중국 무슬림 민족의 이해와 선교적 고찰." *Muslim-Christian Encounter* 10/2 (2017): 113-145.

김진혁.『환대의 신학』. 서울: IVP, 2025.

김차규. "테오도시우스 2세의 에페소스공의회 개최의 의미."「대구사학」 76 (2005): 337-361.

______. "콘스탄티누스의 니케아공의회 개최의 의미."「대구사학」 70 (2003): 157-194.

______. "콘스탄티누스의 종교 정책(312-324)."「인문과학연구논총」 20 (1999): 141-153.

김창석. "8~10세기 이슬람 제종족의 신라 來往과 그 배경."「한국고대사연구」 44 (2006): 93-126.

김필영. "15세기 에스파냐와 오스만의 '다문화' 정책: 강요된 '동화'와 제한된 '자치'."「다문화와 인간」 4/2 (2015): 55-88.

김학철. "종교 문해력과 교양교육."「한국교양교육학회 학술대회 자료집」 (2019): 57-62.

김호동.『동방 기독교와 동서문명』. 서울: 까치, 2002.

노성기. "'시리아-동방' 교회의 기원."「신학전망」 152 (2006): 25-52.

______. "알렉산드리아 학파와 안티오키아 학파."「신학전망」 147 (2004): 163-190.

니버, 리처드/홍병룡 옮김.『그리스도와 문화』. 서울: 한국기독학생회출판부, 2007.

데이비스, 레오 도널드/이기영 옮김.『초기 그리스도교 에큐메니컬 7대 공의회: 그 역사와 신학』. 서울: 대한기독교서회, 2018.

라피두스, 아이라 M./신연성 옮김.『이슬람의 세계사』. 서울: 이산, 2008.

랏삼, 수하/황석천 옮김.『이라크의 기독교』. 서울: 레베카, 2019.

루이스, 버나드 엮음/김호동 옮김.『이슬람 1400년』. 서울: 까치글방, 2014.

리히, 아르투르/강원돈 옮김.『경제윤리 I: 신학적 관점에서 본 경제윤리의 원리』.
　　　서울: 한국신학연구소, 1993.

마펫, 사무엘 H./김인수 옮김.『아시아 기독교회사 1: 초대교회부터 1500년까지』.
　　　서울: 장로회신학대학교출판부, 2004.

밀러, J. 맥스웰 · 헤이스, 존 H./박문재 옮김.『고대 이스라엘 역사』. 서울: 크리스챤다
　　　이제스트, 2013.

밀워드, 제임스 A./김찬영 · 이광태 옮김.『신장의 역사: 유라시아의 교차로』. 파주:
　　　사계절, 2013.

바우머, 크리스토프/안경덕 옮김.『실크로드 기독교: 동방교회의 역사』. 서울: 일조
　　　각, 2016.

박경미.『시대의 끝에서』. 대구: 한티재, 2017.

박영식. "종교다원주의에서 다자중심주의로."「신학과 선교」 45 (2014): 111-136.

박종우.『중국 종교의 역사: 도교에서 파룬궁까지』. 서울: 살림, 2006.

박현도.『이슬람교를 위한 변명』. 서울: 불광출판사, 2024.

배건준. "중국 정부의 신장사 인식과 이슬람 상대화: 신장 관련 정부백서를 중심으
　　　로."「서강인문논총」 62 (2021): 33-69.

변인석. "唐 長安 都城안의 寺刹과 新羅僧侶."「정토학연구」 2 (1999): 155-175.

보이스, 메리/공원국 옮김.『조로아스터교의 역사』. 서울: 민음사, 2020.

브리너, 에리히/황훈식 옮김.『동방 정교회(1274–1700)』. 천안: 호서대학교 출판부,
　　　2015.

샤르마, 아르빈드 외/이명권 외 옮김.『우리 인간의 종교들』. 서울: 소나무, 2013.

서경식/김석희 옮김.『청춘의 사신: 20세기의 악몽과 온몸으로 싸운 화가들』. 파주:
　　　창작과 비평사, 2002.

서원모. "중세 그리스도교의 이슬람 대응: 이슬람 문명권, 비잔티움, 라틴 그리스도

교 세계의 비교." 「한국교회사학회지」 45 (2016): 7-67.

______. "아시아교회사의 첫 장으로서 시리아 교회: 역사서술의 쟁점." 「장신논단」 46/4 (2014): 89-116.

서창원. "동방 정교회와 한국신학과 만남: 에큐메니즘 입장에서." 「신학과 세계」 74 (2012): 94-122.

설명진. "19세기 오스만제국의 밀레트 제도 연구." 명지대학교 대학원 석사학위논문, 2008.

설빈. "소그드 상인의 실크로드 무역 연구." 우석대학교 대학원 박사학위논문, 2020.

손, 타마라/서종민 옮김. 『이슬람의 시간: 이슬람의 역사, 종교, 정치 제대로 이해하기』. 서울: 시그마북스, 2017.

솔로, 말 바와이/정학봉 옮김. 『아시아교회: 그 사도성과 정통성』. 서울: 동서남북, 2011.

송유레. "하기아 소피아의 거룩함의 기하학." 고일홍 외. 『동서양의 접점: 이스탄불과 아나톨리아』. 서울: 서울대학교출판문화원, 2017.

슈바이처, 프리드리히/손성현 옮김. 『기독교교양: 사람은 어떻게 빚어지는가』. 서울: IVP, 2023.

스마트, 니니안/윤원철 옮김. 『세계의 종교』. 서울: 예경, 2004.

______/김윤성 옮김. 『종교와 세계관』. 서울: 이학사, 2000.

신양섭. "페르시아 문화의 동진과 조로아스터교." 「한국중동학회논총」 30/1 (2009): 33-73.

______. "페르시아 문화의 동진과 소그드 민족의 역할: 조로아스터교와 마니교를 중심으로." 「중동연구」 27/1 (2008): 3-17.

신태수. 『위구르와 중국 이슬람』. 대전: 종려나무, 2009.

신형식. 『신라인의 실크로드』. 서울: 백산자료원, 2002.

심종석. "페르시아 아케메니아 왕조의 세계경영사적 의의." 「로고스경영연구」 7/2 (2009): 21-55.

아사니, 알리. "종교 문맹 극복하기." 스티븐 핑커 외/이창신 옮김. 『하버드 교양 강의』. 파주: 김영사, 2012.

안경덕.『몽골과 그리스도교』. 서울: 일조각, 2021.

안사리, 타밈/류한원 옮김.『이슬람의 눈으로 본 세계사』. 서울: 뿌리와이파리, 2014.

안성찬. "근대국가 튀르키예: 오리엔트와 옥시덴트 사이에서." 고일홍 외.『동서양의 접점: 이스탄불과 아나톨리아』. 서울: 서울대학교출판문화원, 2017.

안용성.『두 이야기가 만나다: 요한계시록 서사로 읽기』. 서울: 새물결플러스, 2020.

알아이드, 살레 H./최영길 옮김.『이슬람국가에서의 비무슬림의 권리』. 서울: 도서출판 알림, 2006.

암스트롱, 카렌/장병옥 옮김.『이슬람』. 서울: 을유문화사, 2003, 2017.

양씨난/최수산나 옮김. "경교와 한어신학."「기독교사상」716 (2018): 104-107.

오은경. "탄지마트 이후 이슬람-오스만제국의 근대 성문법 체계 도입과 샤리아법원 변화 연구: 가족법령(Hukuk-ı Aile Kararnamesi)을 중심으로."「한국이슬람학회논총」26/1 (2016): 1-30.

______.『베일 속의 여성 그리고 이슬람』. 서울: 시대의창, 2014.

왈쩌, 마이클/송재우 옮김.『관용에 대하여: 윤리학, 정치학, 경제학 캐슬 강연』. 서울: 미토, 2004.

우드, 프랜시스/박세욱 옮김.『실크로드: 문명의 중심』. 고양: 연암서가, 2013.

윙샤오쥔/임영택 옮김.『중국어 경교 전적 해석』. 서울: 민속원, 2019.

유요한.『종교학의 이해: 현대사회의 종교학』. 서울: 세창출판사, 2020.

유흥태.『시아 이슬람』. 파주: 살림, 2017.

______.『페르시아의 종교』. 파주: 살림, 2010, 2017.

윤완. "통일신라시대 견당유학생 연구,"「교육학연구」42/4 (2004): 85-104.

이경규. "경교의 토착화에 대한 일고."「대구사학」70 (2003): 111-127.

______. "경교비에 나타난 경교사상에 관하여."「대구사학」67 (2002): 81-98.

이길용.『이야기 종교학』. 서울: 종문화사, 2018.

이노우에 고이치/이경덕 옮김.『살아남은 로마, 비잔티움제국: 변화와 혁신의 천년 역사』. 서울: 다른세상, 2010.

이동규. "페르세폴리스에 나타난 고대 페르시아제국의 문화정치."「서양사론」114 (2012): 228-252.

______. "나보니두스의 정치, 종교적 행적(行蹟)과 그 배경." 「서양고대사연구」 23 (2008): 7-31.

이성옥. "앗시리아 교회의 다양한 명칭과 집단 경계에 관한 소고." 「ACTS 신학저널」 26 (2015): 189-224.

이수연. "중국 고대기독교 경교의 『성경』 번역." 「번역학연구」 16/2 (2015): 139-164.

이승희. "콘스탄티누스 황제의 신앙과 종교 정책(306~324년)." 「서양고대사연구」 38 (2014): 103-147.

이윤경. "역대기사가의 분열왕국 전쟁기사에 나타난 전쟁이데올로기." 「신학사상」 156 (2012): 9-43.

이은정. 『오스만제국 시대의 무슬림-기독교인 관계』. 서울: 민음사, 2019.

______. "17세기 이스탄불에서 기독교인 이주의 영향: 인구 구성과 종교집단 간 관계에 대한 함의." 「역사학보」 226 (2015): 467-510.

______. "17세기 초 이스탄불 마할레(거주 공동체)의 외부인에 대한 대응." 「중앙아시아연구」 15 (2010): 217-247.

이은혜. "테오도시우스 2세: 권력과 신앙 ― 그리스도인 황제는 교회 분쟁의 중재자인가, 결정자인가?." 「한국교회사학회지」 40 (2015): 215-247.

이인경. "다종교 사회에서 기독교(개신교) 대학 기독교교양 교과목의 상호종교교육 가능성." 「교양교육연구」 15/3 (2021): 65-81.

______ 외. 『생명감수성 인큐베이팅』. 대구: 계명대학교 출판부, 2019.

______. "중국 당대(唐代) 경교(景教)의 수용 및 전개 양상과 신라 전래." 이인경 외. 『실크로드, 중국과 한국의 접점을 찾아서』. 대구: 계명대학교 실크로드 중앙아시아연구원, 2019.

______. "콘스탄티노플의 데오스(Theos)와 이스탄불의 알라(Allah)." 이인경 외. 『실크로드, 중국과 한국의 접점을 찾아서』. 대구: 계명대학교 실크로드 중앙아시아연구원, 2018.

______. "키루스 다시 읽기." 이인경 외. 『페르시아에서 만난 실크로드의 영웅들』. 대구: 계명대학교 실크로드 중앙아시아연구원, 2017.

이종근. "고레스 신탁과 고레스 실린더." 「구약논단」 48 (2013): 128-166.

______. "신 바벨론제국의 나보니두스에 관한 소고."「성경과 고고학」(2008 겨울): 18-40.

______. "생명 존중을 위한 메소포타미아 법들의 정의."「구약논단」5 (2003): 261-297.

이현모. "경교는 실패한 모델인가?: 현대 상황화 개념에 따른 재평가."「복음과 실천」 43 (2009): 295-324.

이환진. "『대진경교유행중국비』의 경교인들의 신앙생활 모습."「신학과 세계」100 (2021): 17-21.

______. "5-7세기 시리아 교회의 '페르시아인 학교'와 '니시비스 학교'."「기독교사 상」733 (2020): 108-118.

______. "5-6세기 기독론 논쟁과 시리아 교회."「기독교사상」732 (2019): 116-128.

______. "시리아 교회는 어떤 교회인가."「기독교사상」722 (2019): 72-82.

이희수.『인류 본사: 오리엔트-중동의 눈으로 본 1만 2,000년 인류사』. 서울: 휴머니 스트, 2022.

______.『튀르키예사 100』. 파주: 청아출판사, 2017.

______. "이슬람: 칼과 코란의 왜곡된 방정식."「종교학보」3 (2007): 55-77.

______. "이슬람의 중국 전입과 회족 공동체의 태동."「민족과 문화」5 (1997): 85-105.

임석재.『한 권으로 읽는 임석재의 서양건축사』. 서울: 북하우스, 2011.

______.『기독교와 인간』. 파주: 북하우스, 2003.

임영애. "'서역인'인가 '서역인 이미지'인가: 통일신라미술 속의 서역 인식."「미술사 학연구」236 (2002): 45-67.

자린쿠, 압돌 호세인·루즈베 자린쿠/태일 옮김.『페르시아 사산제국 정치사』. 서울: 예영커뮤니케이션, 2011.

자현.『자현 스님이 들려주는 불교사 100장면』. 서울: 불광출판사, 2018.

장준철. "보편공의회 이단 파문 법규의 분석."「서양중세사연구」16 (2005): 1-30.

전영준. "신라사회에 유입된 서역 문물과 다문화적 요소의 검토."「신라사학보」15 (2009): 161-192.

정세현. "시아파의 기원과 핵심사상 그리고 선교적 함의."「선교와 신학」41 (2017): 469-503.

정수일.『실크로드 사전』. 파주: 창비, 2013.

______.『실크로드 문명기행: 오아시스로 편』. 서울: 한겨레출판사, 2006.

______. "실크로드의 개념과 그 확대." 중앙아시아학회 엮음.『실크로드의 삶과 종교』. 파주: 사계절, 2006.

______.『문명교류사 연구』. 파주: 사계절, 2002.

______.『실크로드학』. 서울: 창비, 2001, 2013.

______.『신라·서역교류사』. 서울: 단국대학교출판부, 1992.

정재현.『종교신학 강의: 다종교 상황에서 그리스도교인이 가야 할 길』. 성남: 비아, 2017.

정재훈.『위구르 유목제국사』. 서울: 문학과지성사, 2005.

조성우. "唐代 景敎 敎團의 活動과 그 性格: 外來 宗敎에 대한 唐의 태도와 관련하여."「위진수당사연구」4 (1998): 187-212.

주성일. "중국 이슬람의 확산과 이슬람의 중국화."「아랍과 이슬람 세계」8 (2021): 109-148.

주원준·박태식·박현도『신학의 식탁: 세 종교학자가 말하는 유다교, 이슬람교, 그리스도교』. 파주: 들녘, 2019.

중앙아시아학회 엮음.『실크로드의 삶과 종교』. 파주: 사계절, 2006.

차피, 존/윤재운 옮김.『중국의 전근대 무슬림 상인들 : 해양 아시아 무역 디아스포라의 역사, 750년~1400년』. 고양: 평사리, 2024.

최만수. "하늘과 땅의 노래: 이사야 44:24-45:8에 대한 주석적 이해."「성경과 신학」66 (2013): 35-62.

최석우. "공의회 개념의 문제."「교회사연구」25 (2005): 5-11.

최진우. "환대의 윤리와 평화." *Oughtopia* 32/1 (2017): 5-27.

추아, 에이미/이순희 옮김.『제국의 미래』. 서울: 비아북, 2008.

카믈로, 피에르 토마/황치헌 옮김.『에페소·칼케돈공의회』. 화성: 수원가톨릭대학교출판부, 2020.

커닝엄, 메리/이종인 옮김.『비잔티움제국의 신앙: 콘스탄티노폴리스에서 꽃피운 그리스도교』. 이종인 옮김. 서울: 예경, 2006.

쿠트, 로버트·쿠트, 메리/장춘식 옮김.『성서와 정치 권력』. 서울: 한국신학연구소, 2000.

쿼터트, 도널드/이은정 옮김.『오스만 제국사: 적응과 변화의 긴 여정 1700–1922』. 파주: 사계절, 2008.

크세노폰/이동수 옮김.『키루스의 교육』. 파주: 한길사, 2016.

탄너, 노만 P./김영식·최용감 옮김.『간추린 보편 공의회사』. 서울: 가톨릭출판사, 2010.

테일러, 폴/김영진 옮김.『윤리학의 기본원리』. 서울: 서광사, 1985.

퍼거슨, 에버렛/엄성옥 옮김.『초대 교회 배경사』. 서울: 은성, 2005.

페팽, 샤를/양혜진 옮김.『아름다움이 우리를 구원할 때: 칸트, 헤겔, 프로이트 미학에서 행복을 찾다』. 서울: 이숲, 2016.

피스, 제니퍼 하우. "종교적 자아, 종교적 타자: 함께 형성(coformation) 종교 간 교육 모델." 나지바 사이드·하이디 하셀 편저/김성래·이정철·한가람 옮김.『종교란 무엇인가: 함께-형성을 위한 '종교 간 교육'』. 서울: 동연, 2024.

핑커, 스티븐 외/이창신 옮김.『하버드 교양 강의』. 파주: 김영사, 2012.

한센, 발레리/류형식 옮김.『실크로드: 7개의 도시』. 서울: 소와당, 2015.

한용수. "중국인 삶에서의 외래종교: 기독교와 이슬람 문화를 중심으로."「중국학보」53 (2006): 477-494.

허남결. "실크로드의 호상胡商 소그드 상인들의 재조명." 금강대학교 불교문화연구소 편.『종교와 역사의 교차점, 실크로드』. 서울: 민족사, 2014.

현대사회와 기독교 편찬위원회 편.『현대사회와 기독교』, 대구: 계명대학교출판부, 2004.

헤린, 주디스/이순호 옮김.『비잔티움: 어느 중세 제국의 경이로운 이야기』. 파주: 글항아리, 2013.

황병하. "중국 무슬림의 종교적 정체성과 인권 침해."「한국중동학회논총」33/3 (2013): 133-167.

______. "위구르족·회족 무슬림의 정체성과 문화 접변 양상 연구." 「한국중동학회논총」 30/3 (2010): 223-256.

______. "신장의 이슬람 역사와 중국의 대 이슬람 정책." 「한국중동학회논총」 30/1 (2009): 107-140.

______. "이슬람의 관용과 차별에 관한 연구: 딤미를 중심으로." 「한국이슬람학회논총」 17/1 (2007): 35-61.

______. "쉬아파 기원과 사상적 특성 연구." 「한국이슬람학회논총」 4/1 (1994): 85-116.

황의갑. "비잔티움 제국에서 수용된 이슬람의 조세제도 ― 지즈야(인두세)를 중심으로." 「중동연구」 31/2 (2012): 1-19.

황정욱. 『예루살렘에서 長安까지: 그리스도교의 唐 전래와 景敎 문헌과 유물에 나타난 중국 종교의 영향에 대한 연구』. 오산: 한신대학교출판부, 2005.

______. "경교 일천론 제일에 나타난 신학 사상 연구." 「신학사상」 116 (2002): 218-248.

횟필드, 수전 외/이재황 옮김. 『실크로드』. 서울: 책과함께, 2019.

Bakhtadze, Nodar et al. *An Archaeological Study of the Ancient Churches in the Former City of Nekresi*. Tbilisi: Heliae Universitas Publica, 2018.

Baum, Wilhelm & Winkler, Dietmar W. *The Church of the East: A concise history*. Translated by Miranda G. Henry. London and New York: Routledge Curzon, 2003.

Beckwith, C. I. *Empires of the Silk Road*. Princeton: Princeton University Press, 2009.

Berlie, Jean A. *Islam in China: Hui and Uyghurs between Modernization and Sinicization*. Bangkok: White Lotus, 2004.

Boulnois, Luce. *Silk Road: Monks, Warriors & Merchants on the Silk Road*. Hong Kong : Odyssey Books & Guides, 2004.

Brock, S. "The 'Nestorian' Church: A Lamentable Misnomer." *Bulletin of the John*

Rylands University Library of Manchester 78/3 (1996): 23-35.

Daftary, Farhad. *A History of Shi'i Islam*. London: I.B. Tauris, 2014.

De La Vaissière, Étienne. *Sogdian Traders: A History*. Translated by James Ward. Leiden; Boston: Brill, 2005.

Eastmond, Antony. "Art on the Edge: The Church of the Holy Cross, Jvari, Georgia." *Art Bulletin* 105/1 (March 2023): 64-92.

Finkel, Irving, ed. *The Cyrus Cylinder: The King of Persia's Proclamation from Ancient Babylon*. London: I.B. Tauris, 2013.

Foltz, Richard. *Religions of Iran*. London: Oneworld Publications, 2013.

________. *Religions of the Silk Road: Premodern Patterns of Globalization*. New York: Palgrave Macmillan, 2010.

Freid, Lisbeth S. "Cyrus the Messiah? The Historical Background to Isaiah 45:1." *Harvard Theological Review* 95/4 (2002): 373-393.

Gladney, Dru C. *Muslim Chinese: ethnic nationalism in the People's Republic*. Cambridge, Mass.: Council on East Asian Studies, Harvard University, and distributed by Harvard University Press, 1996.

Haider, Najam. *Shi'i Islam: An Introduction*. New York: Cambridge University Press, 2014.

Hinnells, John and Williams, Alan, eds. *Parsis in India and the Diaspora*. London; New York: Routledge, 2007.

Israeli, Raphael. *Islam in China: Religion, Ethnicity, Culture, and Politics*. Oxford: Lexington Books, 2002.

Kuhrt, Amélie. "The Cyrus Cylinder and Achaemenid Imperial Policy." *Journal for the Study of the Old Testament* 25 (1983): 83-97.

Lai, Qing. "The Making of Sino Muslim Identity: Han Kitab in the Chinese Xidaotang." *Chinese Sociological Review* 52/2 (2020): 167-198.

Leeming, Emma Loosley. *Architecture and Asceticism: Cultural Interaction between Syria and Georgia in Late Antiquity*. Leiden, Boston: Brill, 2018.

Lieu, Samuel N. C. *Manichaeism in Mesopotamia and the Roman East*. Leiden: Brill, 1999.

________. *Manichaeism in Central Asia and China*. Leiden: Brill, 1998.

________ and Thompson, Glen L. eds. *The Church of the East in Central Asia and China*. Turnhout: Brepols, 2020.

Lipman, Jonathan N. ed. *Islamic Thought in China: Sino-Muslim Intellectual Evolution from the 17th to the 21st Century*. Edinburgh: Edinburgh University Press, 2017.

________. *Familiar Strangers: A History of Muslims in Northwest China*. Seattle; London: University of Washington Press, 2011.

Merhavy, Menahem. "Religious Appropriation of National Symbols in Iran: Searching for Cyrus the Great." *Iranian Studies* 48/6 (2015): 933-948.

Mollier, Christine. *Buddhism and Taoism Face to Face: Scripture, Ritual, and Iconographic Exchange in Medieval China*. Honolulu: University of Hawaii Press, 2009.

Moore, Diane L. "Diminishing religious literacy: methodological assumptions and analytical frameworks for promoting the public understanding of religion." Adam Dinham & Matthew Francis eds. *Religious Literacy in Policy and Practice*. Bristol: Policy Press, 2015.

Papademetriou, Tom. *Render unto the Sultan: Power, Authority, and the Greek Orthodox Church in the Early Ottoman Centuries*. Oxford: Oxford University Press, 2015.

Petersen, Kristian. *Interpreting Islam in China: Pilgrimage, Scripture, and Language in the Han Kitab*. New York: Oxford University Press, 2017.

Rollinger, Robert. "The Terms 'Assyria' and 'Syria' again." *Journal of Near Eastern Studies* 65/4 (2006): 283-287.

Smart, Ninian. *The Worlds's religions*. Cambridge: Cambridge Univ, 1998.

Tang, Li & Winkler, Dietmar W. eds. *Winds of Jingjiao: Studies on Syriac*

Christianity in China and Central Asia. Berlin: LIT Verlag, 2016.

________. eds. *From the Oxus River to the Chinese Shores: Studies on East Syriac Christianity in China and Central Asia.* Berlin: LIT Verlag, 2013.

Thompson, Glen L. "Was Alopen a 'Missionary'?" Dietmar W. Winkler and Li Tang eds. *Hidden treasures and intercultural encounters: Studies on East Syriac Christianity in China and Central Asia.* Wien: Lit ; Piscataway, NJ: Distributed in North America by Transaction, 2009.

Wain, Alexander. "Islam in China: The Hān Kitāb Tradition in the Writings of Wang Daiyu, Ma Zhu and Liu Zhi, with a Note on Their Relevance for Contemporary Islam." *Islam & Civilisational Renewal* 7/1 (2016): 27-46.

Wang, Wei. "On the Historical Background and Ideological Resources of the Confluence of Islam and Confucianism." *Religions* 13/8 (2022): 748-762.

Wansbrough, John E. *The Sectarian Milieu: Content and Composition of Islamic Salvation History.* Oxford: Oxford University Press, 1978.

Winkler, Dietmar W. & Tang, Li, eds. *Hidden Treasures and Intercultural Encounters: Studies on East Syriac Christianity in China and Central Asia.* Wien: LIT; Piscataway, NJ: Transaction, 2009.

Winkler, Dietmar W. "The 'Apostolic Church of the East': a brief introduction to the writing of church history and to terminology." Wilhelm Baum and Dietmar W. Winkler. *Church of the East: A concise history.* London and New York: Routledge Curzon, 2003.

Wiesehöfer, Josef. *Ancient Persia: From 550 BC to 650 AD.* London; New York: I.B. Tauris, 2001.

高宇. "명·청 시대 유학을 통한 이슬람교의 중국화에 대한 연구." 「儒教思想文化研究」 82 (2020): 287-322.

拜根興. "입당구법(入唐求法): 당과 신라 간에 불교문화 교류의 다리를 놓다입당구법 승려를 중심으로-." 「불교연구」 29 (2008): 99-162.

Mammadova, Gulchohra. “Church in the village of Kish is 『Mother of Albanian Churches』.” (2012). https://udi.az/en/0133.html (2023년 10월 15일 접속).

Mammadova, G. and S. Haciyeva. “KISH CHURCH: ONE OF THE OLDEST CHURCHES IN THE CAUCASUS CULTURE.” *The Visions of Azerbaijan* 3/1 (2008): 28-32. http://www.visions.az/en/news/84/6fe1b673/ (2023년 10월 15일 접속).

Storfjell, J. Bjornar. “The Church in Kish: Carbon Dating Reveals its True Age.” *Azerbaijan International* 11/1 (2003): 33-39. https://azer.com/aiweb/ categories/magazine/ai111_folder/111_articles/111_kish_church.html (2023년 10월 15일 접속).

https://www.pewresearch.org/religion/2025/06/09/how-the-global-religious-landscape-changed-from-2010-to- 2020/ (2025년 6월 11일 접속).

https://www.joongang.co.kr/article/25201227 (2023년 10월 30일 접속).

https://en.wikipedia.org/wiki/Nabonidus_Chronicle (2022년 10월 23일 접속).

https://www.livius.org/cg-cm/chronicles/abc7/abc7_nabonidus3.html (2022년 10월 23일 접속).

용어 해설

감정이입

감정이입은 일반적으로 "내면에서 느끼는 것"(feeling in)과 "다른 사람이나 다른 집단의 내면에 있는 감정을 파악해 내는 것"을 말한다. 이것은 동감(sympathy)이 아니라 공감(empathy)에 해당한다. 공감은 실질적인 비교 작업을 통해 산출해 낸 정보와 지식에 근거하고, 다른 사람의 세계관 구조와 신념 구조를 이해하는 방식이다. 따라서 종교적인 의미에서 감정이입이란 '정보에 근거하여 지식을 갖춘 공감'(informed empathy)과 '구조화된 공감'(structured empathy)으로 이것은 종교 문해력 및 다종교 감수성과 일맥상통한다.

경교

경교(景教)는 중국 당나라에 수용되어 전개된 기독교를 가리킨다. 수용 초기에는 파사교, 파사경교, 메시아교 등으로 불렸으며, 현종 4년(745년) 조서에 따라 '대진 경교'(大秦景敎)로 개칭되었다. 경교는 네스토리안 기독교라고 불리기도 하는데, 이는 아시리아동방교회가 네스토리안 기독교라는 뜻이고 아시리아동방교회가 네스토리안 기독교로 불리게 된 것은 네스토리안 논쟁에 대한 공의회의 결정과 그로 인한 형세 변화 때문이다. 경교 선교사 알로펜(阿羅本)은 아시리아동방교회의 총대주교좌가 있던 셀레우키아-크테시폰(Seleucia-Ctesiphon)에서 파송한 선교사였다.

경당 교육

이슬람 전통 지식에 대한 이해가 감소하고 무슬림으로서의 정체성 위기에 봉착한 중국 무슬림들이 이슬람 전통을 보존할 새로운 방법으로 '경당 교육'(經堂敎育, scripture hall education)과 '漢 키타브'(Han Kitab)를 창안하였다. 중국의 유교적 무슬림 학자인 회유는 중국의 유불도 사상과 중국 한자를 사용하여 중국 무슬림의 종교적 정체성을 유지하는 한편 중국 유학자들을 향해 이슬람을 변증했다. 경당 교육은 중국의 전통적 교육 방법을 도입하여 만든 교육제도이면서 교육 운동으로 사원 교육 또는 아랍어(回文) 대학으로 불렸다. 경당 교육의 창시자 호등주(1522~1597)는 섬서성 시안 외곽 도시 위(魏) 출신으로, 그 당시 중국 무슬림들처럼 유학 고전 교육을 받았으며 자기 고향 모스크에서 이슬람 교육도 꾸준히 받았다.

공의회

초기 기독교 교회 지도자들은 공의회를 통해 신학적·신앙적 주제들에 대해 논쟁하고 합의했으며 교회 밖의 사람들에게 기독교를 알리는 과제를 수행하였다. 외형상 일종의 회합이자 집회인 공의회는 참석한 교회 지도자들이 한편으로는 당시 신학적·신앙적 논쟁을 수평적으로 합의하면서 다른 한편으로 앞서 개최된 공의회의 가르침과 일치되도록 수직적으로 합의했다는 점에서 이중의 합의라는 원칙을 고수했다. 공의회의 의결 방식은 주교와 신부, 하위 직급의 사제, 평신도, 여성의 박수갈채에 의한 만장일치 또는 절대다수의 동의였다. 공의회에서 가장 큰 영향력을 행사한 그룹 또는 인물은 로마 황제였다.

교류인

교류를 위해 왕래하는 사람을 가리켜 '교류인'이라고 할 때 교류인의 교류가 어떤 역할과 결과로 이어졌는지에 따라 세 가지로 구분할 수 있다. 첫째, 교류 관계 수립을 위한 인적 교류에는 국가 간 관계 문제를 처리할 목적으로 파견되는 사절, 군사적 정복이나 정치적 지배와 같은 경략 활동가, 국가 간 화친을 위한 정략 결혼자 등이 포함된다. 둘째, 물질문명 교류를 위한 인적 교류의 대표적 예시로는 교역 활동의 주체인 상인들이 여기에 해당한다. 셋째, 정신문명 교류를 위한 인적 교류는 포교(선교)나 구법 활동을 통해 종교를 전파하는 성직자(승려, 수도사 등), 학문과 예술을 전파하고 교류한 학자와 예술가, 여행가와 탐험가, 이주민 등을 아우른다.

구라마집

구마라집(鳩摩羅什, Kumārajiva, 344~413)은 쿠차 출신으로 불교 경전을 한역(漢譯)한 중국 4대 역경승 중 한 사람으로 쿠차국 공주 기바와 인도 바라문 출신 승려 구마라염의 아들로 태어났다. 인도에서 불법을 전하기 위해 파미르고원을 넘어 쿠차까지 온 아버지의 열정과 출가를 결심할 만큼 불심이 깊고 명석한 어머니의 머리를 물려받은 구마라집은 어려서부터 자연스럽게 불교 환경에서 자랐다. 어머니를 따라 7살 어린 나이로 출가하여 인도 카슈미르의 반두달다 문하에서 수학하면서 대승불교를 접한 후 대승으로 전향했다.

내지 이슬람 문화

내지 이슬람 문화를 대표하는 민족은 회족이다. 회족 무슬림은 중국어를 사용하고 한족 문화에 동화되었다는 점에서 위구르족 무슬림과 구별된다. 회족 무슬림은 중국 이슬람 역사 초기에 아랍과 페르시아 등으로부터 유입된 외국인 무슬림에서 시작되었다. 1950년대 중국공산당 정부는 스탈린이 규정한 민족 형성의 네 가지 요건을 참고하여 같은 민족의 기준으로 '같은 지역, 같은 언어, 같은 경제생활, 같은 정서'를 내세우면서 '민족 식별'을 시행하였다. 민족 식별이란 중국 내에 거주하는 개인과 집단의 민족 성분을 판별하고 분류하여 민족 명칭을 부여한 작업이다. 세 단계에 걸쳐 민족 식별을 시행한 결과, 중국 정부는 한족 외에 55개 소수 민족을 공식적으로 인정하고 명명하였는데, 회족 무슬림도 그중에 하나이다.

네트워크(망상구조)

발레리 한센은 실크로드가 길과 길을 이으면서 도시와 마을을 망라한다는 점에서 이동의 범위로 보고 리차드 폴츠는 실크로드를 여러 개의 길로 이루어진 도로망(a network of roads)으로 보는데, 이런 점에서 실크로드를 '네트워크'로 표현할 수 있다. 물론 리차드 폴츠도 네트워크라는 표현을 사용했지만, 그것은 동서로 이어지는 도로를 기준으로 남부 이란과 북부 유라시아 대초원, 힌두쿠시산맥을 넘어 인도 아대륙으로 이어지는 도로에 국한되었다. 반면 필자가 말하는 네트워크는 수많은 길뿐만 아니라 그 길을 이어주는 도시와 마을, 사람으로 이루어진 망상구조를 의미한다.

다종교 감수성

다종교 감수성이란 '다양한 종교가 공존하거나 병존하는 다종교 사회에서 종교 다양성과 차이를 인정하고 존중하는 태도'를 말하는데, 종교에 관한 지식을 기반으로 형성된다. 다종교 감수성은 '종교적 다원성 능력'과도 일맥상통한다. 종교적 다원성 능력이란 '다양한 종교 및 세계관에 관한 지식'과 '다양한 종교 및 세계관을 가진 사람들을 인정하고 존중하면서 서로 공감하고 연대하는 태도'를 의미한다. 결국 이러한 다종교 감수성 또는 종교적 다원성 능력을 함양하기 위해 종교 문해력 교육이 필요하다.

다종교 사회

다종교 사회에서는 다양하고 이질적인 종교와 종교인, 종교단체가 동시에 존재하고 여러 종교의 가치관이 동시에 수용되기 때문에 특정 신념에 기초하여 형성된 배타적 태도로 종교갈등이 발생할 수 있다. 따라서 다종교 사회에서는 종교 간 갈등과 충돌 가능성을 해소하고 종교 간 공생 전략이 필요한데, 소수 종교의 종교단체와 종교인에 대한 차별을 금지하고 일부 종교를 유사 종교, 사이비 종교, 이단 등으로 규정하여 낙인찍는 것을 삼가야 하며 종교 간 상호 공존에 필요한 종교교육을 적극적으로 할 필요가 있다.

당 태종

당 태종(唐 太宗, 재위 626~649)의 통치기는 중국 역사상 종교 다원주의
가 융성했던 시기였다. 태종은 외래종교에 대해 개방적이었다. 불교를 억
압한 고조와 달리, 태종은 불교에 대해 관용적이었으며 역경(譯經) 사업
을 통해 자신의 정치적 입지를 정당화하고자 하였다. 또한 서역의 외국인
들이 들여온 종교들까지 수용하였다. 장안에는 외국인들이 상인 구역을
형성하여 거주하고 있었으며, 외국인 상인 구역인 서시(西市)에는 서역에
서 전래된 다양한 종교의 사원들이 세워졌다. 이들 종교 사원에서 거행된
종교의식에 주로 외국인 신자들이 참여하였다.

데브시르메

데브시르메(devşirme) 제도는 오스만제국이 14세기 말부터 시행한 소년
공납제도이다. 오스만제국은 발칸반도의 기독교 가정에서 8~20세 소년
을 3~5년에 한 번씩 차출하였다. 그중에 상위 10%는 궁정 학교에서 훈련
을 받고 '아스케리'라는 지배계층이 되었으며 나머지 90%는 아나톨리아
시골 가정에 위탁되어 튀르크어와 이슬람교를 배우게 한 뒤 개종시켜 예니
체리 군대에 편입시켰다. 데브시르메 제도 시행 초기에는 발칸반도의 기
독교 가정 소년들을 대상으로 차출하였으나 15세기 후반부터는 아나톨리
아의 기독교 가정 소년들로 확대되었고 17세기 초반부터 소극적으로 시행
되다가 18세기에는 폐지되었다.

딤미 제도

딤미 제도는 아케메네스페르시아제국(기원전 550~330)의 '페르시아 텐
트'(Persian tent)에서 유래했다. 페르시아 텐트는 빅 텐트에 여러 민족을
포용하는 일종의 다문화 전략이다. 각 민족 고유의 전통과 관습을 인정하
고 각 민족 공동체의 구성원들에게 자기 지도자의 명령을 따르도록 허용하
는 제도였다. 이슬람제국 지배자들도 정복지에서 비무슬림 피정복민 보호

정책인 딤미 제도를 시행했다. 이슬람 영역 바깥 지역인 '전쟁의 지역'(다르 알-하릅: dar al-Harb)에 사는 사람들이 이슬람법이 부여하는 '아 만'(aman)이라는 일종의 안전 거류증을 소지하면 이슬람 지역을 방문하 거나 일정 기간 그 지역에 거주할 수 있었는데, 아만 소지자가 바로 딤미가 되는 것은 아니었기 때문에 이슬람 지역에서 영구적으로 살기 원하면 딤미 로 신분을 바꾸어야 했다.

리처드 니버의 유형론적 접근방법

기존 종교와 사상이 기득권 세력과 문화적 토양에 뿌리 내린 상황에서 새로 유입된 종교가 선교와 교세 확장을 도모할 때 적절한 연구 방법이다. 예를 들어, 중국 동한(東漢) 시대에 불교가 전래했을 때 기존 사상인 유가 와 도가의 철학적 용어를 차용하여 불교 교리를 소개한 경우나, 중국에 경교가 전파되었을 때 기존 종교인 유불도 세 종교의 용어와 형식, 사상을 수용하여 경교 메시지를 전달한 경우, 니버의 유형론적 접근방법으로 분 석하는 것이 더 설득력 있는 연구 결과를 양산할 수 있다.

마스지드자메

마스지드자메는 사산조 페르시아제국(Sassanian Persia)의 조로아스터 교 신전 유적 위에 세워진 야즈드의 대표 모스크로서 10세기 부와이 왕조 (Buwayhid) 통치기부터 13~14세기 일한국(Ilkhanate)을 거쳐 14~16세 기 티무르제국(Timurid Empire)까지의 건축양식이 반영되어 있다. 마스 지드자메에서 '마스지드'는 아랍어로 "이마를 땅에 대고 절하는 곳"을 의 미하고 영어 모스크(Mosque)에 해당하며 '자메'는 '금요일'을 뜻하는 페르 시아어이다 따라서 마스지드자메를 자메마스지드, 자메모스크로 표현해 도 무방하다.

밀라노칙령

밀라노칙령(313)은 보편적 종교 관용 명령이었다. 밀라노칙령은 서방 정제 콘스탄티누스(Constantinus the Great, 재위 306~337)와 동방 정제 리키니우스(Licinius, 재위 308~324)가 함께 협의하여 선포했기 때문에 '밀라노 협정'이라고도 할 수 있다. 밀라노칙령의 보편적 종교 관용령에 따라 기독교인들도 신앙의 자유와 법률적 권리를 보장받았다. 밀라노칙령 이후, 콘스탄티누스는 기독교의 가르침에 부합하는 정책과 기독교 우대정책을 시행했다. 콘스탄티누스는 기독교를 황제 차원에서 보호하고 후원했으며, 개인들이 재산을 기독교 교회에 유증할 수 있도록 했고, 기독교인을 국가 고위 관직에 임명했으며, 여러 지역에 교회를 세웠다. 빈민과 병자와 과부와 고아를 돌볼 수 있도록 지원했고, 십자가형 등 야만적 형벌을 폐지했으며, 노예해방 절차를 완화했다.

밀레트

'밀레트'(millet)는 아랍어 '밀라'(millah)에서 유래되었으며 민족 또는 공동체를 의미한다. 밀레트는 지배 집단과 종속 집단이라는 두 부류로 분류되는데, 무슬림은 지배 집단인 '밀레티 하키메'(millet-i hakime)에, 비무슬림 소수 민족들은 종속 집단인 '밀레티 마후쿠메'(millet-i mahkume)에 속한다. 지배 집단은 투르크인을 포함하여 아랍인, 페르시아인, 보스니아인, 알바니아인 무슬림으로 구성되었고, 종속 집단은 그리스인, 아르메니아인, 유대인, 루마니아인, 슬라브인의 소수 민족으로 이루어졌다. 초기에는 무슬림으로 구성된 지배 집단도 밀레트로 불렸지만, 점차 밀레트는 비무슬림 종속 집단만을 가리키는 용어가 되었다.

밀레트 제도

밀레트 제도는 술탄 메흐메드 2세가 콘스탄티노폴리스를 함락시킨 후 공식적으로 규정하여 시행한 오스만제국의 다문화 정책 또는 소수 민족 정책이다. 본래 밀레트는 종교 공동체를 가리키는 말인데, 오스만제국의 비무슬림을 밀레트라고 부르기 시작한 것은 19세기 초 마흐무드 2세 치세 때부터였다. 그 이전에는 밀레트가 제국 내의 무슬림이나 제국 바깥의 기독교인을 지칭하는 용어였다.

보살

대승불교를 이해하는 가장 기본적인 개념은 '보살'이다. 보살은 대승불교의 이상적 존재로서, '깨달음을 본질로 하는 자'라는 뜻을 가진 산스크리트어 보리살타(菩提薩埵, bodhisattva)의 약어이다. 고통 중에 있는 중생을 돌보기 위해 자신의 열반을 미루는 보살은, 상좌부불교의 이상적 존재인 '개인적 수행을 완성한 자'라는 의미의 '아라한'과 비교된다. 엄격한 정신적 수행을 통한 개인의 해탈을 강조하는 상좌부불교와 달리, 대승불교는 보살의 자비심을 강조하며 더 나아가 보살을 신앙의 대상으로 내세우기도 한다.

사탄의 왕좌

우상숭배의 대표적인 도시 에베소(에페소스)와 버가모(페르가몬)는 공식적인 황제 숭배 신전이 있었던 곳이다. 특히 페르가몬은 요한계시록에서 "사탄의 왕좌"(요한계시록 2장 11절)가 있는 곳으로 소개된다. 사탄의 왕좌는 페르가몬 제단 또는 대제단, 제우스 제단을 가리키는 것으로 알려져 있었지만, 유일신을 섬기는 기독교의 관점에서 볼 때 페르가몬의 아크로폴리스, 아스클레피에이온, 세라페이온 유적 등, 도시 전체가 사탄의 왕좌였다. 의술의 신 아스클레피오스 신전인 아스클레피에이온은 현대판 종합병원이라 일컬어지지만, 종교 제의와 의술이 결합된 형태로 대중들의 삶에 깊이 영향력을 가진 종교 신앙의 장소였다.

성상

성상은 성경의 인물이나 사건 등을 그린 그림으로 모자이크, 프레스코화,
판화 등의 표현 양식이 있다. 성상을 뜻하는 이콘(icon)은 그리스어 '에이
콘'(εικων)에서 유래했고 '형상', '이미지', '닮은꼴', '초상화' 등의 의미로
사용된다. 광의의 이콘은 시각적 예술 전체를 가리키고 협의의 이콘은
휴대하기 쉽고 이동이 가능한 전례물을 의미한다. 본래 이콘은 고대 이집
트와 로마제국의 초상화에서 등장했고, 기독교에서 이콘이 처음 등장한
것은 1세기경이다. 2세기 무렵 묘지 벽화 등에서 그리스도를 물고기와
양치기로 표현하고, 그리스도의 평안을 비둘기로 나타내고, 부활을 공작
으로 그린 그림을 볼 수 있다.

성상 파괴 논쟁

성상 파괴 논쟁은 성상 파괴 운동과 그로 인한 논쟁과 공방 과정을 가리킨
다. 성상 파괴 운동은 730년 비잔틴제국의 황제 레오 3세가 내린 성상 숭배
금지령으로 촉발되었다. 금지령 이후 성상 숭배 찬성파와 성상 숭배 반대
파 간 치열하고 격렬한 공방과 논쟁이 있었고 그 결과, 787년 제2차 니케아
공의회에서 성상 숭배가 기독론적으로 정당하다고 공포되었다. 하지만
니케아공의회 결정 이후 9세기 중엽까지 성상 파괴 운동과 그로 인한 논쟁
은 계속되었고, 결국 843년 콘스탄티노플 지방 공의회에서 100여 년에
걸친 성상 파괴 논쟁이 종결되었다.

세 가지 본 문의 세계

세 가지 본문 세계란 '본문 배후의 세계', '본문 안의 세계', '본문 앞의 세계'
를 말한다. 본문 배후의 세계는 본문을 산출해 낸 삶의 세계를 의미한다.
본문 안의 세계는 본문의 서사 자체에 의해 생겨난 현재 상태의 본문 서사
를 가리킨다. 본문 앞의 세계란 본문을 읽고 해석하는 독자(해석자)의 세계
를 뜻한다. 이 책에서는 세 가지 본문 세계의 '본문'에 실크로드 종교 관련

텍스트, 종교적 규정, 논쟁, 제도, 조직, 유물, 유적, 풍습 등을 대입시킴으로써, 실크로드 종교가 만난 실크로드 종교들, 실크로드 사람이 만난 실크로드 종교들을 다각도에서 분석한다.

소그드 상인

소그드 상인들은 기원전 2세기부터 당나라 말기인 10세기 무렵까지 사실상 실크로드의 지배자였다. 소그드인의 등장은 아케메네스페르시아(Achaemenid Persia)의 다리우스 1세가 통치했던 기원전 6~5세기로 거슬러 올라간다. 소그드인들은 농사를 짓기도 했지만 '소그드 상인'이라는 말이 있을 정도로 상업 활동으로 더 유명하다. 소그드 상인들은 글을 읽고 쓰는 능력뿐만 아니라 각 지역의 정보에도 두루 밝았는데, 이러한 능력은 그들의 직업적 특성에서 비롯된 것이다. 소그드 상인들은 사람과 물자와 문명의 교통로였던 실크로드에서 각 지역 간 매개자 역할을 했던 대표적인 사람들로 실크로드를 통해 중국에 불교, 조로아스터교, 마니교, 경교 등 여러 가지 종교를 전파하는 데 기여했다.

수피즘

수피즘은 이슬람의 세속화와 정치화에 대응하여 발생한 일종의 이슬람 정화 운동이다. 수피즘은 우마이야 왕조(Umayyad Caliphate, 661~750) 시대 무슬림 사회의 세속적이고 사치 성향에 반대하며 등장했는데, 금욕주의에 그 뿌리를 둔다. 금욕주의는 모든 무슬림이 평등했던 초기 움마의 소박한 세계로 돌아가려는 시도이다. 수피(Sufi)라는 말은 양모 옷에서 유래했다. 양모 옷은 금욕주의자들이 금욕과 청빈의 상징으로 종종 걸쳤던 옷으로 가난한 사람들이 주로 입었고 무함마드도 같은 옷을 입었다고 한다. 신의 뜻과의 합일을 최고 목적으로 하는 수피즘은 그 목적을 이루기 위해서 독자적인 수행의식을 개발하였다. 수피들은 명시적인 계율의 속박과 이슬람의 원리에서 탈피하였으며, 이슬람 이외의 다른 진리에 대해 관용하고 사상적 다양성을 존중하였다.

시리아교회

시리아교회는 예배 때 시리아어를 사용하는 교회를 통칭한다는 점에서는
이견이 없다. 시리아어는 동방 그리스도인이 사용하던 아람어로서 레바
논, 시리아 북부, 튀르키예 동부, 이라크, 이란 서부에서 사용했다. 시리아
교회는 각각 '동방 시리아권 기독교', '동방교회', '동방 시리아 그리스도교'
로도 불리는데, 에페소스공의회(431)와 칼케돈공의회(451) 이후 동시리
아교회와 서시리아교회로 분열되었다.

시아 이슬람

시아 이슬람의 대표적인 분파로는 이마미파(Imamiyyah, 열두 이맘파),
자이드파(Zaidiyyah, 다섯 이맘파), 이스마일파(Ismailis, 일곱 이맘파)가
있다. 이들 분파들은 정치적 노선의 차이뿐만 아니라 알리의 가계에서
몇 대까지 신성한 이맘으로 인정할 것인가에 대해 의견을 달리한다. 열두
이맘파는 알리부터 12대를 거치는 이맘의 가계를 모두 인정하고, 다섯
이맘파는 열두 이맘파가 인정하는 12대 이맘 중 5대 이맘부터 다른 인물을
이맘으로 인정하며, 일곱 이맘파는 7대 이맘부터 다른 인물을 이맘으로
추대한다. 시아 이슬람의 가장 큰 분파는 열두 이맘파로 시아파 전체의
85%를 차지하고 있으며, 이란 인구의 90%가 이 분파이다. 열두 이맘파의
가장 큰 특징은 12대 이맘의 재림과 심판을 믿는다는 것이다.

신장 이슬람 문화

신장 이슬람 문화를 대표하는 민족은 위구르족이다. 중국 이슬람 문화를
'내지' 이슬람과 '신장' 이슬람으로 구분한 것은 청나라가 19세기 말 위구르
족 거주지역을 중국 영토로 편입할 때 위구르 지역 주변의 회족 무슬림을
활용하면서부터였다. 위구르족 무슬림의 민족적 정체성은 위구르 왕국들

로부터 유래했고 종교적 정체성은 카라한조에서 시작되었다. 위구르족 무슬림은 이슬람교, 투르크 언어와 문화, 중앙아시아 투르크 역사를 공유하면서 중국 한족 문화에는 동화되지 않은 무슬림 그룹이다.

실크로드

실크로드는 교역로이자 동서양 문화와 문명 교류의 통로이다. 그리고 실크로드의 '실크'는 실크로드를 따라 운송된 교역상품 중에 실크가 대표적이었음을 의미한다. 실크로드에서는 실크 외에 각종 의약품, 향료, 금속, 안장, 가죽제품, 유리, 종이 등, 수많은 교역품이 거래되었다. 좁은 의미의 실크로드는 기원전 8~7세기에 본격적으로 시작되어 현재까지 이어지는데, 기원전 8세기부터 기원후 18세기, 즉 오아시스 실크로드와 초원 실크로드가 쇠퇴할 때까지 약 2,500년이 전기 실크로드, 그 이후가 후기 실크로드에 해당한다.

실크로드 3대 간선

오아시스길, 초원로, 해로가 실크로드 3대 간선이다. 중국 시안에서 튀르키예 이스탄불까지 이어진 오아시스 실크로드의 동쪽 끝과 서쪽 끝이 각각 한국, 일본과 로마까지 연장되었고, 초원 실크로드는 유라시아 대륙의 북방 초원 지대를 지나는 길이며, 해상 실크로드는 지중해에서 중국 남해에 이르는 길이다. 따라서 실크로드 3대 간선은, 그 범위가 확대되었다고 하더라도, 여전히 구대륙 중심적이다. 이런 맥락에서 실크로드 연구의 대가 정수일 박사는 지중해에서 출발하여 신대륙을 거쳐 태평양으로 이어지는 실크로드 '환지구로' 개척의 필요성과 가능성을 피력한다.

실크로드 에토스

실크로드에서 발견한 상호종교 감수성을 다른 말로 실크로드 에토스라고 할 수 있다. 그리스어 '에토스'(ethos)는 익숙한 곳, 거주하는 곳, 고향으로 여기는 장소를 뜻하며, 습관, 관습, 도덕이라는 의미로 사용된다. 에토스가 '도덕'을 가리키는 의미로 사용될 때, 도덕은 '사람들이 거주하는 곳에서 습관과 관습을 통하여 발전된 것' 즉 '관습에 따른 행위'를 가리킨다. 동시에 에토스는 '자신의 이성적 통찰에 근거하고 자신의 성향과 합치하기 때문에 마땅히 행해야 하는 것'이라는 파생적 의미, 즉 윤리성을 담보한다. 실크로드 종교들과 실크로드 사람들은 자신들의 삶에 주어진 정치적 상황과 사회 문화적 환경에 적응하고 저항하는 과정에서 상호종교 감수성을 형성했고 이런 의미에서 상호종교 감수성은 실크로드 종교들과 실크로드 사람들의 도덕이고 윤리였다. 상호종교 감수성이 실크로드 에토스인 이유이다.

실크로드 종교의 주체

실크로드 종교를 만나는 세 가지 주체는 "본문 배후의 세계"(behind the text), "본문 안의 세계"(in the text), "본문 앞의 세계"(in front of the text)라는 "세 가지 본문 세계" 개념에 기초한다. 본문 배후의 세계는 본문을 산출한 삶의 세계를 말하는데, 본문을 다른 자료들과 함께 비교 분석하여 재구성해야 그 의미를 알 수 있다. 본문 안의 세계는 현재 상태의 본문 서사 세계를 구성하는 요소, 즉 등장인물, 시공간적 배경, 본문 상의 문화적·종교적 가치를 고려해야 파악할 수 있다. 본문 앞의 세계는 본문을 읽고 해석하는 독자(해석자)의 세계를 말한다. 독자(해석자)가 자신이 속한 시대와 자신의 실존적 문제를 가지고 본문을 향해 질문을 던지므로 본문 앞의 세계는 모든 독서와 해석의 출발점이 된다.

아랍-이슬람제국

7세기 아랍의 패권을 장악한 아랍-이슬람군은 영토 확장을 목적으로 사산 제국을 침공했고, 637년과 642년 두 차례 전쟁에서 사산제국은 아랍-이슬람군에게 대패했다. 이에 당시 사산제국의 왕자 피루즈(Firuz)가 급히 당을 방문하여 군사 지원 요청을 했지만, 당은 거절했다. 이후 당은 오히려 아랍제국에 사신을 파견하여 우호 협력할 것을 요청하는 한편, 아랍 내부의 실상을 파악하고자 했다. 중국 사신의 아랍제국 방문에 대해 아랍제국이 답방의 의미로 당에 사신을 보냈는데, 651년 아랍 사절단의 중국 첫 공식 방문 이후 798년까지 아랍 사절단의 중국 방문 횟수는 무려 37차례였다.

아시리아동방교회

동시리아교회에 해당하는 아시리아동방교회는 네스토리오스의 주장을 지지한다는 이유로 제2차 콘스탄티노폴리스공의회에서 이단으로 단죄되었다. 아시리아동방교회는 처음부터 아시아로 방향을 정하고 선교활동을 했다. 3세기에 이미 카스피해 연안과 트란스옥시아나에 신자들이 있었고, 5세기 초 인도 남부 말라바르 해안에 도달했으며 아라비아반도에도 발판을 마련했다. 6세기에는 호라산과 에프탈족이 사는 지역에 교구가 형성되었고 중국 선교의 시작은 공식 기록상 635년으로 되어 있지만 그 이전에 이미 민간 차원에서 중국에 기독교가 전파되어 신앙 공동체가 있었다. 몽골제국 성립 전인 11세기에 이미 중앙아시아에 널리 퍼져 있었으며 아시리아동방교회 신자 대부분은 튀르크-몽골계였는데, 이들이 13~14세기 몽골제국 아시리아동방교회 신앙 공동체의 시작이었다.

아야소피아자미

오스만제국의 메흐메드 2세는 하기아소피아성당을 아야소피아자미(=모스크)로 바꾸었다. 하지만 그 변형은 튀르키예의 여타 지역과 이스탄불의 다른 정교회 성당들이 파괴되거나 제거된 것과는 다른 방식이었다. 정복한 지역의 종교 사원을 파괴하는 것이 당시 관행이었으나, 메흐메드 2세는 하기아소피아의 아름다움과 웅장함에 매료되고 압도되어 파괴와 제거 대신 가림과 덧붙임의 변형을 선택했다. 그리고 후대 술탄들은 기존의 앱스(apse)를 그대로 둔 채 미흐랍과 민바르를 설치했고 성당 외부에 미나렛을 세웠다. 이로써 아야소피아자미에서 기존 정교회의 작품과 구조물이 이슬람교의 구조물과 공존할 수 있었다.

안록산의 난

안록산의 난은 페르시아(이란)계 아버지와 돌궐계 어머니를 둔 안록산이 당 현종 때 일으킨 반란이다. 현종에 이어 왕위에 오른 숙종이 반란을 진압하기 위해 압바스제국과 위구르 왕조에 긴급 지원을 요청했다. 이 요청에 따라 파견된 지원군의 도움으로 안록산의 난이 진압되었다. 진압이 끝난 후 본국으로 돌아가려는 무슬림 군인들이 티베트에서 토번족의 봉기로 귀환길이 막혔는데, 당 조정의 호의로 무슬림 군인들은 장안에 와서 정착하게 되었다. 이들은 낙양과 장안에서 중국인과 결혼하여 정착하였으며 중국 내륙 지방 무슬림들의 선조가 되었다.

알로펜

알로펜(Alopen, 아라본, 阿羅本)은 아시리아동방교회의 대리인으로서 당제국에 파견된 수도사였다. 알로펜과 그 일행은 당 태종의 통치 시기인 정관 9년(635년)에 장안에 도착했다. 알로펜이 중국에 도착했을 때 이미 기독교인들이 상당수 있었던 것으로 보인다. 알로펜의 첫 번째 임무는 기독교인 이민자를 보살필 수 있도록 허가받고 이를 담당하는 성직자와 위계 구조를 확립하는 것이었는데, 이러한 노력이 성공함에 따라 더 많은 선교를 할 수 있게 되었다. 아시리아동방교회가 중국에서 경교라는 이름으로 합법화되면서 기독교인들의 선교 상황이 더 좋아졌는데, 말하자면 기독교인 이민자들은 중국인과 분리된 지역에서 살지 않아도 되었다. 알로펜은 태종의 허가와 지원 아래 경교 문헌을 번역하고 저술하였다.

에페소스공의회

에페소스공의회는 테오도시우스 2세가 소집했고 에페소스의 성모 마리아 교회에서 개최되었다. 기독론과 마리아의 호칭 관련, 소위 '네스토리우스 논쟁'에 대한 안건이 에페소스공의회의 주된 논제였다. 에페소스공의회는 마리아를 '그리스도의 어머니'(크리스토토코스)로 본 네스토리우스의 주장을 이단으로 단죄하고 네스토리우스를 파문했다. 에페소스공의회에서는 네스토리우스의 주장에 동의하는 그룹도 만만치 않았으므로 만장일치라는 원칙이 제대로 작동하지 않았다.

이란 이슬람

이란 이슬람과 시아 이슬람은 불가분의 관계가 아닐 수 없다. 시아 이슬람이 이란에서 시작된 것은 아니지만 이란에서 꽃피었고 번성했으며 현재 이란이 시아 이슬람의 종주국이다. 소위 '이란의 시아 이슬람화' 또는 '시아 이슬람의 이란화' 배경에 페르시아 문명과 조로아스터교의 영향을 빼놓을 수가 없다. 시아 이슬람이 분포된 대부분 지역이 조로아스터교를 국교로 삼았던 사산제국의 패권하에 있었다. 이런 이유로 시아 이슬람을 페르시아 이슬람으로 부르기도 한다. 그런데 이란이 현재 시아 이슬람의 종주국이라고 해서 "시아 이슬람을 아랍인 중심 이슬람에 저항한 페르시아인들의 민족 운동으로 오해해서는 안" 될 것이다. 시아파가 존숭하는 종교적 인물은 알리를 포함해 모두 아랍어권의 아랍인이고 아랍인이 시아 운동을 시작했다.

제1차 니케아공의회

제1차 니케아공의회는 다른 공의회에 비해 절대적인 우위를 차지한다. 제1차 니케아공의회에서는 하나님의 아들 예수가 하나님으로부터 창조된 존재로 신성이 부족하다고 주장한 아리우스주의를 이단으로 단죄하고 니케아공의회신경을 제정했다. 제1차 니케아공의회는 콘스탄티누스 1세가 소집하여 니케아(현재 이즈닉)의 황제 별궁에서 열렸다. 기독교를 합법적인 종교로 인정하고 기독교 우호 정책을 시행한 콘스탄티누스 1세는 제국 내 주교들에게 초청장을 보냈고, 공의회 참석자들에게 여행경비와

편의를 제공했으며, 개회 연설과 회의 진행 과정을 주도하는 등, 자신의
의도대로 공의회의 결정이 나도록 영향력을 행사했다.

제1차 콘스탄티노폴리스공의회

제1차 콘스탄티노폴리스공의회에서는 1차 니케아공의회신경을 발전시
킨 니케아-콘스탄티노플신경을 제정했다. 이 신경은 로마가톨릭교회와
정교회, 그리고 일부 개신교에서 오늘날까지 원형 그대로 사용하고 있다.
테오도시우스 1세가 콘스탄티노폴리스의 성이레네성당에서 공의회를
소집했다.

종교 문해력

종교 문해력(religious literacy)이란 "종교가 사회·정치·문화와 근본적으
로 연관되어 있다는 것을 여러 각도에서 분별하고 분석할 수 있는 능력"으
로 "전 세계 종교의 역사와 주요 문서, 신조와 종교의식, 그리고 현재 모습은
구체적인 사회적·역사적·문화적 맥락에서 형성되었고 계속 형성되어갈
것이라는 기본적인 이해"와 "모든 시공간의 정치적·사회적·문화적 표현에
존재하는 종교적 차원을 분별하고 탐구할 수 있는 능력"을 아우른다.

종교 문해력 교육

종교 문해력 교육은 첫째, 종교를 인간·사회·문화·역사 이해의 키워드로
삼아 종교의 유무나 종교적 차이와 상관없이 종교 공부가 필요하다는 인식
을 전제하고 둘째, 특정 종교의 신앙교육이 아니라, 학문적 연구 결과로
축적된 종교에 관한 지식을 교육 내용으로 삼으며 셋째, 관념 속에 존재하
는 화석화된 '특정 종교'(the religion) 한 개가 아니라, 다양한 문화적 환경
과 사회적 상황 속에서 생동하고 교류하며 적용하고 변화하는 '구체적
종교들'(religions)에 초점을 맞춘다. 이렇게 볼 때, 종교 문해력 교육은
종교를 비신학적 요소와 관련하여 인식하고 "공시적·통시적 수준에서 종

교를 이해하는 방식”인 ‘상황 접근법’적 종교 연구 방법에 기초한다.

종교의 7가지 차원

제의적-수행적 차원에는 예배, 미사, 예불, 선정(禪定), 요가, 세마 의식 등이 있고, 경험적-감정적 차원은 계시 경험, 회심, 깨달음, 경외심, 무병(巫病), 신유 경험 등 종교의 정서적 차원을 말한다. 신화적-서사적 차원에는 유대교의 유월절 이야기, 예수와 석가모니 부처의 탄생 이야기, 무함마드가 계시받는 장면 이야기 등이 있고 교리적-철학적 차원에는 기독교의 삼위일체 교리와 불교의 사성제 등이 포함된다. 윤리적-율법적 차원에 속하는 것으로는 불교의 오계, 유대교의 십계명, 이슬람의 샤리아, 기독교의 사랑 등이 있고 사회적-제도적 차원은 기독교의 교회, 불교의 승가, 이슬람의 움마 등, 종교적 실천과 교훈을 실행하고 종교를 유지하고 존속하기 위한 조직과 제도를 말한다. 물질적-예술적 차원은 건축물, 예술 작품, 성지 등 물질적 형태로 나타나는 것을 가리킨다.

종교 간 관계 모델

종교 간 관계 모델은 종교와 관련된 상황, 제도, 정책 등을 분석할 때 유용한 연구 방법으로서 기본적으로 배타주의, 포괄주의, 평행주의, 다원주의가 있다. 배타주의는 자기 종교의 가르침만이 진리이고 타 종교의 가르침은 거짓이라고 보고 포괄주의는 이웃 종교에도 부분적인 진리가 있다고 인정하되, 완전한 진리는 자기 종교에 있다고 보며, 다원주의는 종교 간의 교류를 통해 이웃 종교에 대해 배우고 자기 종교를 객관화함으로써, 자기 종교에 대해 깊이 이해하고자 하는데, 각각의 모델은 엄격하게 구분되지 않고, 서로 겹치는 경우가 대부분이다. 예를 들어 배타주의의 경우, 극단적 배타주의도 있고 포괄주의적 배타주의와 평행주의적 배타주의도 있다. 포괄주의, 평행주의, 다원주의도 마찬가지이다.

종교의 전파

종교의 전파는 '전달'(transmission)로서의 초전과 '변용'(metamorphosis)을 수반하는 공전이라는 두 단계를 거친다. 변용이란 종교가 전파되어 피전파 지역 문화와의 접변이 일어나는 것을 가리키는데, 이러한 변용은 국가가 새로운 종교를 공식적으로 수용할 때 비로소 가능한데, 그 이유는 국가의 공식적인 수용, 즉 공인(公認)이 공전의 기점이며 변용의 시작이기 때문이다.

중국 이슬람

'중국 이슬람'은 '중국의 이슬람'과 '중국화한 이슬람'을 한데 아우르는 표현이다. 중국 이슬람은 중국에 이슬람이 전파되고 수용되어 전개되는 과정과 양상을 의미하기 때문이다. '중국의 이슬람'이란 중국에 들어와 정착한 외국인 무슬림과 그 후손들 및 중국인 무슬림을 포함하여 중국 영토 내 무슬림들의 신앙 및 실천 모두를 가리킨다. '중국화한 이슬람'은 중국에 전래되어 수용된 이슬람이 중국 역대 왕조의 변화와 통치 정책에 따라 중국의 문화와 사상에 동화되거나 변용되어 전개된 이슬람을 말한다.

카드자델리 운동

카드자델리(Kadizadeli) 운동은 이슬람의 종교적 원칙을 엄격하고 비타협적으로 적용할 것을 주장한 경건주의 종교 운동이다. 이 운동은 이슬람의 원칙을 무시하고 방만한 신앙 행태를 보이는 일부 수피즘과 수피즘의 행태를 방조한 상층 이슬람 율법학자에 대한 비판과 문제 제기에서 비롯되었다. 무슬림 상인들과 수공업자들이 이 운동의 사회적 기반을 조성했고 일부 엘리트들도 이 운동에 동조하였다. 이슬람교 내부의 개혁과 정화로 시작된 카드자델리 운동이 17세기 후반에 이르러 비무슬림에 대한 차별과 제한 그리고 개종 권장과 강요로 변질되어 나타났다.

칼케돈공의회

칼케돈공의회는 1차 니케아공의회, 제1차 콘스탄티노폴리스공의회, 그리고 에페소스공의회의 신조를 반복하고 수용함으로써 칼케돈공의회 신조가 갖는 보편성과 정통성을 확인하였다. 칼케돈공의회에서 제정된 신조는 이후 열린 공의회들의 보편성과 정통성을 판단하는 기준이 되었다. 에페소스공의회에서 네스토리우스의 신학적 주장에 동의했던 그룹이 칼케돈공의회에서 이단으로 단죄되었다. 마르키아누스 황제가 당시 비티니아의 수도였던 칼케돈(현재 카디쾨이)에서 공의회를 소집했다.

콘스탄티누스 1세

'콘스탄티누스적 전환'이라는 말이 있다. 이것은 콘스탄티누스가 기독교 역사에서 차지하는 비중이 그만큼 지대하다는 것을 의미한다. 콘스탄티누스는 '신의 대리자'와 '여전히 이교도'라는 평가를 동시에 받았다. 콘스탄티누스의 초기 종교 정책을 보면 그가 기독교인들만 지지했다고 볼 수 없기 때문이다. 그는 기독교를 여러 신앙과 종교 중 하나로 간주했으며, 자신의 정치적 목적에 따라 여러 종교를 이용하고 취사선택했다. 그가 시행한 종교 정책은 그의 정치적·종교적 행보를 반영한 것인데, 그의 종교 정책만으로 그가 비기독교인인지 기독교 신앙인인지 단정할 수 없다. 그에게 기독교는 한편으로는 개인적인 신앙이기도 했지만, 다른 한편으로는 현실 정치의 역학관계에서 자신의 권력을 유지하고 강화하기 위한 일종의 방편이었기 때문이다.

키루스

세계 최초의 제국 아케메네스페르시아(Achaemenid Persia)를 세운 키루스는 관용과 인권의 표상으로 알려져 왔다. 키루스가 정복지에서 사용했던 전략은 '참수'(斬首, decapitation) 전략이었다. 키루스는 정복한 지역의 통치자를 왕의 자리에서 끌어 내리되 그 목숨은 살려주고 호사스러운

생활을 보장해 주었다. 키루스는 그 통치자 대신에 총독(사트라프, satrap)을 세웠으며, 사트라프 치하의 백성들에게 그들 고유의 종교와 언어의 자유를 허용했다. 키루스는 바벨론의 신 마르둑을 경배하고, 유대의 신 야웨를 존중했으며, 파괴된 신전을 재건하도록 명령하고 지원하는 등 피정복민의 신전과 종교의식과 신들을 존중한 것으로 묘사되어 있다.

키루스의 관용 정책

키루스의 관용 정책은 원칙이 아닌 전략과 편법에 입각한 것이었다는 것이 중론이다. 키루스의 관용은 페르시아의 국익에 부합하는 효과적인 전략에 불과하다는 주장이 주를 이룬다. 키루스는 페르시아의 국익을 위해 쓸모가 있는 집단에는 관용을 베풀고, 그렇지 않은 집단들은 무자비하게 억압하기도 했다. 키루스는 바벨론의 마르둑이나 유대의 야웨 등과 같은 해당 지역의 신들을 포용함으로써 자신의 정당성을 확보했으며, 해당 지역의 전통과 관습을 존중함으로써 피정복민들의 저항과 반란 가능성을 줄였다.

키루스 실린더

키루스 실린더(the Cyrus Cylinder)는 기원전 539년 키루스의 바벨론 정복 후 기록된 전형적인 왕실 비문이다. 길이 21.9센티미터, 폭 10센티미터 크기의 원통형에 아카드어 쐐기문자로 키루스의 업적이 기록되어 있다. 1897년 이라크 남쪽 암란(Amran)에서 발굴되었으며, 발굴자 라쌈(Hormuzd Rassam)을 지원했던 대영박물관에 소장되어 있다. 키루스 실린더가 발굴되어 전 세계에 알려지자 이에 대한 다양한 반응이 이어졌다.

키루스칙령(고레스칙령)

키루스칙령은 이스라엘 역사에서 바벨론 포로 해방과 관련하여 매우 중요한 의미를 가진다고 평가된다. 에스라기(에스라서)에는 키루스가 바벨론을 정복한 바로 그해에 유대인들의 귀환과 예루살렘 성전의 재건을 명하는 세 개의 칙령이 나온다. 키루스칙령은 유대인 포로 귀환자들에게 예루살렘 성전 재건의 정당성을 부여하였다. 키루스칙령 시행 과정에서 유다 공동체의 갈등과 반목이 일어나고 그것을 수습하기 위한 후대 왕들의 후속 칙령이 내려지는 등 우여곡절을 거쳐 마침내 예루살렘 성전이 재건되었다. 키루스칙령이 기록된 에스라기와 학개서와 스가랴서에 이러한 과정들이 보도되어 있다.

키쉬알바니아교회

키쉬알바니아교회(Albanian Church in Kish)는 아제르바이잔 북서부의 셰키에서 북쪽으로 약 5km 거리의 키쉬 마을에 자리하고 있다, 민간 전승과 중세 역사 문헌에 따르면 에데사의 타데우스의 제자인 엘리세(Saint Elysee)가 1세기에 세운 것으로 알려져 있다. 고고학적 발굴 결과에 의하면, 현재 키쉬알바니아교회 건축물의 건축 연대는 12세기이다. 따라서 키쉬알바니아교회의 설립 연대를 1~4세기로 표기한 안내판은 기독교가 민간 차원에서 전래된 초전 시기인 1세기와 기독교가 왕에 의해 공인되어 수용된 공전 시기인 4세기를 가리키는 것으로 보아야 할 것이다.

키쉬 프로젝트

키쉬 프로젝트는 국제 NGO 단체인 NHE(the Norwegian Humanitarian Enterprise)와 아제르바이잔 건축건설대학교(the Architecture and Construction University of Azerbaijan)가 2000년부터 2003년까지 공동으로 진행한 키쉬 알바니아교회의 고고학적 발굴 및 연구 작업이다. 키쉬 프로젝트는 키쉬 알바니아교회를 건축학적으로 복원하고 박물관으로 개조하여 코카서스 알바니아 지역의 초기 기독교 교회 역사를 소개하기 위하여 네 단계로 이루어졌는데, 이 프로젝트를 통해 교회 부지가 5,000년 전 제의 장소였으며 현재 형태의 교회 건축물이 설립된 연대는 12세기이고 여러 시기에 걸쳐 추가 건축이 이루어졌음이 밝혀졌다.

탄지마트

탄지마트(Tanzimat)는 19세기 오스만제국이 근대화를 추진하는 과정에서 시행한 개혁 정책이다. 탄지마트의 핵심은 1839년의 '하티 샤리프'(Hatt-i Sharif)칙령과 1856년의 '하티 휘마윤'(Hatt-i Hümayun)칙령이다. 1839년에 공표된 하티 샤리프를 탄지마트 개혁 시대의 공식적인 시작으로 간주하지만, 하티 샤리프보다 10년 앞선 1829년에 제정된 '복장 규제법'을 넓은 의미의 탄지마트로 보기도 한다. 왜냐하면 복장 규제법은 지위와 신분에 따른 차별적인 복장 대신에 남성들이 똑같은 모자(페즈)를 착용함으로써 개혁의 신호탄을 당겼기 때문이다.

탈라스전투

탈라스(Talaz) 전투는 탈라스 평원에서 압바스제국과 당이 맞붙은 고대 최대 규모의 세계대전이다. 탈라스전투는 당나라의 서역 정벌에 위협을 느낀 서투르키스탄이 압바스제국에 지원을 요청하고 동진을 통해 제국을 확장하려는 압바스제국이 이 요청에 응하면서, 압바스제국 군대와 고선지가 이끄는 당나라 군대가 탈라스에서 벌인 전투이다. 압바스 군대가 승리한 이 전투는 중국 및 중앙아시아의 이슬람 전래와 수용에 중요한 의미가 있는 것으로 평가된다. 당나라의 패배로 중앙아시아 지역의 패권이 이슬람 왕조인 압바스제국에게 넘어가면서 중앙아시아 지역은 급속도로 이슬람화되었으며, 이후 중앙아시아의 투르크 민족을 최초로 통일한 카라한 왕조가 이슬람화하는 데에도 영향을 미쳤다.

평행주의

평행주의는 다문화 다종교 사회에서 다양한 종교들이 병치할 뿐, 어느 종교도 자체 완결성을 가지고 있기 때문에 종교 간 대화가 불필요하고 심지어 타 종교에 관해 관심도 가지지 말고 간섭도 하지 말아야 한다고 주장한다. 하지만 종교의 형성과 전개, 그리고 현재 모습을 볼 때, 종교는 어떠한

방식으로든 영향을 주고받으면서 형성되고 전개되었기 때문에 평행주의
는 이론상 하나의 모델로 분류되지만, 종교 간 관계 모델로 제시하기에는
무리가 있다.

하기아소피아성당

하기아 소피아(Ἁγία Σοφία)는 그리스어로 '거룩한 지혜'(Holy Wisdom)
를 뜻한다. 유스티니아누스 1세의 명을 받아 건축된 하기아소피아성당은
아름답고 무한한 공간으로서 시작과 끝을 알 수 없는 하나님의 거룩한
지혜를 구현한다. 하기아소피아성당 안에 있으며 공간의 웅장함과 대조적
으로 인간의 나약함과 유한함을 깨닫게 된다. 하기아소피아성당은 비잔틴
건축물 중에 가장 완벽하게 조화롭고 균형감이 가장 안정적이다.

하티 샤리프

하티 샤리프에서는 무슬림과 비무슬림 기독교인의 동등한 대우, 개인의
자유와 재산권 보장, 체계적인 징병 관리, 공정한 징세와 재판 등을 규정하
고 있다. 하티 샤리프는 술탄 마흐무트 2세가 무스타파 레시드 파샤와 함께
초안을 작성했으며 술탄 압뒬메지트 1세 때 '장미 황실'(귈하네: Gülhane)
에서 오스만 정부 고관들과 유럽 열강의 사절들이 참석한 가운데 무스타파
레시드 파샤가 공표했다.

하티 휘마윤

하티 휘마윤은 학교·교회·병원 등 공공건물 보수와 신축, 종교의 자유 보장,
기독교인과 유대인에 대한 차별 금지, 비무슬림 관리 임용과 교육 기회
보장, 공개재판, 고문 금지 등을 규정함으로써 평등권 부여에 대한 국가의
의무를 규정한 하티 샤리프를 재확인하고 확대하였다. 크림전쟁 때 오스
만을 원조하고 구제한 유럽 열강들이 파리 평화조약을 통하여 '오스만은
종교·민족의 차별 없이 시민의 평등한 권리를 인정하는 칙령을 발표할

것'을 요구하였는데, 이러한 개혁 요구에 응하여 발표한 칙령이 하티 휘마 윤이다. 이 칙령은 무스타파 레시드 파샤의 제자인 푸아드 파샤와 알리 파샤가 입안하여 술탄 압뒬메지트 1세 때 공표되었다.

한 키타브

한 키타브(漢 키타브, Han Kitab)란 중국어로 쓴 이슬람 텍스트 장르를 가리킨다. 경당 교육이 발전하면서 번역과 저작 활동이 활발해는데, 한 키타브의 저자들과 작품들은 형식, 문체, 주제 면에서 공통점을 가지고 있었다. 중국어와 중국의 전통적 교육 방법을 수용하여 이슬람 지식을 교육하고 이슬람 텍스트를 저술한 이러한 지성적 전통은 명대 중기에 시작하여 청나라 때 최전성기를 맞이했다.

회유

회유(回儒)는 중국의 유교적 무슬림 학자를 가리킨다. 그들은 불교와 도교의 종교철학적 렌즈와 유교의 용어를 통해 이슬람 신앙을 재해석하였으며, 중국 한자와 중국의 전통적 교육 방법을 수용하여 이슬람 텍스트를 저술하고 이슬람 지식을 교육하였다. 중국의 전통적 교육 방법을 도입하여 만든 교육제도인 '경당 교육'(經堂敎育, scripture hall education)에서는 아랍어와 페르시아어와 중국어책들을 포함한 이슬람 교육과정을 사용하였다. 경당 교육이 발전하면서 회유(回儒)들의 번역과 저작 활동이 활발해졌으며 명말 청초에 최전성기를 맞았다. 이들의 작품을 '漢 키타브'(Han Kitab)라고 하는데, 한 키타브란 중국어로 쓴 이슬람 텍스트 장르를 가리킨다.

히잡

현재 이란에서는 여성의 히잡 착용이 의무화되어 있다. 이란 현지에서는 이란 여성뿐만 아니라 외국인 관광객 여성도 히잡을 착용해야 한다. '차도르'는 머리부터 발끝까지 전신을 가리는 히잡이고 '숄'은 기다란 직사각형 모양의 스카프로 머리와 목을 감싸는 히잡이다. '루싸리'는 정사각형의 스카프를 세모꼴로 접어서 머리에 두르고 턱 밑에서 묶는 히잡이고 '마그 나에'는 두건처럼 생긴 히잡이다. 아랍어로 '가리다' 또는 '격리하다'라는 뜻을 가진 말에서 파생된 '히잡'은 말 그대로 여성을 가리고 격리한다. 베일 이 여성을 보호한다는 명분을 가지게 되면서, 베일을 쓰지 못하는 여성들 이 폭력과 차별에 노출되었고 그 결과 베일 착용을 선망하게 되면서 자발적 베일 착용을 수용했다고 한다. 이런 맥락에서 베일은 '존중과 보호를 받을 만한 여성'과 '그렇지 않은 여성'을 구분하기도 했다.

실크로드 종교 네트워크

2025년 6월 30일 처음 찍음

지은이   이인경
펴낸이   김영호
펴낸곳   도서출판 동연
등 록   제1-1383호(1992. 6. 12.)
주 소   서울시 마포구 월드컵로 163-3
전화/팩스   02-335-2630 / 02-335-2640
이메일   yh4321@gmail.com
인스타   instagram.com/dongyeon_press

ISBN 978-89-6447-713-7 93200

이 저서는 2020년 대한민국 교육부와 한국연구재단의 저술출판지원사업의
지원을 받아 수행된 연구임 (NRF-2020S1A6A4045460)